隋唐科场风云

王士祥 著

中原出版传媒集团
中原传媒股份公司
大象出版社
·郑州·

图书在版编目(CIP)数据

隋唐科场风云 / 王士祥著.— 郑州 ：大象出版社，
2019.7（2019.8 重印）
ISBN 978-7-5711-0214-2

Ⅰ.①隋… Ⅱ.①王… Ⅲ.①科举制度—中国—隋唐时代—文集 Ⅳ.①D691.3-53

中国版本图书馆 CIP 数据核字(2019)第 126385 号

隋唐科场风云

SUITANG KECHANG FENGYUN

王士祥 著

出 版 人 王刘纯
责任编辑 管 昕
责任校对 牛志远 毛 路 安德华
书籍设计 王莉娟

出版发行 大象出版社(郑州市郑东新区祥盛街 27 号 邮政编码 450016)
发行科 0371-63863551 总编室 0371-65597936
网 址 www.daxiang.cn
印 刷 郑州市毛庄印刷厂
经 销 各地新华书店经销
开 本 787mm×1092mm 1/16
印 张 18.25
字 数 254 千字
版 次 2019 年 7 月第 1 版 2019 年 8 月第 2 次印刷
定 价 45.00 元
若发现印、装质量问题，影响阅读，请与承印厂联系调换。
印厂地址 郑州市惠济区清华园路毛庄工业园
邮政编码 450044 电话 0371-63784396

目录

001 ◎ 第一讲　科举来了

002　什么是科举

002　科举的影响

004　科举制度始于何时

005　隋文帝为何改革选官方法

007　隋代的秀才很难当

012 ◎ 第二讲　进士科的勃兴

013　隋炀帝也有贡献

013　隋炀帝创设进士科的原因

015　进士科究竟始于哪年

016　进士科为何在唐初受到重视

020　进士科行市看好

022 ◎ 第三讲　武则天推进进士科

023　武则天如何推进进士科

025　武则天为什么关注进士科

029　薛元超的遗憾

033 ◎ 第四讲　科场案导致考试改革

034　惊天科场案

037　刘思立奏请改革

039　为何建议考杂文

044 ◎ 第五讲　诗赋受青睐的原因

045　诗歌的魅力

047　汉赋天下

050　赋能显才

054 ◎ 第六讲　科场有规范

055　有关文体规定

062　考场上也有规定

065 ◎ 第七讲　诗仙李白的科考之痛

066　诗仙印象

069　学界的“三不”之说

071　尴尬的身份

076 ◎ 第八讲　别以为考官好当

077　考官和考生斗上了

082　深陷干扰的考官

086 ◎ 第九讲　推荐是公开的秘密

087　王维寻求推荐的经历

091　杜牧真的很幸运

093　荐举美谈

097 ◎ 第十讲　伯乐在哪里

098　行卷的用意

101　白居易行卷那些事儿

103　陈子昂一摔成名

105　遇到贵人了

107 ◎ 第十一讲　激烈的解元之争

108　为什么受伤的总是我

112　一决胜负

118 ◎ 第十二讲　成功者的好处

119　改换门庭

122　一群势利眼

128 ◎ 第十三讲　却喜抱得美人归

129　戏里戏外是人生

132　慧眼识得状元郎

135　幸福与门第无关

139 ◎ 第十四讲　才气与运气竟成反比

140　才高运差的孟浩然

143　躺枪的杜甫

145　困顿科场的温庭筠

149 ◎ 第十五讲　黯然销魂的科场“英雄”

150　屡败屡战的举子

154　科场中的悲惨世界

156　无缘科场的“诗鬼”李贺

159 ◎ 第十六讲　孟郊悲催的科举人生

160　别样的《游子吟》

162　悲催复悲催

165　一日看尽长安花

168　考上之后也艰难

170 ◎ 第十七讲　命运多舛的李商隐

171　不幸的童年

173　数次应举

178　江湖飘零

181 ◎ 第十八讲　一篇佳作定乾坤

182　才高遮貌丑

185　起死回生的李程

188　一诗定状元

191 ◎ 第十九讲　录取状元一定严肃吗

192　我就是状元

195　我当状元我做主

197　歪打正着成状元

201 ◎ 第二十讲　状元们的八卦事
202　开玩笑也能当状元
204　状元也能作人情
206　朝中有人好做官
208　错认颜标作鲁公
209　无耻仗势强取状头

211 ◎ 第二十一讲　都是科考惹的祸
212　路岩生气了
214　别轻易开玩笑
215　典型的秋后算账
218　科场失意酿血案

222 ◎ 第二十二讲　震惊朝廷的长庆科案
223　同僚请求关照
225　意外发生了
230　长庆科案的背后

233 ◎ 第二十三讲　发飙的考生
234　穆质为什么发飙
235　穆质是怎么发飙的
240　穆质的策略

242 ◎ 第二十四讲　向宦官开炮
243　皇甫湜捅“马蜂窝”
247　老虎屁股摸不得

251 ◎ 第二十五讲　尴尬的武举

252　武举什么时候开始

253　武举考什么

255　尴尬的境遇

257　成功的武举者

261 ◎ 第二十六讲　开放的文化政策

262　儒学思想是根本

265　从历史中找寻经验

267　道家文化充满智慧

270 ◎ 第二十七讲　唐人如何说科举

271　令人痴狂的科举

274　唐人的科举论争

279　主要参考书目

283　后记

第一讲 科举来了

初冬时节，京城长安，仿佛所有的建筑都在风中瑟瑟发抖。

可是，在通往长安的路上，陆续赶来一群风尘仆仆的人，有的风华正茂，有的白发苍苍，有的衣衫褴褛，有的满脸疲惫。

难道临近年关，这群人要到京城走亲访友？不。因为每到这个时节，总会有这么一群人从四面八方涌向长安。他们疲惫的目光中充满了期待，他们匆匆的神色中流露着渴望。究竟是什么让他们如此期待？究竟是什么让他们如此渴望？

原来，他们期待的是金榜题名，他们渴望的是科举成功。

什么是科举

那么，什么是科举呢？

科举又称科举制度，是中国古代的一种选官制度，是按照不同科目进行考试、选拔官吏的制度。“科”就是考试的科目，“举”就是推举、选举。“科”是手段，“举”是目的。

考试科目大致来说包括常科和制科[1]：常科就是每年都要按时考试的科目，主要包括进士科和明经科；制科是皇帝根据特殊需要临时设置的科目，目的是选拔特殊之才，非常灵活，名目繁多。据不完全统计，仅唐代制科就多达数百种。

科举制度被一些学者誉为中国古代的第五大发明。

科举的影响

为什么说科举制度是中国古代的第五大发明？要想说明这个问题，就需要简单了解一下科举的影响：

1 其科之目，有秀才，有明经，有俊士，有进士，有明法，有明字，有明算，有一史，有三史，有开元礼，有道举，有童子。而明经之别，有五经，有三经，有二经，有学究一经，有三礼，有三传，有史科。此岁举之常选也。其天子自诏者曰制举，所以待非常之才焉。

——《新唐书·选举制》，北京：中华书局，1975年，第1159页。

一、改革传统官制

科举是一个王朝通过不同的科目，考试、选拔“干部”进行政治建设的重要环节。在实行科举考试之前，主要采用察举征辟制和九品中正制，谁当官、谁不当官，由某几个掌握大权的人说了算。这样权力就集中到高门大户手中了。与这些选官制度相比，科举制度的选官范围不再局限于拥有政治背景的高门大户，而是面向整个社会，从形式上来说，一切以考试结果为准，这样就为下层读书人提供了进入官场的机会。

二、塑造文人品格

在科举考试中，几乎任何一个科目都会涉及儒家思想，因此几乎每个参加考试的文人，都要对相关的儒家经典进行学习和体会，只有这样才能在考场上不闷题、知道怎么发挥。而在这个学习和考试的过程中，儒家经典所提倡的价值观，自然会慢慢影响到读书人的思想，并进而形成他们的品格。换句话说，不管你能不能考中、做官，你都已经接受了朝廷所推行的儒家思想教育。

三、具有世界影响

现代西方的文官考试制度，就是对中国科举制度的借鉴和发展，这是在 10 世纪前后传入西方国家的；越南、朝鲜也曾像中国一样以科举取士，日本也曾经学习和采用过中国的科举制度；孟德斯鸠、狄德罗等西方思想家，被中国科举所表现出来的公平性和公正性原则所折服。比如，美国汉学家卜德在《中国思想西入考》一书中，赞叹中国的科举是“中国赠予西方的最珍贵的知识礼物”。

四、具有当代意义

当我们把科举作为考试手段时，它的考试科目、考试内容、考试方法、评价标准，都对当时和后世产生了很大的影响。比如当年的试策相当于我们今天公务员考试中的申论题，诗赋尤其是试赋相当于中考、高考语文试卷中的作文题，帖经相当于填空题。这些考试方式不仅在中国，即便在世界许多地方依旧流行着，而当年我们则远远走在了世界的前列。

可以说，科举制度展示了中国古代的政治智慧，不仅影响了中国的政治结构，而且影响了其他国家的政治建设。从这些意义来看，我们说科举制度是中国古代的第五大发明是有一定道理的。

科举制度始于何时

在科举取士的年代，千军万马争过独木桥，无数读书人渴望能够金榜题名，考上个一官半职好光耀门庭。于是，考上了就高唱“春风得意马蹄疾，一日看尽长安花”（孟郊《登科后》），怎一个爽字了得！失败的时候呢？纠结，郁闷，只能悲吟“一夕九起嗟，梦短不到家”（孟郊《再下第》），怎一个愁字了得！

既然科举制度对中国文人如此重要，它究竟是从什么时候开始的呢？

如果从选拔官员的方式来说，那要追溯到很早了，西周有乡举里选[1]，春秋战国时期提倡选贤与能，汉代有了察举征辟制度，魏晋南北朝有九品中正制。如果我们从真正的“分科考试”来说，大家的认识基本是一致的，那就是从隋朝开始。比如欧阳修在《新唐书·选举志》中开篇就说：“唐制，取士之科，多因隋旧。”“取士之科”就是选拔、任用官吏的考试科目，“因”就是沿袭的意思。也就是说，唐代用来选拔、任用官员的考试科目，多数是从隋朝发展传承过来的。

我们从《隋书》前两卷中不难发现，隋文帝时代就已经开始着手改革官员选举和任命制度，所以魏徵在《隋书》中说：“大小之官，悉由吏部，纤介之迹，皆归考功。”“考功”就是考功司，隋朝设置，归吏部管，具体负责官吏考评和孝廉、秀才等科目的考试。这个部门原来是没有的，是隋朝的创造。

隋文帝时期总共发布七次诏举特科的命令，都是以最高命令的形式要求地方官举荐人才，从形式上来看，这是汉代以来察举征辟制度的延续，因为多数没有科目名称。但是第五次诏举特科也就是开皇十八年（598）七

---

1 三年则大比，考其德行、道艺，而兴贤者、能者。乡老及乡大夫帅其吏与其众寡，以礼礼宾之。厥明，乡老及乡大夫群吏献贤能之书于王，王再拜受之，登于天府，内史贰之。

——《周礼·地官司徒第二·乡大夫》，《周礼注疏》，北京：中华书局，1998年，第117页。

月那次，却明确要求五品以上京官和刺史“以志行修谨、清平干济二科举人”（《隋书》），科目名称明确了，因此有学者认为这标志着分科举士的真正开始，也是科举的诞生。

隋文帝为何改革选官方法

隋文帝为什么要改革以往的选官方法呢？说到底是为了自己的统治，这是一个很现实的目的。改革总得有点借口吧？如果以往的制度很好、很完善，隋文帝自然用不着折腾。借口就是旧制度弊病多多。那么都有什么呢？

一、世族弊端

以前选官都是在高门大户中选，久而久之豪门子弟就产生了心理优势：不管自己水平怎么样，反正都有官当。这样一来，被选者真正的行政能力也就值得怀疑了。举个例子来说，比如东晋的王徽之，他是大书法家王羲之的儿子，给车骑将军桓冲作骑兵参军的时候，一问三不知。桓冲问他：“你是管理什么的官员？”他说：“似是马曹。”（《晋书》卷八十）合着连自己的岗位职责都不清楚！桓冲又问：“管多少马啊？”他回答是不知道。“马死了多少啊？”王徽之的回答更是经典：“未知生，焉知死。”[1]还是不知道。整个儿在其位不谋其政。但是王徽之的出身在那儿放着呢：豪门大族，“王与马，共天下”，皇帝还得由他们家族罩着呢，能不让他干吗？

再比如，我们非常熟悉的谢灵运，是一个很著名的山水诗人，他父亲叫谢瑍，《宋书》中说谢瑍“生而不慧，为秘书郎”。“生而不慧”就是天生不聪明，可即使这样也有官当！左思曾经在他的《咏史》诗中激愤地指出：“世胄蹑高位，英俊沉下僚。地势使之然，由来非一朝。”意思是说那些豪门子弟，世代享受高官厚禄，一代为官代代为官，而出身卑微的人即使满腹才华、学富五车，也只能沉沦下僚，充当一些下级官吏，上品无寒门，下品无世族。这就是世族弊端。

1 徽之字子猷。性卓荦不羁，为大司马桓温参军，蓬首散带，不综府事。又为车骑桓冲骑兵参军，冲问：“卿署何曹？”对曰：“似是马曹。”又问：“管几马？”曰：“不知马，何由知数！”又问：“马比死多少？”曰：“未知生，焉知死！”

——《晋书》，北京：中华书局，1974年，第2103页。

二、举荐造假

察孝廉是汉代的重要选官方法之一，按要求，两千石以上的官员才有资格举荐，如果不响应朝廷的举荐号召，轻则“以不敬论”，重则“当免”，就把你给撸了，所以大家都很用心。可是即便是这样，还是会出现一些问题。《后汉书·许荆传》中记载许荆的爷爷许武分家让兄弟成名的故事[1]：东汉初，许武被举为孝廉后，他想让两个弟弟也成名当孝廉，但又不能赤裸裸地跟地方官说。怎么办？许武有办法，分家！他把家产分成大小不等三份，自己选取又多又好的那份，显得很贪婪。两个弟弟呢，各分到了又少又差的一份。虽然这样，可是两个弟弟依旧对哥哥很恭敬，显得胸怀大度。这是一种美德，是一种孝道，古人叫作“悌”，于是俩弟弟获得美名而被推举为孝廉。搞定！“曲线救家”，但这却是名副其实的沽名钓誉，自然也是与朝廷的初衷不相符的。还有就是“举孝廉，父别居”，名义上是孝子，实际上不养活爹娘。这都是举荐造假的表现。

1 许荆字少张，会稽阳羡人也。祖父武，太守第五伦举为孝廉。武以二弟晏、普未显，欲令成名，乃请之曰：“礼有分异之义，家有别居之道。”于是共割财产以为三分，武自取肥田广宅奴婢强者，二弟所得并悉劣少。乡人皆称弟克让而鄙武贪婪，晏等以此并得选举。武乃会宗亲，泣曰：“吾为兄不肖，盗声窃位，二弟年长，未豫荣禄，所以求得分财，自取大讥。今理产所增，三倍于前，悉以推二弟，一无所留。”于是郡中翕然，远近称之。

——《后汉书》，北京：中华书局，1965年，第2471页。

三、大权旁落

由于传统的选官方法经常依赖于某几个大族，所以就会形成皇帝大权旁落、受到牵制的局面，特别是皇帝的年龄再小一点儿、性格软弱一点儿，更容易造成这样的局面。比如汉成帝时期，汉成帝的舅舅大将军王凤大权在握。汉成帝非常喜欢刘向的儿子刘歆，想让他留在身边当个中常侍。这就要给刘歆封官，没想到大臣们反复提醒汉成帝应该给大将军王凤说一声。汉成帝觉得这是件小事，我是皇帝，没有必要给舅舅说。大臣们极力阻止，汉成帝一看既然这样，那就说一声吧，别难为你们了。没想到王凤一听，拒绝了，给汉成帝来了个“烧鸡大窝脖”。皇帝任命个官员都要看大臣的脸色，这皇帝当得也真够没劲的！

再说了，隋文帝杨坚是怎么得的天下啊，不也是起家豪门、大权在握之后夺了人家的天下吗？他可不想让历史重演，他要把大权牢牢地抓在自己的手里，因此实行三省六部制。三省六部虽然各有职权，但最终都对皇帝负责。吏部考功司的设置表明，对官员的考核和选拔已经掌握在了他的手中。

隋代的秀才很难当

杨坚在进行特科考试的同时，还采用了传统的选官方法，只是更加严格而已。比如自汉代传承而来的举秀才，整个儿隋朝也就考上十个人。隋朝虽然寿命不长，但前后也将近四十年了，十个秀才的确够少的。秀才为什么那么难考呢？

一、推荐的官员怕受连累

了解历史的人都知道，秀才科是从汉代沿袭来的察举科目之一，需要一定级别的地方官推荐。被推荐的人如果合格，不仅自己有官当，推荐的地方官也会得到嘉奖和赏赐。开始的时候，所推举的秀才还名副其实，但是名利经常会让一些人铤而走险，于是后来就出现了“举秀才，不知书”的荒唐事。

这可不是闹着玩的，朝廷采取了严厉的措施进行打击：凡是不合格的秀才都要受到处罚，推荐的官员也会受到牵连，轻则当廷斥责，重则罚俸贬官，情节恶劣者可能还会有生命危险。这样一来，即使一些人很有才华，地方官为了保全自己，也不敢轻易推荐他考秀才。正是因为这样，才会出现“隋世天下举秀才不十人”。

二、主管的官员刁难人

关于这一点，我们就以杜正玄为例来看看。[1]杜正玄祖籍长安，八世祖杜曼因为做官迁到了邺地，邺地就是今天的河北临漳县。从杜曼开始，老杜家就非常注重教育，以文学传家。杜正玄既聪明又勤奋，无书不读，《隋书》中说：“正玄尤聪敏，博涉多通。”“博涉”就是广泛涉猎，“多通”就是懂得多。这为他后来参加

1 开皇末，举秀才，尚书试方略，正玄应对如响，下笔成章。仆射杨素负才傲物，正玄抗辞酬对，无所屈挠，素甚不悦。久之，会林邑献白鹦鹉，素促召正玄，使者相望。及至，即令作赋。正玄仓卒之际，援笔立成。素见文不加点，始异之。

——《隋书》，北京：中华书局，1973年，第1747页。

秀才科考试打下了坚实的基础。

开皇十五年（595），杜正玄到京城参加秀才科考试。到考场后杜正玄发现，只有他一个人报考了这个科目。按照当时的规定，杜正玄考的是方略策，就是考查考生们治国的理论水平。杜正玄下笔成章，回答问题高屋建瓴，不卑不亢，主考官一看，不错，判了个高等。

因为只有杜正玄一个人考秀才，缺乏参照对比，所以主考官很谨慎，拿着杜正玄的卷子去找尚书左仆射杨素请示。杨素是尚书省的最高长官，吏部归尚书省管辖。杨素一听就火了，说："周孔更生，尚不得为秀才，刺史何忽妄举此人？可附下考。"杨素的话是什么意思？即便周公和孔子从坟里蹦出来复生，也不能成为秀才，刺史怎么能够贸然举荐这个人考秀才呢？把他的成绩列为下等。说完就把杜正玄的卷子啪的一下扔到了地上，连看都没看。

大家请注意，《北史》中说得可是很明白啊，杜正玄是"试策高第"，成绩本来是名列前茅的，怎么到了杨素这里就变成了下等呢？[1] 难道说杨素和杜正玄有仇吗？原来，杨素是有情绪的，《隋书》中说"素甚不悦"，杨素很不高兴。

杨素为什么不高兴呢？主要是文人相轻。杨素是隋朝的开国重臣，而且诗文创作的造诣也很高，他和卢思道、薛道衡并称"隋朝三大诗人"。《隋书》中称他"词气宏拔，风韵秀上，亦为一时盛作"，是一个非常有名的文学家。杨素对自己的文学才能是非常自负的，《隋书》中这样说："仆射杨素负才傲物。"

自负的人一般有两个毛病：第一看不起不如自己的人；第二不允许别人超过自己。既然在他的眼里周公、孔子这样的圣人都当不起秀才，自己自然也不行了，现在你杜正玄敢考秀才，那不就说明你杜正玄的才能比我强吗？再说了，这么多年也没有几个考秀才的呀，怎么就显着你杜正玄能耐了！所以连看都不看，就把杜正玄的卷子扔到了地上。

但是这个问题还没有解决呢。参加其他科目考试的人都已经知道了考

1 隋开皇十五年，举秀才，试策高第。曹司以策过左仆射杨素，怒曰："周孔更生，尚不得为秀才，刺史何忽妄举此人？可附下考。"乃以策抵地，不视。
——《北史》，北京：中华书局，1974年，第961页。

试结果，要么失败了，要么拿到了录取通知书马上就要上岗了，总之都有了一个确定的结果，杜正玄这算怎么回事呢？这到底算是考上了还是没有考上呢？得给人家个准信儿啊。这事儿主考官自己做不了主，于是又来找杨素，让他给个最终意见。

杨素根本就没有打算录取杜正玄，但杜正玄的方略策写得的确很好，按照已有的考试成绩不录取没有理由啊。杨素有办法，他在一张纸上又写了几个题目，让主考官交给杜正玄。这几个题目是什么？《上林赋》（司马相如）、《圣主得贤臣颂》（王褒）、《燕然山铭》（班固）、《剑阁铭》《白鹦鹉赋》（张载），要求杜正玄拟写，也就是以这五个题目为题模仿着再写五篇。不仅如此，杨素说了，“我不能为君住宿，可至未时令就”，也就是说我不能住下来陪着你考试，限制一下时间吧：未时交卷。未时就是下午一点至三点，最晚下午三点钟交卷。

杨素这一招太狠了。为什么这样说呢？理由有四：

理由一，束缚手脚。别人已经写过了，而且全是大家，司马相如、班固那都是什么人物？大家。特别是司马相如就是靠赋起家的，一篇《子虚赋》让汉武帝知道了他的存在，一篇《上林赋》彻底征服了汉武帝。他们写的全是流传后世的名篇，现在要重新写一篇，还是这样的内容，既要有创造性，又不能抄袭，那是相当难啊。

理由二，要求各体兼熟。这里牵涉到三种文体：赋、颂、铭。每一种文体都有自己的要求。汉代的赋要求铺张扬厉，汪洋恣肆；颂要求雅正庄重，内涵深广；铭是刻在器物上的一种文字，体贵弘润，具有褒赞警诫的作用。这就要求杜正玄对各种文体都要相当熟悉。要知道当时考试规定是考策的，每个考生都可以在考试之前有针对性地充分练习，而现在是临时加考，还换了文体，完全在意料之外。

理由三，隋朝文风拘谨。受六朝文风特别是声韵学说的影响，隋朝文风比较拘谨，讲究声韵和谐、四六对仗，基本以形式掩盖了内容，用李谔《上隋高祖革文华书》中的话说，就是“连篇累牍，不出月露之形；积案盈箱，惟是风云之状”，那可是骈文的天下。现在要进行复古创作，有点难。

理由四，时间紧、任务重。这五篇文章加在一起在五千字以上。我们今天的作文考试题基本要求不少于八百字，国家公务员考试的申论题一般要求一千字左右，就这还得搜肠刮肚、绞尽脑汁。可以想见杜正玄要在有限的时间内完成这么艰巨的任务，还是有相当难度的。

到这里我们恐怕不难想到杨素的真正用心了吧？《北史》中明确指出“素志在试退正玄”。目的只有一个，就是让你杜正玄考不上。所以，杜正玄的这次考试可以说是困难重重。

但杜正玄是有两把刷子的，要不也不会自找没趣顶烟儿上。面对主考官所出的题目，他肯定感受到杨素是在故意刁难，但他没有退却。虽然仓促应战，但文不加点，援笔立成，而且没有超时。史书中说他“及时并了”(《北史》)，到时间全写完了。杨素本来要为难杜正玄，结果没有难住，人家按时写出来了。杨素拿着杜正玄的这几篇文章反复看了好几遍，佩服之情油然而生，不禁赞叹说：“诚好秀才！”怎么办啊？录取吧。不仅录取，还推荐他做了长宁王的记室参军。当时人称杜正玄为“海内一人”。

杜正玄的弟弟杜正藏，也参加了秀才科考试，那是开皇十六年（596）的事情。[1]当时的主考官是苏威，出的题目是“拟贾谊《过秦论》及《尚书·汤誓》《匠人箴》《连理树赋》《几赋》《弓铭》”，和他的哥哥一样，也是拟写。杜正藏“应时并就，又无点窜”，不仅在规定时间内完成了写作任务，而且还没有任何修改，就好像提前写好了一样。

杜正玄是遭杨素刁难，杜正藏也受到一些委屈，因为当时考秀才的人太少，所以考得虽然很好，也只能和策论第一等的人放到一起上报，于是就把他的等级压成了二等。杜正藏觉得不合理，就找主考官苏威抗议诉屈。苏威怎么处理的呢？《北史》中说：“威怒，改为丙第。”不仅没有拔高，反而又往下压了一级。我的地盘我做主！看来古代的考生在主考官面前是没有什么尊严的——是龙你得盘着，是虎你得趴着。

从杜氏兄弟的经历来看，不管参加什么样的考试，首先自己肚里得有货，只有这样，才不至于无功而返。老杜家还有一个秀才叫杜正伦，是杜

1 正玄弟正藏，字为善，亦好学，善属文。开皇十六年，举秀才。

——《北史》，北京：中华书局，1974年，第962页。

正玄的哥哥，当时他们仨被称为“一门三秀才”。可见，在家学背景下，兄弟之间相互影响和激励，这样就容易成功。

这就是隋文帝在科举史上的贡献，不仅设置了考功司，而且有了明确的分科考试科目，只是在具体操作中，还夹杂着传统的选官方法。那么，到了隋炀帝时期，杨广又会对科举有什么样的贡献呢?

第二讲

进士科的勃兴

杨坚之后，杨广子承父业登上皇帝位。应该说，这是一个备受非议的皇帝，特别是野史，把杨广描写成一个荒淫奢侈、急功好利、残酷猜忌的昏君、暴君，简直是头上长疮、脚底下流脓，坏人一个。

可是，我们客观地说，杨广在中国科举史上还是做出了积极贡献的。

隋炀帝也有贡献

一、丰富考试科目

据《隋书·炀帝纪》记载，大业三年（607）夏四月，隋炀帝在诏书中说“宜依令十科举人”。这要比隋文帝的二科举人丰富了很多。隋炀帝所创立的十科都包括什么呢？主要有孝悌有闻、德行敦厚、节义可称、操履清洁、强毅正直、执宪不挠、学业优敏、文才美秀、才堪将略、膂力骁壮，有文有武，既强调“德”，又不忽视“能”。著名史学家范文澜先生认为，“文才美秀”科就是后世的进士科。

二、创设进士科

就目前所能见到的材料来看，大家基本认定进士科始创于隋炀帝时期。杜佑《通典·选举五》记载，薛登在天授三年（692）的奏疏中说：“炀帝又变前法，置进士等科。”薛登这个人有个特点，每次和人谈论前代故事，一定要找到根据，决不妄言。《旧唐书·杨绾传》载，宝应二年（763），时任礼部侍郎的杨绾，也谈到“炀帝始置进士科”。刘肃《大唐新语》卷十《厘革》讲：“隋炀帝改置明、进二科。”“明”指明经科，“进”指进士科。可见大家的认识基本是一致的，进士科是隋炀帝时设置的。

隋炀帝创设进士科的原因

从科目名称上看，“文才美秀”科考试的侧重点是考查考生的文笔，也就是考查考生的创作才能。这应该与杨广本人的爱好有关。

《隋书》中说杨广“好学，善属文”，即擅长写文章。杨广对自己的文才很自负，他曾经对身边的侍臣说：“设令朕与士大夫高选，亦当为天子矣。”（《隋书》）意思说假如让我和士大夫一块通过考试选拔皇帝，我也是第一名。我们前面说过，自负的人一般有两个毛病：一是看不起不如自己的人；二是不允许别人超过自己。杨广就是这样的人，他认为“当世之贤皆所不逮”，就是当时的贤人都不如他，没人能比得上他。所以，他经常以文学领袖自居。

隋炀帝的自我评价之高不是没有根据的，他在当时的诗坛上确实占有举足轻重的地位，不仅有以雕琢堆砌为美的宫体诗，而且有清丽明快的作品，比如《春江花月夜》二首其一：“暮江平不动，春花满正开。流波将月去，潮水带星来。”写出了阳春时节傍晚时分的江南风物之美，显得清丽明净。

自负的人总是担心被人超越，这是很多人的心理，隋炀帝也是如此。那么别人超过他，又会怎么样呢？下场很悲惨。

唐人刘悚的《隋唐嘉话》中记载了这样一个故事：隋炀帝写了一首诗，题目叫《燕歌行》，让大臣们唱和，就是也用《燕歌行》为题各写一首。大家普遍显得很乖，表现出的诗歌水平都很一般。这就是潜规则，你水平再高，也得让着皇帝。可是，著作郎王胄却偏偏不信邪，超过了隋炀帝，特别是“庭草无人随意绿”一句，漂亮，有境界，一切显得那么自然随意，而且充满了生机。隋炀帝觉得下不来台，心中很不爽，一直耿耿于怀，觉得王胄太不懂事了。后来，就找机会把王胄给杀了。

《隋唐嘉话》中说：“胄竟坐此见害，而诵其警句曰‘庭草无人随意绿’，复能作此语耶？”“坐此见害”就是因为这件事被害的意思。杨广不仅杀人，还戏弄人家，临行刑的时候问王胄：“你还能作‘庭草无人随意绿’吗？”从这个故事，我们不难体会到杨广对文学的喜爱。后来的进士科考试重视诗赋文才，甚至由一篇文章定成败，从这个角度看似乎有一定的道理。

我们前面说，隋炀帝在大业三年（607）所设的十科之中有“文才美秀”科，著名史学家范文澜先生认为这就是后来的进士科。那么进士科是否就开始于大业三年呢？

进士科究竟始于哪年

判断历史上的一件事情，要尽可能还原历史，就是回到那个时代。虽然我们已经很难穿越到隋唐时期，但文献中的一些信息，却能让我们做到精神的穿越。我们看唐代是怎么界定“进士”这个概念的。《唐六典》中认为“明闲时务，精熟一经者为进士”。“明闲时务”就是了解现实问题，“精熟一经”就是掌握一部儒家经典，这样的人就是进士。

如果按照这个标准，我们来看大业元年（605）闰七月的一份诏书。隋炀帝在诏书中说：“在家及见入学者，若有笃志好古，耽悦典坟，学行优敏，堪应时务，所在采访，具以名闻，即当随其器能擢以不次。”“耽悦典坟”“堪应时务”不就是《唐六典》中对进士的要求吗？“典坟”泛指各种书籍，自然也包括儒经了。从这个角度说，隋炀帝即位不久就已经有类似进士科的科目了。所以刘海峰先生认为：“隋炀帝始建进士科，是在大业元年闰七月。”

也有人认为，进士科的创立应该是在隋文帝时期，理由是房玄龄十八岁考进士时在隋文帝时期。《旧唐书·房玄龄传》中称，房玄龄“年十八，本州举进士”。房玄龄死于贞观二十二年（648），享年七十岁，这样可以推出房玄龄出生于579年，那么他十八岁考进士也就是597年，此时为开皇十七年，的确是隋文帝时代。

这样一来，进士科创立于隋炀帝时代不就错了吗？这就需要我们考察一下房玄龄是真进士还是假进士了。其实，房玄龄这个进士就是个秀才。唐宋时期，把秀才和进士混称的并不少见。比如《太平广记·贡举二》引《谈宾录》说：“隋仁寿中，杜正玄、正藏、正伦俱以秀才擢第，隋代举进士总一十人，正伦一家三人。”先说杜氏三兄弟考中了秀才，又说隋代举进士总共十人，老杜家就占了三个，明显是把秀才和进士当成一回事了。房玄龄的进士登科，应该就是这么回事。

隋代并没有明确的进士科目，只是从后来进士科的特征上来推，“文才美秀”科，是进士科的前身。真正有进士科这个名目，是唐武德五年（622）的事情。进士科在创立之初，并没有显示出什么特别重大的意义，陈寅恪先生在他的《唐代政治史述论稿》中指出：“进士之科虽创于隋代，然当日人民致身通显之途径并不必由此。”可见，进士科虽然创于隋代，但当时并没有引起人们足够的重视。

进士科为何在唐初受到重视

王定保在《唐摭言》中为我们做了回答，他说：“进士科始于隋大业中，盛于贞观、永徽之际。”“贞观”是唐太宗的年号，“永徽”是唐高宗初期的年号。也就是说，王定保认为进士科是在唐太宗时期和唐高宗初年受到重视的。那么，进士科为什么会在这个时期受到重视呢？

一、推行王道政治的需要

贞观七年（633），唐太宗与大臣们讨论政治得失，多数人建议应该推行霸道，手腕硬一点，魏徵却认为应该推行王道。按说这样的讨论是一种民主的表现，但李世民采用了少数派魏徵的建议，决定推行王道。[1]

什么是王道呢？简单来说就是三皇五帝通过教化治理国家的仁政。这是儒家政治思想的核心内容。这种政治建设，从唐高祖李渊时期就已经开始了，李渊建立政权第二年，就确定了以儒家思想治国的方针，只是当时国家多事没有全面开展罢了。到了太宗李世民时期，虽然还有一些战争，但政局基本稳定，这就为实行王道政治提供了社会基础。李世民曾经指出：“朕今所好，惟在尧舜之道、周孔之教，以为如鸟有翼，如鱼依水，失之必死，不可暂无耳。”（《贞观政要》）王道政治就像鸟有翅膀，就像鱼离不开水一样，鸟没有翅膀、鱼离开水，一会儿都活不成。这就把儒家所标榜的王道政治，提到了至高无上的高度。

实行王道政治，不仅需要英明的决策者，还需要强有力的落实者。政

1 徵曰：“五帝、三王不易民以教，行帝道而帝，行王道而王，顾所行何如尔。黄帝逐蚩尤，七十战而胜其乱，因致无为。九黎害德，颛顼征之，已克而治。桀为乱，汤放之；纣无道，武王伐之。汤、武身及太平。若人渐浇诡，不复返朴，今当为鬼为魅，尚安得而化哉！”德彝不能对，然心以为不可。帝纳之不疑。

——《新唐书》，北京：中华书局，1975年，第3870页。

治路线确定之后，必须有合适的“干部”来具体落实。不能“经是好的，结果被歪嘴和尚给念歪喽”！这些合适的“干部”从哪里来？通过公正合理的选拔产生。只有公正合理的竞争选拔，才能为政治带来生机。进士科正好满足了这一需要，因为就进士科的考生来源来看，大体包括两大部分：一部分来自政府所开办的学校，另一部分来自地方。考生来源表现出了考生的多层次性特征。

从地方推举上来的考生，他们有一个统一的名字叫“乡贡”。先要举子自己报名——你只要觉得自己有这个水平而且符合报名条件，都可以报名；然后由地方进行初次筛选，不能挖到篮子里就是菜，必须把优秀的报到京城参加全国的考试。所有的考生都做相同的题目，最后按照成绩高低择优录取。我们不能否定有人为因素的存在，但与以往的选官方法相比，明显要进步了许多。而且，这些乡贡考生身份复杂，他们在回答问卷的时候自然少不了经验的移入，就是把自己的一些真实感受写到卷子里，这对政策建设的可行性和现实针对性，无疑是具有积极意义的。难怪当李世民看到参加进士科考试的人从考场鱼贯而出时，会高兴地说：“天下英雄尽入我彀中矣。”王道的实行，国运的盛衰，就全靠这些人了。

二、进士科介于难易之间

当时可以报考的科目并非只有进士一科，比如还有明经科、秀才科以及其他一些制科。为什么单单进士科受到青睐呢？这就牵涉人们对不同科目的比较、取舍问题。

秀才科前面已经讲过，考试近乎苛刻，所以报考的人不多。到了唐朝初期，秀才科依旧是最难考的，考的内容是五道方略策，全是关于治国方略的论述题。唐代秀才科的考试内容已经见不到了，我们不妨从孝廉推测一下。孝廉与秀才都是从汉朝就流传下来的，所考的内容有相通之处。贞观十八年（644），唐太宗、皇太子所问的关于圣贤治道的问题，被推举上来的孝廉都回答不上来。[1]从秀才科所考策论为方略内容，我们不难推测

1 唐太宗贞观十八年，引汴、鄜诸州所举孝廉，赐坐于御前，上问以皇王政术，及皇太子问以曾参说《孝经》，并不能答。

——《文献通考》，北京：中华书局，1986年，第321页。

出其所考内容也是这一类。

这样的考试题目缺乏具体的史实和材料可以利用，因此写出的文章基本是空论。空论与瞎说还不一样，应试者不仅需要懂得多，还要思路清晰，文采好，讲得合乎时宜。这就让很多考生望而却步，所以唐人封演才有了“举人殚于方略之科，为秀才者殆绝”（《封氏闻见记》）的结论。相比秀才科而言，进士科容易了不少，虽然也是考五道策论，但方略策只有一道，剩下三道时务策、一道史策，这些都有具体的史实和材料可以利用，便于把握和发挥。

再看明经科。《封氏闻见记》中说：“明经取通两经，先帖文，乃按章疏试墨策十道。”从规定的大经（《礼记》《春秋左氏传》）、中经（《诗经》《周礼》《仪礼》）、小经（《易经》《尚书》《春秋公羊传》《穀梁传》）中选出两经，规定或者一大经一小经，或者两中经，就从选定的经里出题考试，考试内容就是填空和关于经文以及注文的问答题，都属于笔试。

再者，从报考的人数上也能说明问题。我们就以国子监举送的人数为例，每年参加国家级考试明经科可以报送三百五十人，但进士科只能限制在三十人，说明明经科无论从考生人数还是录取人数来看，都比进士科要容易得多。明经科不仅录取的人多，而且被录取的人年龄普遍不大。比如那个写“曾经沧海难为水，除却巫山不是云”（《离思》）的元稹，十五岁就考上了明经科。过于简单，就失去了挑战性和创造性。既要考上，还要展示自己的水平，同时还不能太难为自己，进士科自然就成了考生们趋之若鹜的科目了。

三、有利官员仕途发展

通过明经科考试被录用的官员，后来普遍默默无闻，像狄仁杰那样当到宰相的凤毛麟角，而进士科则出现了很多名臣、重臣，受到帝王的倚重。这也是人们青睐进士科的最大原因。我们可以上官仪为例。

上官仪是河南陕县人，今天归河南省三门峡市管辖。上官仪是上官婉儿的爷爷，贞观元年（627）考中进士。唐太宗听说他的名气之后，马上任命他为弘文馆直学士，这就算在皇帝那里挂上号了。后来升到秘书郎，秘书郎的职别是从六品上，比原来六品以下的直学士提升了不少。唐高宗一继位，又升上官仪为秘书少监，成了从四品上；龙朔二年（662），加银青光禄大夫、西台侍郎、同东西台三品，可以说是官运亨通啊！

上官仪不仅仕途一路飙升，而且还深受皇帝的爱重。这主要是因为，上官仪一是太宗的文友，二是高宗的谋臣。

太宗的文友。上官仪是唐太宗身边的红人。我们都知道，李世民是中国历史上的一个奇迹，他不仅能征善战，而且还喜欢舞文弄墨，没事的时候也写上几笔。上官仪是著名的诗人，上官体的鼻祖，在诗歌创作方面有独到的见解。两个人有共同的爱好，就容易成为朋友。李世民与上官仪就成文友了。李世民每次写好诗歌，都让上官仪帮着修改品评，有时候还让上官仪唱和。《旧唐书·上官仪传》中是这样说的："太宗雅好属文，每遣仪视草，又多令继和。""每"就是经常的意思。两个人不仅是君臣，还是文友，可见两者关系是多么融洽。上官仪留存下来的诗歌不多，《全唐诗》中只有二十首，可是就在这二十首中，与皇帝唱和以及应制、应诏的就达到七首之多，而且其中多表现出对儒家经典的体会。

高宗的谋臣。李世民驾崩之后，上官仪在高宗身边依旧很吃香，高宗甚至愿意把自己和皇后的矛盾告诉他。自从永徽六年（655）唐高宗废掉王皇后立武则天为皇后之后，武则天就表现得越来越强势，《新唐书·上官仪传》中是这样说的："武后得志，遂牵制帝，专威福，帝不能堪。"武后管得越多就意味着皇帝管得越少，这让唐高宗感觉很郁闷。不论如何，咱也是一纯爷们儿啊，怎么能整天被一个女人牵制呢？

于是唐高宗就动了心思，当年的武媚娘为什么这样？因为她是皇后啊。谁给她的权力？我啊。那么把她这个皇后给废了不就行了吗，她不是皇后也就没有了权力。于是唐高宗打定了主意。史书中怎么说的？《新唐书》中说"将废为庶人"。既然决定了就干吧，不，唐高宗没有马上发布废除武则天的命令，而是"召仪与议"，找来上官仪商量。

上官仪多聪明啊，一听就明白了，给皇帝支招，说："皇后专恣，海内失望，宜废之以顺人心。"既然皇后那么霸道，你把她废了不就行了。上官仪说到唐高宗心坎儿里去了，唐高宗要的就是这话，于是唐高宗让上官仪草拟废除武则天的圣旨。古人讲法不传六耳，一件事一个人能搞定，绝不让第二个人知道，两个人能搞定，绝不让第三个人知道，知道的人越多，失败的可能性就越大。唐高宗和上官仪商量废除武则天这事，保密工作没有做好，结果事情败露，为此上官仪还搭上了性命。麟德初年，武则天让权臣许敬宗罗织罪名陷害废太子梁王李忠，因为上官仪曾做过李忠府里的咨议，于是顺手就把上官仪给捎带办了。当然，这是儒家文化塑造了上官仪正直的品格，他又用自己的生命维护了儒家文化的品格。

我们抛开最后的结果不说，就这件事本身至少说明唐高宗没有拿上官仪当外人。这就是进士科出身的上官仪在仕途上的发展以及在皇帝身边的地位，足以让很多人羡慕嫉妒恨了。但是当时考上明经科的人，在官场上可没有这么顺。

由于以上的原因，进士科行市明显看好。

进士科行市看好

进士科行市看好具体表现在哪些方面呢？最直观表现的就是报考人数和录取人数。

一、报考人数

王定保《唐摭言》中说，贞观、永徽之际每年参加进士科考试的“常不减八九百人”。单就这个数字来看似乎并不是太多，如果我们简单比较一下，就能知道人们对进士科的重视了。据《唐摭言》记载，会昌年间规定，各地考生名额以当地人口数量为基础分配，全国加在一起总共六百六十三人。这样看来，贞观、永徽之际的八九百人就不是个小数目了。再者，当时并非全国每一个州县都有考生，而是主要集中在关中之地，这样就显得数量多了。

二、录取人数

进士科和明经科一样，属于每年都要考试的常科，可是就考试的连续性来看，却明显存在着差异。唐太宗在位二十三年，在这二十三年里，进士科考试了二十一次，明经科考试了十一次；进士科录取二百零五人，明经科录取人数不详。这不仅仅是个数字问题，在数字的背后我们看到的是，朝廷相关部门的用心程度。明经科与进士科都是朝廷选拔官员的考试科目，考试时间和负责考试的部门都是一样的，为什么资料如此不完善呢？这就是一个态度问题。

李世民之后，唐高宗李治一仍其旧，继承了李世民采取的方法，显得有些保守。但是，“二圣”临朝之后，武则天却表现出了非凡的魄力，把进士科又向前大大推进了一步。这究竟是怎么回事呢？

第三讲

武则天推进进士科

唐高宗李治没有其父李世民的开拓精神，在科举上主要是对已有方法进行继承。但是，与唐高宗并称“二圣”的武则天，却在科举取士上表现出了积极进取的姿态，把进士科又向前大大推进了一步。

武则天推动进士科的措施有哪些呢？她为什么会对进士科如此用心呢？成为显科之后的进士科在人们心目中又是什么样的地位呢？

武则天如何推进进士科

一、扩大招考范围

虽然贞观年间由于推行王道政治等原因，进士科表现出了明显的优势，但因为当时推行关陇文化政策，考生主要集中在关陇之地，以至于“当时山东、江左人民之中，有虽工于文，但以不预关中团体之故，致遭屏抑”（陈寅恪《唐代政治史述论稿》）。就是说其他地方的人，虽然也很有才能，但由于不属于关陇文化圈，所以得不到重用，甚至还会遭到压制。

这和唐高祖、唐太宗当年夺取政权所依赖的势力有关，因为当时主要依赖的就是关陇地区的势力。李世民当年秦王府的十八学士中，一半以上出自关陇或与关陇文化有着深厚的关系。李世民即位以后，维系统治的主体力量，依旧是关陇势力。所以，中唐的陆贽在《论关中事宜状》中指出：“大凡诸府八百余所，而在关中者殆五百焉，举天下无敌关中。”天下府兵，关中占了一多半。

关陇文化集团的学术背景主要是经学，讲究严格的儒家规范，因此成为限制武则天发展的主要政治势力。武则天要想发展，就需要削弱关陇势力的影响。因此，自从武则天入主后宫以后，她马上采取措施，扩大科举招生的地域范围。比如显庆元年（656）十月，刚当上皇后一年的武则天，就开始对唐高宗施加影响，在江淮以南选才，用来对抗那些反对自己的关陇政治势力。[1]再比如仪凤元年（676），又实行南选，也就是在桂、广、交、黔等地选拔官员。[2]这就让曾经被冷落地区的文人们，看到了仕途上的希望。清人赵翼在《二十二史札记》中说："人寒则希荣切而宣力勤，便于驱策，不觉倚之为心膂。"当一个人迫切想当官却又苦于没有门路的时候，一旦有人给他这个机会，他便会感恩戴德，忠心报效。武则天扩大招考范围，说明她是非常懂这个道理的。

二、增加录取指标

贞观时期，进士科最多一年录取二十四人，而在武则天时期，录取二十多个是很正常的事情。不仅如此，武则天还大幅度增加录取名额。比如咸亨二年（671）录取五十四人，咸亨四年（673）录取七十九人，咸亨五年（674）录取六十八人，上元二年（675）录取四十五人，开耀二年（682）录取六十六人，永淳二年（683）录取五十五人……唐太宗在位二十三年总共录取进士二百零五人，而武则天自当政以来录取的人数是李世民时的好几倍。

我们以光宅二年（685）为例，这一年吴师道等二十七人考中了进士。虽然最后录取二十七人，实际上只有吴师道一个人合格，其他二十六人则是武则天特批录取的。据王定保《唐摭言》记载，武则天的批文是这样的："略观其策，并未尽善。若依令式，及第者唯只一人；意欲广收其才，通三者并许及第。"说得很明白，如果按照标准的话，大家写的策论都不是太好，按要求只有一个人考上了。现在为了广收人才，五道策问只要能有三道合格就可以及第。这明显是降低了录取的标准，本来两块钱一斤的东西，现在一块钱买了二斤，真可以说是不拘一格用人才了。这些本来要落榜的考生，意外拿到了录取通知书，那还不得偷着乐啊，还不得对武则天感恩戴德啊！

三、亲自策问进士

为了进一步培植自己的政治势力，控制由科举入仕的知识分子，武则

1　宜令河南、河北、江淮以南州县，或纬俗之英，声驰管、乐；或济时之器，价轶萧、张；学可帝师，材堪栋辅者，必当任之不次。可明加采访，务尽才杰。州县以礼发遣。
——《登科记考》，北京：中华书局，1984年，第44页。

2　壬寅，敕："桂、广、交、黔等都督府，比来注拟土人，简择未精，自今每四年遣五品已上清正官充使，仍令御史同往注拟。"时人谓之南选。
——《资治通鉴》，北京：中华书局，1956年，第6380页。

天还采取了一项具有亲民倾向的措施：亲自殿试入围的考生。这个环节的操作很认真，而且要持续几天才结束。这就是大史学家杜佑在《通典 · 选举三》中记载的："武太后载初元年二月，策问贡人于洛城殿，数日方了。殿前试人自此始。""贡人"又称"贡士"，就是地方推荐上来的考生。"洛城殿"在洛阳南门之内。宋朝殿试是科举考试中的重要一环，但唐朝时还没有这个制度，武则天这么做是一个创造。

武则天这么做的目的是什么呢？给考生一个近距离接触自己的机会，让考生们感受到自己对他们的重视。对于考生来说，这无疑是一种莫大的荣耀。另外，武则天于此年九月改了国号，当了皇帝，她的这一做法恐怕也是为称帝做的一种铺垫。对此，王夫之在《读通鉴论》中一针见血地指出："徒以市恩遇于士，而离大臣之心。"这样一来，那些被录取的官员就会认为，自己的官位实则就是武则天给的，以后得分清远近，好好效力。

四、重视进士官员

文人们考上进士之后不能成为摆设，得用。武则天对这些进士出身的官员非常看重，比如杜甫的爷爷杜审言被贬为吉州司户之后，就是武则天把他召还京城并封为著作郎的；宋之问考上进士之后，武则天就让他和杨炯任教习艺馆，习艺馆就是教宫中女子学习的场所，相当于皇家女子大学；再比如进士出身的陈子昂，因为就高宗灵柩是否还京这一问题向武则天建议，被武则天召见封为麟台正字。这些都是武则天重视进士出身官员的具体例证。

在武则天的大力推动下，进士科才真正成为显科。所以陈寅恪先生认为，唐代进士科受到足够的重视，实际上是从武则天开始的。

武则天为什么关注进士科

武则天为什么要在科举特别是进士科上如此用心呢？这与她的出身和政治经历有关，她要通过进士科来维护自己的政治利益。大凡了解唐朝历史的人都知道，武则天登上政治舞台并不是一帆风顺的，而是阻碍重重的。当皇后有人反对，唐高宗委托她处理政务又有人反对。反对她的人多数是关陇政治势力，武则天要想立于不败之地，必须既要打击旧势力，又要培植新势力。通过进士科录取新生政治力量，便是重要的措施之一。这究竟是怎么回事呢？

永徽六年（655），唐高宗李治废黜王皇后，立武则天为皇后。这件事遭到了以长孙无忌和褚遂良为首的关陇大臣们的坚决反对。特别是长孙无忌，皇帝的礼也送了，给他儿子的官也升了，武则天的妈妈人情也走到了，许敬宗也是反复劝说，可是长孙无忌就是“油盐不进”。不仅如此，长孙无忌还把问题推给了褚遂良，而这个褚遂良也是决不答应。这俩人为什么反对武则天当皇后呢？——履行自己的职责。长孙无忌和褚遂良是唐太宗临死时指定的顾命大臣，李世民临咽气交代二人：“尔辅政，勿令谗毁者害之。”（《新唐书》卷一百五）你们俩盯着，别让小人毁了我儿子。

俩人履行职责和武则天当皇后有关系吗？有。表现在三个方面。

一、反对乱伦

武则天本来是李世民的才人，才人就是皇帝身边名分比较低的姬妾。贞观十一年（637），十四岁的武则天因为长得漂亮被选进宫中。这么说来，武则天不管年龄大小，也算是唐高宗李治的长辈了。李世民驾崩之后，武则天因为没有生儿育女，就按照规定到感业寺削发当了尼姑。原来，在唐太宗病重之际，太子李治因为经常去探望他，已经与武则天暗生情愫。后来唐高宗又从感业寺把武则天接进宫里，这本身已经违背儒家伦常了，说的俗一点就叫乱伦。当一个妃子还不怎么扎眼，毕竟后宫佳丽众多，可是母仪天下的皇后只能有一个啊，你封她为皇后，天下人还不全知道了？

二、提防心机

武则天是个不简单的女人。她之所以能二进宫，与王皇后有着紧密的关系，当时王皇后正在和萧淑妃争宠。唐高宗永徽五年（654）到感业寺上香并与武则天约会这件事被王皇后知道了，为了让唐高宗疏远萧淑妃，王皇后就偷偷命令武则天留起长发，然后又主动劝唐高宗把武则天接进宫中。唐高宗正巴不得呢，省得偷偷摸摸了，等于说唐高宗正打瞌睡呢，王皇后给了他一个枕头。其实，武则天就是王皇后对付萧淑妃的一枚棋子，可是没想到这枚棋子不好驾驭。武则天开始小心翼翼、低眉顺眼地伺候王皇后，并在王皇后的帮助下成为昭仪。

可是再到后来，王皇后就不是武则天的对手了。永徽六年（655），唐高宗废黜王皇后，立武则天为皇后。[1]王皇后要早知道会这样，死活也不会让武则天进宫啊，这才是弄巧成拙，搬起石头砸了自己的脚。武则天是永徽五年进的宫，永徽六年就取代了王皇后。这是什么速度？比坐火箭都快！没有点心机，没有点手段，光靠长得漂亮能做到吗？俩顾命大臣担心，唐高宗在斗心眼儿上不是武则天的对手。

1　己酉，废皇后为庶人。乙卯，立宸妃武氏为皇后。
——《新唐书》，北京：中华书局，1975年，第56页。

三、担心应谶

民间曾经谣传，唐朝三代之后将会有一个带武字的女皇出现，这个人要对李氏子孙痛下杀手。李世民担心了，找来相士李淳风询问。李淳风说，根据天象确有此事，而且这个人已经在宫里了，已经是您的眷属了。李世民让李淳风把这个人找出来杀了，先下手为强。但李淳风说，这是天命，天命不可违，咱也未必能找出来啊。再说了，四十年之后这个人年龄也大了，到时候会有仁慈之心；如果我们现在找出来杀了，上天再派一个年轻人过来挑战你们李家，少壮严毒，下手更狠，估计您到那个时候就要断子绝孙了。就这样，李世民没有继续纠缠下去。到唐高宗已经是第三代了，他又封武则天为皇后，好像这个谣传要应验了。因此，作为顾命大臣，他们不能不替唐高宗担心啊。

其实，据《太平广记》记载，袁天罡也为武则天相过一次面，只是当时武则天还是个婴儿，在怀里抱着呢，穿着小男孩儿的衣服。袁天罡说："龙睛凤颈，贵之极也，若是女，当为天下主。"这孩子长着龙一样的眼睛、凤一样的脖子，放今天这孩子能看吗？当爹娘的还不得愁死啊。可是在那个时候，这就是贵不可言的异相。袁天罡说了，如果是个女孩儿，将来长大可是掌管天下的女皇啊。也就是说，武则天登上政治舞台是命中注定的，是天意。

也该着武则天成事，自显庆五年（660），唐高宗得了一种风眩病，头重，眼睛没有办法看东西，这就没有法儿办公了。所以唐高宗就经常把朝政委于内宫，让武则天帮忙处理。武则天充分发挥自己的政治才能，把唐高宗交给她的事情处理得很得当，让唐高宗省了不少心。但又有人提出反对意见了，中书侍郎同三品郝处俊指出："天子理外，后理内，天之道也。昔魏文著令，虽有幼主，不许皇后临朝，所以杜祸乱之萌也。陛下奈何以高祖、太宗之天下，不传之子孙而委之天后乎！"（《资治通鉴》卷二百二）自古以来男女各有分工，男主外女主内，这是传统，是规则。当年魏文帝曹丕为了杜绝祸乱，还规定皇后不能插手外政呢，您怎么就把高祖、太宗留下的基业交给皇后处理呢？

不单是帮忙处理政事，到了麟德元年（664），又发展到了垂帘听政，甚至"政无大小，皆与闻之，天下大权，悉归中宫，黜陟杀生，决于其口，天子拱手而已"（《资治通鉴》）。大唐王朝真正的当家人，已经是武则天了。但是不管如何，武则天作为一个女性在那个男权社会登上政治舞台，这是有违儒家伦常的，被称作"牝鸡司晨"，所以遭到了以关陇政治势力为核心的很多大臣的反对。武则天怎么办？软硬兼施，硬就是采取霹雳手段，软就是拉拢进士之心。

霹雳手段。武则天处理事情很果断。唐太宗有一匹骏马叫狮子骢，肥壮暴烈，没有人能收拾得了。武则天对唐太宗说："我能制服这匹马，但须要三样工具：第一个铁鞭，第二个铁挝，第三个匕首。先用铁鞭打，不服再用铁挝打它的脑袋，还不服就用匕首割断它的喉咙。"尽可能去驯服它以为己用，真驯服不了，就别耽误事儿了，杀了算了，留着没用和不能为我所用效果是一样的。这件事表现出了武则天的霹雳手段。

武则天见这么多人反对自己，就像当年制服狮子骢一样，又采取了霹雳手段：顺我者昌，逆我者亡，反对我的人都没好果子吃。长孙无忌、褚遂良你们俩不是反对我当皇后吗？就别在我眼前晃悠了。于是长孙无忌被贬到了黔州也就是今天四川的彭川县，褚遂良被贬到了爱州也就是今天越南的清化市，俩人都没有活着回来。上官仪因为提出来让高宗皇帝废黜武则天，为此还付出了生命的代价。在武则天的血腥“镇压”下，虽然暂时出现了“公卿莫敢正议”的局面，但反对情绪并没有因此消失，只是由明转暗。你能把这些人给杀完吗？不能。那怎么办？

拉拢士心。为了稳固自己的政治地位，武则天采取另一种措施，开始通过科举尤其是进士科培养自己的势力，用新录取的文学之士来冲淡注重儒家伦理的反对派的声音。应该说，这也是新旧两种政治势力的斗争，科举只是一种表现形式而已。这就是王夫之《读通鉴论》中所说的：“夫武氏以妇人而窃天下，唯恐士心之不戴己，而夺有司之权，鬻私惠于士，使感己而忘君父。”就是把国家的政策，当成自己施舍给别人的小恩小惠。武则天是想抓住文人们“士为知己者死”的传统心理——是我给了你们进入官场的机会，是我给的你们官当，你们还好意思反对我吗？于是才有了我们上面讲的武则天推动进士科发展的四个措施。

薛元超的遗憾

在武则天的努力下，进士科受到人们充分的重视。那么进士科在人们的心目中究竟是什么样的地位呢？王定保在《唐摭言》中说：“缙绅虽位极人臣，不由进士者，终不为美。”“缙绅”就是官员。因为帝王的抬爱，加上进士科出身的人仕途顺利，进士科自然就引来万众瞩目，以至于一些官员虽然已经位高权重，但依然会因为自己不是进士出身而感到遗憾。王定保还真不是故意夸大其词，我们可以举个例子来看看。这个例子中的主角叫薛元超，我们来看看他的叹恨。

刘悚的《隋唐嘉话》中记有这么一个故事：薛元超曾经对人说，自己不是进士出身，是这辈子最大的遗憾。原话是这样的：“吾不才，富贵过分，然平生有三恨：始不以进士擢第，不得娶五姓女，不得修国史。”薛元超说自己虽然大富大贵，但依旧有三大遗憾，其中排在第一位的就是非进士出身。薛元超说自己“富贵过分”是实在话，他们家世代享受着皇恩。

先说他的爷爷。薛元超的爷爷叫薛道衡，是隋朝三大诗人之一，深受隋文帝杨坚的爱重。[1] 杨坚经常对人说，薛道衡所写的公文非常符合自己的心意。杨坚不仅表扬薛道衡写的文章让自己满意，还称赞他很称职。一个人既能深得帝心，又有才能，肯定会受到皇帝重用的。杨坚就让薛道衡掌握了大权。当时薛道衡位高权重，红得发紫。《隋书》中说："太子诸王争相与交，高颎、杨素雅相推重，声名籍甚，无竞一时。"太子、王爷还有那些开国重臣，都竞相与薛道衡交往，以至于他当时声名煊赫，无人能及。

1 高祖每曰："薛道衡作文书称我意。"然诫之以迂诞。后高祖善其称职，谓杨素、牛弘曰："道衡老矣，驱使勤劳，宜使其朱门陈戟。"于是进位上开府，赐物百段。道衡辞以无功，高祖曰："尔久劳阶陛，国家大事，皆尔宣行，岂非尔功也？"
——《隋书》，北京：中华书局，1973年，第1408页。

再说薛元超的父亲薛收。薛收也是一个非常了不起的人物，是李世民的十八学士之一。房玄龄给李世民说，薛收很有才能，李世民就把薛收召到了身边，非常重视他。有一次，薛收劝说李世民不要打猎，李世民不仅没有生气，反而说："明珠兼乘，未若一言。""兼乘"就是两辆车的意思。这两句话的意思是，两车珍珠也比不上薛收的一句话珍贵。自古以来，下级很少有主动给上级指出毛病的，凡是指出的几乎都成了佳话，之所以能成为佳话，就是因为这样的事情太少。李世民明白薛收的用心，因此认为再多的宝贝也顶不上薛收的一句话。

李世民经常把薛收带在身边。讨伐王世充的时候，几乎所有的公文都出自薛收之手。薛收文才敏捷，《新唐书》中说他"或马上占辞，该敏如素构"。又跟随李世民平刘黑闼，被封为汾阴县男。但是薛收死得早，死于武德七年（624）。李世民即位之后，曾经给房玄龄说过，如果薛收还活着就让他当中书令。中书令是中书省的最高长官，正三品，那可是宰相衔儿。李世民还多次梦见薛收，又多次追赠，最后下旨陪葬昭陵，就是将来可以埋在自己的身边，可见李世民对薛收的爱重。这就是薛元超的家世背景。

再来说说薛元超本人。由于优越的家世背景，加上薛收死得早，薛元超九岁就继承了他父亲汾阴县男的爵位。长大之后，薛元超像他父亲一样有才，唐太宗非常喜欢他。这个喜欢怎么表现出来的呢？唐太宗把和静县主嫁给了他。和静县主是谁？李元吉的女儿。李元吉是李世民的亲兄弟，这样一来，薛元超就成了唐太宗的侄女婿，相当于翁婿关系。

唐高宗即位之后，提拔薛元超做了给事中。给事中归门下省管，正五品上。此时薛元超才二十六岁。没过几天，又转为中书舍人。虽然曾经因为别人的事受到了牵连被贬出京城，但并没有影响他在唐高宗心中的地位。没过多久，又被赦免，还京，拜正谏大夫；上元三年（676），升为中书侍郎，正四品上；永隆二年（681），再次被提拔，担任中书令，兼太子左庶子，正三品。这就是唐太宗当年给房玄龄说的要让薛收干的那个差事。当爹的死得早没当上，儿子当上了，看来这官就是给他们家留的。

从三件事上，我们可以体会到唐高宗对薛元超的爱重。这三件事分别是，预私宴、重其才、委重任。

预私宴。什么是预私宴？就是和皇帝一起吃便饭。《旧唐书》中说“常召入与诸王同预私宴”，这是很多大臣连想都不敢想的。这样的饭吃的可不单是食物，更主要的是皇恩。

重其才。薛元超并非靠自己父亲罩着，更重要的是他自己有才，不仅文才出众，而且政治才能突出。唐高宗觉得薛元超能够以一当十，唐高宗曾说：“长得卿在中书，固不借多人也。”（《旧唐书》）也就是说有薛元超一个人在，中书省就无须那么多人了。

委重任。当上中书令后不久，也就是永淳元年（682）四月，唐高宗要去洛阳，留下太子李哲掌管京都事务。这个太子是新立的，是永隆二年八月废了原来的太子之后立的。为了辅佐太子，唐高宗特意把薛元超留了下来，既是辅佐太子，也是为太子立威。临出发的时候，唐高宗语重心长地对薛元超说：“朕之留卿，如去一臂。但吾子未闲庶务，关西之事，悉以委卿。”从唐高宗的话里我们能感觉出来，留下薛元超是有些舍不得的，但考虑到局势需要，又有些不得已。把京城的事情全部交给薛元超，这个担子真够重的，但这个重担明显是一种信任。

从这些事情我们可以看出，薛元超无论是家世背景，还是自己的权势，都是让人难以企及的，这也就是他说的“富贵过分”。即便如此，他还把自己不是进士出身，列为人生三大遗憾之首。可见当时人们对进士科的重视程度。

读书人对进士科顶礼膜拜，以至于当时社会上流行“进士初及第，头上七尺光”的说法。那些考不上的人更是举着登第者的名单羡慕地说：“这就是千佛名经啊！”就是亲弟兄，如果有进士及第有不是进士及第的，吃饭的时候，进士及第的都不让不是进士及第的挨着自己坐。

但是，事情总是具有两面性的，当人们把目光更多地投向进士科的时候，进士科考试却出现了不可忽视的弊端。这些弊端是什么呢？朝廷又会采取怎样的措施呢？

第四讲

科场案导致考试改革

当大家都对进士科趋之若鹜的时候，一些人面对名利就不淡定了，主考官面对黄白之物也铤而走险、顶风作案，把国家律法丢到了脑后。

这样自然就出事了。什么事呢？唐代第一个科场案——龙朔科案。

惊天科场案

虽然武则天在进士科考试中增加了录取指标，但录取人数毕竟有限，所以考试依旧难于上青天。按说，面对困难，考生们应该从根本上提高自身学养，勤思好学，多向比自己强的人请教，结合实际把规定的考试教材琢磨透了，这样才能以不变应万变。

可是这个方法在一些人看来见效慢，不如直接找主考官套套近乎。如果主考官能缩小一下考试范围，甚至有针对性地明确一下考试内容，那要比三更灯火五更鸡、头悬梁锥刺股地苦学强多了。这就是旁门左道。

龙朔科案就是因为有人用了旁门左道。这个案子可以分为四个阶段，我们逐个来说。

一、卖题受贿

龙朔三年也就是663年四月，右史董思恭与考功员外郎权原崇一同主持科举考试。右史是一个官名，原来叫作起居舍人，专门负责记录皇帝言谈，级别是从六品上，虽然级别不算高，但也是皇帝身边的近臣了。考功员外郎就是专门负责科举考试的官员，级别也是从六品上。也就是说，右史董思恭与考功员外郎权原崇是平级的。

文献中关于权原崇的信息很少，董思恭的相对丰富一些。董思恭是苏州人，很有才，诗歌写得很好。董思恭曾经和许敬宗等人一起编选《瑶山玉彩》，受到唐高宗的嘉奖和赏赐，这是最能表现他文才的事例。但董思恭为人轻佻、不稳重，又仗着自己是皇帝身边的人，所以做事缺乏考虑。这次权原崇与董思恭一同主持科举考试，虽然两个人级别一样，但董思恭人脉好，与宠臣许敬宗是朋友，又是太子李弘身边的红人，还是负责记录皇帝言谈的官员，所以权原崇就唯董思恭马首是瞻了，什么事都听他的、让着他。

这下子董思恭不知道自己姓什么了，以为有了用武之地。他要干吗呢？卖考试题！是个人都明白，考试题是国家机密，这就等于出卖国家机密。这不是拿法律当儿戏吗？我们今天很多考试，开考前监考老师都会先拿着密封好的试卷袋让我们看，那是告诉我们，试题完好无损，没有漏题，考试是公平的。董思恭这次玩大了，他在唐朝科举史上创下了第一个科场案。[1]

二、东窗事发

既然是科场案，说明被发现了，露馅儿了。莫伸手，伸手必被捉，虽然咱们老百姓都明白这个道理，但往往当局者迷，总有人抱着侥幸心理。董思恭自然也没有逃过这个法则。凡是买题的人，都是因为自己肚里没有真本事；凡是买题的人，都是为了能够考上；凡是没有真本事反而考上的人，肯定都是有问题的。不用别人揭发，明眼人都能明白是怎么回事。

史书中并没有记载这件事到底是怎么泄露的，我们在这里不妨大胆推测一下。据记载，龙朔三年进士科最终是没有考成的。为什么？完全有可能是考试之前卖题这件事就被捅出去了。古人讲，法不传六耳。为什么？知道的人越多，失败的可能性越大。董思恭之所以卖题，不就是为了敛财吗？既然是敛财，他能卖给一个人吗？自然是多多益善！卖出去的多了，露馅儿的概率自然也就大了。这种非正当的交易有个特点，往往送财的人同时也是麻烦的制造者，最后也基本是栽在他们手里。那些平时都不好好学习的人，到考试之前却显得胸有成竹，这不是有问题吗？要么是有内线心里有底，要么是有考题所以不慌。

考生中有不少是学习相当优秀的人，他们就是冲着成功来的，还有一些是“官二代”。他们一旦听说主考官卖考试题，必会群情激愤。不闹才怪

1 龙朔中，敕右史董思恭与考功员外郎权原崇同试贡举。思恭，吴士，轻脱，泄进士问目，三司推，赃污狼藉；后于西堂朝次。告变，免死，除名，流梧州。

——《封氏闻见记校注》，北京：中华书局，2005年，第15~16页。

呢！这件事被发现后，朝廷马上采取措施。不只是不录取的问题，连考试都取消了！你不是买了考试题吗？我就不给你考试的机会，让你“偷鸡不成反蚀一把米”。只是这样一来，冤枉了那些老老实实学习备考的举子们，白跑了一趟。

三、从严惩处

怎么处理卖题受贿的董思恭呢？杀！

唐高宗命令三司审理这个案子。三司指的是御史大夫以及中书省、门下省，专门负责审理大案、要案。既然皇帝吩咐下来了，那就审吧。结果不审不知道，一审吓一跳。封演在《封氏闻见记》里说“赃污狼藉”。什么意思？贪污受贿，行为不检，名声败坏，简直一无是处，坏透了。董思恭也知道这事捂不住，就来了个竹筒倒豆子，全招了。三司把审理结果报告给皇帝，唐高宗龙颜大怒：好你个董思恭，竟然“秃子打伞无法无天”。于是决定从严惩处，杀掉董思恭以警后来。

行刑的地点是西朝堂。为了杜绝此类事情再次发生，唐高宗把大臣们也召集到了西朝堂来观刑，实际上是“杀鸡给猴看”，通过这件事情教育大家。临行刑前，唐高宗非常痛心地对大家说：自古以来帝王们都是依靠大臣来管理百姓的，我把大任交给你们，是希望大家能够同心协力治理国家。可是，“董思恭卖策问取钱物，悉已搜获，乱我宪章，蠹害特甚”（《册府元龟》卷一百五十二），因此要杀掉他“惩警后来”。意思是告诫那些观刑的大臣们，你们要以董思恭为戒，今后就别再挑战我大唐法律的尊严了。

唐高宗告诫完大臣们，又对董思恭说了几句话。他能说什么呢？唐高宗说：“汝是百代寒微，未及伦伍，只如右史，简英俊为之，为汝薄解文章，所以不次擢授，计应少自勉励，深荷恩荣，遂敢狼藉取钱，自触刑网，汝须甘心服死，为天下鉴戒。”（《册府元龟》卷一百五十二）

四、绝处逢生

甘心服死？说得容易！谁的命都是一次性消费，脑袋砍了是长不回来的。能甘心吗？就在刽子手举起刀要往下砍的时候，董思恭求生的欲望占据了脑海，求人不如求己，还是自己想办法救自己吧。都这个时候了，他能有什么办法呢？《封氏闻见记》和《册府元龟》中都提到两个字“告变”。什么是告变呢？就是揭发：要出事了，有人要造反。

但两个文献中都没有说是什么事。不过就在这个时候，中书侍郎、同中书门下三品、太子右庶子李义府出事了，《新唐书》中说“众疑其有异谋”，就是有造反的嫌疑。这件事和董思恭案几乎是同时的，会不会有什么联系？我们也不敢妄断。反正就因为告变，案情发生了一些变化，董思恭没死成，唐高宗免了他的死罪。

死罪虽免，活罪难逃，最终董思恭被流放到岭南。今天的岭南堪称人间天堂，当年可是蛮荒之地啊。流放经历的不仅是肉体的折磨，而且是心灵和精神的煎熬，那不是去享福呢，手里捧着窝窝头，菜里没有一滴油。所以，宋之问当年被流放广东罗定县的时候，才会有“岭外音书断，经冬复历春”（《渡汉江》）的感叹。董思恭恐怕也好不到哪里去，结果没过多久，董思恭就死在了被流放的地方。拿了还得送回来，吃了还得吐出来，然后再用自己的生命来为一时的贪念买单。

从龙朔科案对董思恭的处理结果可以看出，朝廷对科场案量刑是非常重的。可是即便如此，考场上依旧会出现这样或那样的问题，这就为科举考试的改革埋下了伏笔。

刘思立奏请改革

龙朔科案之后，科举考试的确平静了很长一段时间。不过时间一久，又出现了新的问题——考试流于形式。比如明经科不读正经，为考试而寻章摘句，也就是光把那些认为可能有用的内容挑选出来，不再去揣摩经典中的微言大义，这样就违背了朝廷考试的真正用意。进士科表现出来的弊病更多更严重，都有哪些呢？

考功员外郎刘思立在调露二年（680）给唐高宗写的一份奏疏中指出：“进士惟诵旧策，皆亡实才，而有司以人数充第。”（《新唐书》卷四十四）这三句话包含两层意思：第一层是针对考生说的。考进士的人都不学习、体会规定的教材了，只顾揣摩、背诵已经成功者的范文。因为没有真正读书，虽然学习了别人的答题技巧，但限于没有真才实学，没有真正属于自己的见解，回答问题只能照猫画虎，不仅在结构安排上亦步亦趋，而且在用词造句上也是照此行事。这样一来，文章失去了个性，问题没有了深度，显得非常肤浅。

第二层是针对负责考试的部门和考官说的。为了完成考试和朝廷规定的录取任务，放弃“选才”的大原则，降低标准，不顾考生的实际水平，宁滥勿缺。虽然一些人对策文辞很差，但因为名次排到他那里了，也能够轻松考上。这个问题挺严重的。

刘思立是个有责任感的主考官，他出于为朝廷选拔人才考虑，就把这个问题反映给了皇帝，并提出了改革主张。皇帝接到刘思立的奏疏后，也非常谨慎，并没有马上做出回应，而是经过了一番调查。结果发现，问题还不止刘思立说的那些。还有什么呢？

一、缺乏硬性标准

判卷缺乏统一的硬性标准，因为进士考试不是客观题，对就是对，错就是错。进士考试考的是策论，就是我们说的申论题。虽然题目也多出自经典，但理解往往因人而异，所以就出现了虽然有的文章写得很好，却被主考官判为低等。这是一种怪象，这种随意而不合理现象的出现，正是因为没有统一的硬性标准，公说公有理，婆说婆有理，有道理没道理，关键就看谁说了。

二、存在人情因素

一些主考官会出现受朋友或同僚请托的情况，要么是朋友的孩子参加考试，要么是同僚、上司的孩子参加考试，人情到了能帮一把就帮一把，于是考试的时候睁一只眼闭一只眼，甚至出现找枪手替考的现象。这也是科场舞弊案。这个问题说小了是扰乱考场秩序，说大了就是拿国家命运开玩笑。

刘思立并非针对某个人，他指出的是当时科举考试中的普遍现象。一旦成为普遍现象，就是大问题了。怎么办？刘思立建议“进士试杂文二篇，通文律者然后试策”（《新唐书》卷四十四），即先考两篇杂文，合格了再考策论。换句话说，只有识文律的考生才能继续参加下一场策论的考试，而那些不识文律或文律较差的考生，将在杂文考试中被淘汰出局！

唐高宗采纳了刘思立的建议。永隆二年（681）八月，唐高宗颁布了一道圣旨《条流明经进士诏》，“条流”就是订立条例、制定规则的意思。诏书中有这么一条规定，“进士试杂文两首，识文律者，然后并令试策”，几乎就是对刘思立建议的翻版。[1]这道诏令是唐代科举史上第一个具有纲领性和系统性的政令文件，具有继往开来的里程碑意义。这份诏书体现出了对“文”的重视，既有理论层面，又有操作层面；既有对过去考试工作中不合理现象的批评，又制定出了相对切实、积极的纠偏举措，因此无论从任何一个方面来说都是具有积极意义的。

1 调露三年四月，刘思立除考功员外郎。先时，进士但试策而已，思立以其肤浅，奏请帖经及试杂文。自后因以为常。

——《册府元龟》，北京：中华书局，1960 年，第 7669 页。

按：“调露三年”当为“调露二年”。

为何建议考杂文

在刘思立的建议里，有两个关键词：“杂文”和“文律”。这就是进士科考试改革的内容。

什么是杂文呢？这里的杂文和我们今天说的杂文不是一回事，我们今天说的杂文是散文的一类，是直接、迅速反映社会的文艺性论文，短小精悍，富有战斗性。比如鲁迅先生的杂文，就被称为匕首和投枪。这里的杂文，是指当时流行的多种具有文学美感的相关文体。比如清代的徐松认为，应该是箴、铭、论、表之类，当然还不止这些。

刘思立为什么会建议考文呢？朝廷又为什么会答应呢？原因大致来说包含三个方面。

一、传统认识

古人讲究三不朽，就是“立德”“立功”“立言”。《左传 · 襄公二十四年》有“太上有立德，其次有立功，其次有立言，虽久不废，此之谓不朽”。这里的“立言”指著书立说，自然与文就有了联系，而且还把文提到了不朽的高度。魏文帝曹丕对文的功用有着清醒的认识，他曾经在《典论 · 论文》

中说："盖文章，经国之大业，不朽之盛事。""经国"就是治理国家，曹丕把文章提高到了治国的政治高度。

贞观重臣魏徵也说过类似的话，他说："文之为用，其大矣哉！上所以敷德教于下，下所以达情志于上。大则经纬天地，作训垂范；次则风谣歌颂，匡主和民。"（《隋书》卷七十六）翻译成今天的话，就是文章的作用大了去了，当官的可以通过文章对老百姓进行教化，老百姓也可以通过文章表达自己的意愿。换句话说，文就是官民相互交流的一种手段，也是官员们匡主和百姓进行政治建设的途径。既然文的作用这么大，那么在科举考试中受到重视也不意外。其实，在唐代制科考试中，设有文以经国科、文以经邦科，这样的科目最能说明文的功能。

二、帝王喜好

唐朝有不少喜欢舞文弄墨的帝王，这也是考察应试考生文律水平的一个原因，所谓上有所好，下必甚焉。唐朝初期喜欢文学的帝王我们可以举两个例子，第一位是李世民，第二位是武则天。

先看李世民。我们前面曾经提到过唐太宗的文学素养，想当年，李世民也领导过文坛。下面这首《经破薛举战地》是他的一首豪放风格的作品。

昔年怀壮气，提戈初仗节。
心随朗日高，志与秋霜洁。
移锋惊电起，转战长河决。

薛举是隋末地方割据者，自称"西秦霸王"，拥有十多万大军，势力强大。义宁元年（617）十二月，薛举率兵攻打扶风，结果被李世民打败。扶风指三辅之地，也就是京城附近地区。这一仗历时两三个月，应该说是李世民征战生涯中最为艰苦的一仗。这一仗一旦败了，李唐王朝可能就建立不了了。贞观四年（630），李世民再次来到当年打败薛举的战场，故地重游，心潮澎湃，追忆往日的宏伟抱负和壮举，洋溢着刚健豪迈的气概。李世民不仅能写出刚健质朴、述怀言志的诗歌，而且还能写出细腻如"妇女小儿嬉笑之声"（《全唐文纪事》引郑毅夫语）的文字。

比如他的《咏烛》：

焰听风来动，花开不待春。

镇下千行泪，非是为思人。

就是对蜡烛进行如实描写，因为风吹烛焰，烛芯爆花，还流下了蜡泪，这是很自然的现象，和思念不思念人没有一点关系。别人写蜡烛都是充满了情趣，如罗邺说："堪恨兰堂别离夜，如珠似泪滴樽前。"这里的蜡烛就挺有人情味儿的。可是李世民笔下的蜡烛，竟然客观到毫无情趣可言。这样的诗歌，就是文字游戏。这就是李世民，不仅可以用诗歌抒怀，而且还可以游戏。所以《南濠诗话》评论说："唐太宗诗，虽极壮伟，而精巧之语，亦时有之。"

其实李世民不单自己创作，还挺关心其他人的创作情况。据《封氏闻见记》记载，冀州张昌龄、王公瑾的文章写得很华丽，李世民非常喜欢。贞观二十年（646），张昌龄、王公瑾参加了进士科考试。这一年的主考官叫王师旦，王师旦认为像张昌龄、王公瑾这样的文风太流于形式，于是就没有录取。李世民见录取名单中没有这两个人的名字，觉得意外，就问主考官是怎么回事。皇帝能亲自过问一个考生的考试结果，是件极不寻常的事情，这说明李世民非常喜欢两个人的文章。[1]

再说武则天。武则天不仅是一位有魄力的女性，而且也是一个非常有才华的女性。当年她还是李世民的才人的时候，太子李治因为发现她漂亮就多看了几眼，结果李治的心思就被武则天发现了。武则天没有置之不理，反而做了回应，她写了一首《如意娘》，表达自己对李治的思念之情。诗是这样的：

看朱成碧思纷纷，憔悴支离为忆君。

不信比来长下泪，开箱验取石榴裙。

什么意思？我想你想得都不成人样儿了，为伊消得人憔悴，整天以泪洗面，你要不相信的话，可以去

1　贞观二十年，王师旦为员外郎，冀州进士张昌龄、王公瑾并文词俊楚，声振京邑。师旦考其文策为下等，举朝不知所以。及奏等第，太宗怪无昌龄等名，问师旦。师旦曰："此辈诚有词华，然其体轻薄，文章浮艳，必不成令器。臣擢之，恐后生仿效，有变陛下风俗。"上深然之。后昌龄为长安尉，坐赃罪解官；而王公瑾亦无所成。

——《封氏闻见记校注》，北京：中华书局，2005 年，第 15 页。

看看我箱子里的石榴裙，上面还有思念你留下的泪痕呢。太浪漫了，把当时心动的瞬间做了永久的定格。

天授二年（691）冬天，武则天喝了点酒，忽然心血来潮，说：明天早上我要去花园看看。冬天花园里除了有雪花哪有花啊？武则天不管那么多，开始下命令了，这就是她的《腊日宣诏幸上苑》诗：

明朝游上苑，火急报春知。

花须连夜发，莫待晓风吹。

意思是说：我明天就要到花园里游玩，百花必须在今天晚上为我开放，就别再等春风了。多么浪漫啊！信口念来，既显霸气，又不失才气。不过，据说这次牡丹花特不给武则天面子，别的花都开了，就它不开，结果被贬到了洛阳，于是才有了“洛阳地脉花最宜，牡丹尤为天下奇”的盛况。直到今天，洛阳牡丹依旧闻名全国，成了河南的一张文化名片，特别是每年牡丹节的时候，迎接着八方来客。

一次，武则天带领群臣到洛阳龙门，看到眼前景色优美，于是让大家写诗纪念。为了激发大家的创作热情，武则天还设置了奖品，谁先写好就赐给谁一领锦袍，相当于清朝的黄马褂。且不说重赏之下必有勇夫，关键这是一种荣耀，大家纷纷开动脑筋，要在武则天面前露一手。这次比赛，东方虬先写好了，于是武则天就把锦袍赐给了他。东方虬很得意，披上锦袍回到了自己的座位上。东方虬还没有坐稳当呢，宋之问也写好了。武则天一看宋之问的诗，文理俱美，形式和内容达到了完美的统一，大家都觉得宋之问的诗歌比东方虬的更高一筹，于是武则天又把锦袍从东方虬手中要过来赐给了宋之问。这就是“香山赋诗夺锦袍”的故事。[1]这个故事很好玩，同时也说明武则天对文的喜爱。

著名史学家杜佑指出：“太后颇涉文史，好雕虫之艺。永隆中，始以文章选士。”（《通典》卷十五）“雕虫之艺”，就是指写作诗歌文赋。从这个表述来看，好像武则天喜欢文艺是导致进士考试文章的直接原因。

1 武后游龙门，命群官赋诗，先成者赐以锦袍。左史东方虬诗成，拜赐。坐未安，之问诗后成，文理兼美，左右莫不称善，乃就夺锦袍衣之。

——《唐诗纪事校笺》，北京：中华书局，2007 年，第 381 页。

应该说，统治者的喜好会在很大程度上对考试改革产生影响。

三、便于考察

提出考试文律建议的直接目的，是纠正以前的弊端。以前考试，与文体直接有关的弊端主要有两个方面：一是缺乏创造性；二是缺乏考察的标准。现在这两个方面通过考杂文得到了一定的纠正。原来只考策论的时候，很多考生都去琢磨范文了，不在教材上下功夫，所以大家的文章都差不多。杂文不比策论，题目已经充分显示出了出题者的倾向性。杂文就给你个题目，可能还会有几个韵脚，当然这个题目也不是随便出的，也有出处，这就需要考生知道出自哪里，不然就没有办法下笔，没有仔细阅读规定的教材，自然是有难度的。所以，杂文需要考生从无到有进行创造，这就能看出一个考生的素养。原来只考策论，之所以有的人写得好但成绩差，就是因为没有便于把握的考核标准。杂文符合文律本身就是标准，后来随着慢慢成熟，就更便于评判优劣了。

这里所讲的杂文是指当时流行的具有文学美感的相关文体，说明并非专指其中的一种，那么究竟哪种文体会成为首选呢?

第五讲

诗赋受青睐的原因

在刘思立的建议下，朝廷采取措施：进士科需要先考两篇杂文，达到文律要求的才能参加下一场策论考试。

杂文包含的名目很多，究竟哪一种杂文文体会成为首选呢？

据清朝徐松的《登科记考》统计，唐朝进士科杂文考试，先后用到十多种文体，不过最受青睐、考试次数最多、考试最具有连续性的是诗和赋。有人因为一首诗或一篇赋写得好，就能考上进士，更有幸的是直接被确定为状元，因此有唐朝“以诗赋取士”的说法。为什么诗、赋会受到人们的如此青睐呢？

诗歌的魅力

宋朝的严羽曾经在他的《沧浪诗话》中说：“唐诗何以胜我朝？唐以诗取士，故多专门之学，我朝之诗所以不及也。”在严羽看来，唐朝的诗歌之所以比宋朝的诗歌繁荣，取得的成就大，就是因为唐朝用诗歌作为科举考试的手段，从而促进了诗歌的发展。

那么，唐朝为什么在科举考试中如此重视诗歌呢？应该说，这里面既有历史原因，又有现实的考虑。

一、历史源远流长

我们知道，中国自古以来就是一个诗的国度，诗是中国文学的主流，它的产生要比小说、戏剧等文体早了很多。据说，当年大禹治水的时候，在涂山遇见了涂山氏之女女娇，两人一见钟情，于是夫从妇居，大禹当了上门女婿。当时洪水泛滥，时刻威胁着人们的生命安全。大禹的父亲鲧用堵的办法治水，结果以失败告终，大禹接替父亲鲧改用疏导的办法治理洪水。大禹工作很踏实，不但没有给自己放假休息几天，甚至还三过家门而不入。大禹心怀天下苍生，可是对于女娇来说，她心里只有爱情，只有大禹。独守空房让她总是陷于思念的煎熬之中，久久的期盼让她不吐不快，于是发为心声就唱了一嗓子，四个字："候人兮猗。"翻译成今天的话就是："我在等人啊哈！"就这样，伟大的爱情，滋润着最早的爱情诗诞生了。

提起诗来，大家马上就会想到中国诗歌的源头《诗经》。《诗经》是我国最早的一部诗歌总集，其中所收录的作品主要集中在公元前 11 世纪到公元前 6 世纪之间，距今已经有三千多年了。《诗经》不仅记录了先民的生活和思想，还成为后世文学的题材、体式和思想源头，另外它还为士人参与政治建设提供重要途径。

二、具有教化功能

在古代的中国，有"诗教"说，就是说诗歌具有教化功能。《礼记》中记载孔子曾经说过这样的话："入其国，其教可知也。其为人也，温柔敦厚，《诗》教也。"什么意思呢？到一个国家，通过观察当地的风俗，就能知道这个地方的教育水平，如果这个地方的人温柔厚道，这就是《诗》的教化作用。不过这里的《诗》专指后来我们说的《诗经》。《关雎》这首诗我们都不陌生，"关关雎鸠，在河之洲。窈窕淑女，君子好逑"，多么纯真的爱情！可是也被古人解释成了教化的作品，解释成了周文王用来教化天下百姓的手段。孔子曾经提醒学生要好好学习《诗经》，为什么呢？在他看来，"《诗》可以兴，可以观，可以群，可以怨。迩之事父，远之事君，多识于鸟兽草木之名"（《论语 · 阳货》），《诗经》不仅可以扩大一个人的知识面，让一个人心智成熟，而且利于社会交往。也就是说，《诗经》具有家庭生活和社会生活的多重作用。

也是因为如此，孔子一刻也没有放松对儿子的教育。有一回，孔子站在院子里，儿子孔鲤想偷偷溜出去玩，结果被孔子发现了。孔子就问他："你学习过《诗》了吗？"孔鲤回答说："还没呢。"孔子教导儿子说："不学《诗》，无以言。"意思是说，不学习《诗》就不会言谈应对，不能在上层社会立足。孔鲤一听，只好乖乖地回去学《诗》了。

三、外交赋《诗》言志

孔子为什么说"不学《诗》，无以言"呢？这和当时各诸侯国在外交场合的外交辞令有关，外交中经常需要引用诗歌委婉地表达自己的意思，这叫“赋《诗》言志”，我们也可以称之为“诗歌外交”。比如《左传》里讲，晋公子重耳流亡秦国，他和秦穆公在宴席上就分别吟诵了《河水》和《六月》。重耳诵《河水》，意思是说河水最后都流到大海里了，把秦国比作大海，暗示自己会听秦国的话，希望能够得到秦国的帮助。《六月》这首诗是写尹吉甫辅佐周宣王征伐的事情，秦穆公念这首诗是暗示自己会帮助重耳，也就是答应了重耳的请求，挺像我们今天写文章引用名言警句的。这么看来，诗成了外交和政治建设的必要手段。

四、采诗以观民风

关于《诗经》的编成有很多种说法：有人认为诗本来就很多，是孔子删减成了 305 篇，这是“删诗说”；还有人认为《诗经》是人们到民间收集民歌编成的，这是“采诗说”。其实，对于《诗经》而言，这两者应该都是有道理的，先到民间采集诗歌，再编选出精品。到了汉代，朝廷设有乐府机构，就专门有人到民间采诗。为什么要采诗呢？是要了解老百姓的心声，好制定出有针对性的政治措施。采诗的人到民间走街串巷记录老百姓的民谣，这些采诗人的脑门上又没有贴着字，说我就是采诗官，所以也没有人提防他们。老百姓所说所唱都是原生态的，都是真实的心声。把这些民间的心声收集起来，再通过乐府机关整理，唱给皇帝听，皇帝就知道民间是什么情况了，就知道应该采取什么样的应对措施了。

这就是以诗取士的历史原因。再看看现实原因。我们还记得，刘思立建议考杂文有个直接的目的，就是考查举子对文律的把握，“通文律者然后试策”。什么是文律呢？就是文章的韵律。受六朝以来声韵学说的影响，唐代的诗歌已经近体化，特别是上官仪还提出了“六对”“八对”之说，强调诗歌的声韵对偶等外在形式美。也就是说，强调声韵对偶的唐代诗歌，是考查考生们文律水平的首选，其实这也顺应了诗歌的历史发展需要。

汉赋天下

赋又是如何成为科举文体的呢？这和汉赋大兴以及赋的功能有关。王国维先生曾经指出，一代有一代之文学，每个时代都有标志性的文体样式。当说到汉代的时候，他认为具有标志性的文体样式是赋。汉代的文人，几乎都有赋传世，特别是枚乘、司马相如、扬雄、班固、张衡、蔡邕等更是以赋闻名。而且赋好像与当官有着天然的联系，古有“登高能赋，可以为大夫”之说。扬雄也说：“如孔氏之门人用赋也，则贾谊升堂，相如入室矣。”（《法言 · 吾子》）意思是说孔门弟子中很多人是靠写赋走上官场的。这样的例子的确很多，我们不妨列举两个人看看。

一、司马相如

一提到作赋大家，人们马上就能想到司马相如。司马相如客游梁国的时候写了一篇《子虚赋》，流传很广。只是当时写好文章之后，人们还没有署名的习惯。一天，汉武帝在读《子虚赋》的时候，觉得写得真好，不住地称赞，接着又不无遗憾地说：“朕独不得与此人同时哉！”意思是说我怎么就没有和这个人生活在一个时代啊。这句话正好被杨得意听到了，杨得意是个狗监，就是专门给汉武帝养狗的太监。他和司马相如是同乡，听到汉武帝这么讲，赶紧说：“臣邑人司马相如自言为此赋。”陛下，我老乡司马相如说这篇文章是他写的。

汉武帝一听又惊又喜，命令杨得意想办法把司马相如找来。此时的司马相如正带着卓文君在四川卖酒呢。当他听到当今皇上召自己进京，不敢怠慢。这是司马相如第二次离开家乡，第一次离开家乡出去转了一圈，除用一曲《凤求凰》“拐来”个老婆外，没有什么太大的收获。当时新寡的卓文君只顾浪漫了，听了司马相如的《凤求凰》之后，觉得这小伙子才艺不错，于是夜奔相如，俩人就跑了。结果到司马相如家才发现，敢情这司马相如也太穷了，家徒四壁。没有办法，为了生存，卓文君当垆卖起酒来，司马相如没事的时候就给老婆打个下手。这次离开家乡，司马相如感觉自己的机会来了，于是就在离开家乡必经的那座桥柱子上写下“不乘驷马高车，不复过此桥”这句话。“驷马高车”那是达官贵人乘坐的四匹马拉的豪华的车子，代表地位显赫。司马相如这句豪言壮语意思是说，不当上大官我就不回来了。后来，这座桥被称为“升仙桥”。

那么，这次司马相如进京能实现乘驷马高车的愿望吗？

司马相如来到长安见到汉武帝，汉武帝问："杨得意说《子虚赋》是你写的，有这回事吗？"司马相如回答说："是的，这篇赋是我写的，不过写的是诸侯的事情。您是天子，这篇赋不值得一看，我再给您写一篇有关天子的游猎赋吧。"汉武帝一听非常高兴，说："那敢情好啊。"这是买一送一啊。于是让尚书给司马相如笔札，让他写。

司马相如虚构了三个人物：第一个是子虚，代表楚国；第二个是乌有先生，意思是没有这回事，代表齐国；第三个是无是公，一看名字就知道没有这个人，是天子的代言人。让这三个人在赋里夸耀辩驳，最后让无是公指出，虽然天子的游乐场很大，但天子很节俭，把汉武帝猛夸了一番。这就是《上林赋》。[1]

汉武帝看完其赋，那个高兴啊：既表现出了大汉王朝的繁华和气度，还夸自己勤俭治国。汉武帝一高兴，自然就要给司马相如封官了，"天子以为郎"，这就算进入官场了。如果说《子虚赋》让汉武帝知道了司马相如其人存在的话，那么《上林赋》则彻底征服了汉武帝，为司马相如铺平了进入官场的道路。这也算实现了他乘驷马高车的愿望。

1　上读《子虚赋》而善之，曰："朕独不得与此人同时哉！"得意曰："臣邑人司马相如自言为此赋。"上惊，乃召问相如。相如曰："有是。然此乃诸侯之事，未足观也。请为天子游猎赋，赋成奏之。"上许，令尚书给笔札。相如以"子虚"，虚言也，为楚称；"乌有先生"者，乌有此事也，为齐难；"无是公"者，无是人也，明天子之义。故空借此三人为辞，以推天子诸侯之苑囿。其卒章归之于节俭，因以风谏。奏之天子，天子大说。

——《史记》，北京：中华书局，1959年，第3002页。

二、枚皋

当年司马相如客游梁国的时候，梁国还有一个作赋的大家，叫枚乘，而且在梁王刘武的门客中，枚乘作赋是最好的。枚乘在刘武死后就离开梁国，回到了自己的老家淮阴。汉武帝刘彻早在当太子的时候，就已经听说了枚乘的大名。枚乘写过一篇文章叫《七发》，用七件事启发楚太子不要纵情声色、贪恋安逸。刘彻也很喜欢这篇文章，也就是说，汉武帝早就是枚乘的粉丝了。

刘彻即位的时候，枚乘年龄已经很大了。汉武帝想让枚乘到京城为自己效力，但枚乘说自己老了，走不动了。走不动没问题，汉武帝"以安车蒲轮征乘”（《汉书》卷五十一），不仅派车去接，还是最高规格。“安车蒲轮”，是用蒲草包裹住车的轮子，以防颠簸。枚乘的年龄太大了，你再安车蒲轮，路况在那儿放着呢，车况在那儿搁着呢，一不是高质量的柏油马路，二不是减震的豪华轿车。枚乘哪里禁得起这么折腾啊，所以根本没有走到京城，老头儿就被颠簸死了。

汉武帝遗憾啊，赶紧又派人打听，看看枚乘有没有会写赋的儿子。还好，枚乘当年在梁国的时候和小妾生了个儿子取名叫枚皋。这个枚皋赋写得也不错，这才算弥补了汉武帝的一些遗憾。

这个枚皋本来在梁共王手下做郎官，但因为和别人有矛盾，被人陷害，被迫流落到了长安。枚皋听说皇帝正在寻访枚乘会写赋的后人，于是就说自己是枚乘的儿子，会写赋。汉武帝一听很高兴，马上把他召进宫，让他写一篇《平乐馆赋》。[1]这是命题作文，虽然是“戴着镣铐跳舞”，但是枚皋写得真不错，皇帝一高兴，就封他为郎官，后来他还作为使节出使过匈奴。

不过，与司马相如不一样的是，枚皋为皇帝写的《平乐馆赋》有些考试的味道。皇帝是以最高命令的形式让他写的，而且是命题作文。第一，枚皋是在完成皇帝交给他的写作任务，因此不能率意而为；第二，枚皋必须在皇帝给定的题目下构思成文，这样就从内容到结构乃至遣词造句等方面多了很多束缚。这或许就是唐代科举考赋的一个先声吧。

唐代之前的盛世要数汉代了，盛世的成功经验都会成为后世学习的对象，用赋来选官自然也成了唐人学习的方面了。

赋能显才

在古人看来，能作赋就是有才能的一种表现，我们可以称之为“以赋显才”，不仅能当官，还能赢得美名。比如曹植、左思和魏收，就曾因为能作赋受到重视。

1 （皋）年十七，上书梁共王，得召为郎。三年，为王使，与冗从争，见谗恶遇罪，家室没入。皋亡至长安。会赦，上书北阙，自陈枚乘之子。上得之大喜，召入见待诏，皋因赋殿中。诏使赋《平乐馆》，善之。拜为郎，使匈奴。

——《汉书》，北京：中华书局，1962年，第2366页。

一、曹植

曹植这个人我们都不陌生，特别是他那首《七步诗》，给我们很深的印象。《三国志》里记载，陈思王曹植聪明好学，博览群书，而且能写出一手好文章。有一次，曹操看他的文章，觉得文笔如此老到，不应该是曹植这个年龄能写出来的，于是就问曹植："这是不是你找人代写的？"曹植一听赶紧跪那儿了，回答说："不是，都是我自己写的，我完全能够下笔成章，如果不相信的话，您可以出题当面试试。"当时铜雀台刚刚建成，曹操带领群臣和几个儿子登上铜雀台，眼前景色壮观，曹操忽然心有所动，命令几个儿子都以铜雀台为题各写一篇赋。

曹植这一下子找到证明自己才能的机会了，坚决不能再让老爸误认为自己是找枪手代写的了。曹植充分发挥自己的聪明才智来完成这次写作任务。结果如何呢？《三国志》里讲"植援笔立成，可观，太祖甚异之"。"援笔立成"是形容一个人才思敏捷，拿起笔来马上就把文章写成了。这和其他弟兄们一比，明显是"谷子地里长高粱，高出一截子"。曹操非常惊讶，这次相信儿子的聪明了。这篇赋成为汉赋中的经典。[1]

据说这篇赋帮了诸葛亮很大的忙。赤壁之战前，孙、刘还没有结盟的时候，诸葛亮奉命到江东寻求军事援助，当时东吴分为主战、主和两派，孙权也一时犹豫不决。为了激发周瑜作战的决心，诸葛亮故意煽动说：人家曹操其实是冲你们江东来的，因为他听说你们这里的乔公有两个女儿名叫大乔和小乔，一个比一个漂亮，曹操就是来夺这俩姑娘的，如果你们用一个小船儿把这俩姑娘送到曹营，曹操肯定退兵。周瑜就问，你怎么知道呢？拿出证据来。诸葛亮说，曹操的儿子曹植写过一篇《铜雀台赋》，其中有这么两句"揽二乔于东南兮，乐朝夕之与共"，揽就是抱着，这用心不是很明白吗？曹操就是要把二乔抢走安置在铜雀台上供自己玩乐。周瑜一听就火了，拍着桌子大叫和曹操势不两立。

1 陈思王植字子建。年十余岁，诵读《诗》、《论》及辞赋数十万言，善属文。太祖尝视其文，谓植曰："汝倩人邪？"植跪曰："言出为论，下笔成章，顾当面试，奈何倩人？"时邺铜爵台新成，太祖悉将诸子登台，使各为赋。植援笔立成，可观，太祖甚异之。

——《三国志》，北京：中华书局，1959年，第557页。

周瑜急啥呢？能不急吗，那大乔是孙策的媳妇儿，小乔就是自己的媳妇儿。闹了半天曹操不是追赶刘备的，是来抢自己媳妇儿的！其实诸葛亮要了个小伎俩，把曹植赋中的“连二桥于东西兮，若长空之蝃蝀”给篡改了。你看，不读书是多么可怕啊！如果周瑜读过这篇赋，就不至于被诸葛亮给忽悠了。当然这只是小说，我们当不得真的。另外，曹植还有一篇《洛神赋》，也很经典。

二、左思

左思不仅诗歌写得好，赋写得也很棒。特别是他的《三都赋》，名震江湖，赢得了“洛阳纸贵”的美誉。左思为了写好《三都赋》，那可是花费了精力的，甚至当成了一项事业。他从构思到写成，不惜耗费十数年时间，连厕所里都放着纸和笔，脑子一直处于工作状态，不分时间和场合，想起来一句马上记到纸上。另外，左思本着写实的精神，缺什么补什么，对一些地方的风土人情不了解，就查找资料。《三都赋》写好之后，开始也没有引起人们的注意，但是经过皇甫谧、张载、张华等人的推介，于是“豪贵之家竞相传写，洛阳为之纸贵”(《晋书》卷九十二)，大家纷纷传抄诵读，洛阳的纸因此都涨价了。这就是文化搭台经济唱戏的典范，一篇好的文章，竟然推动了商业发展。

左思的《三都赋》不仅导致了“洛阳纸贵”，而且让陆机为之敛手。陆机也是作赋的大家，他写过《文赋》，算是文章写作理论指导。也就是说，陆机不仅有创作实践，而且还有深厚的理论修养。陆机刚到洛阳的时候，也打算写《三都赋》。当他听说左思在写《三都赋》，拍手大笑，还给弟弟陆云写了一封信，信中说：“此间有伧父，欲作《三都赋》，须其成，当以覆酒瓮耳。”“伧父”是南方人对北方人的鄙称，就是粗人。陆机给弟弟陆云说，这个地方有个粗人，要作《三都赋》，等他写成之后，就可以用来盖酒坛子了。陆机这话太刻薄、太损了，把左思说成粗人也就算了，还说人家辛辛苦苦写出来的作品只配用来盖酒坛子，太不厚道了。可是等陆机看到左思的《三都赋》后，服了，《晋书》中说：“及思赋出，机绝叹伏，以为不能加也，遂辍笔焉。”陆机自己觉得再写也超不过左思，于是只好作罢。

三、魏收

魏收这个名字我们可能比较陌生。在中国文学史上，温子升、邢邵、魏收被称为诗坛上的“北朝三才”。虽然并称“三才”，但魏收明显是看不起温子升和邢邵的，因为温子升从不作赋，刑邵虽写过一两篇，但作赋不是他的长项，所以魏收经常说：“会须作赋，始成大才士。”(《北齐书》卷三十七）也就是说只有会作赋，才能称得上是大才士。

魏收的说法不是没有根据的，据《北齐书》记载：“自武定二年已后，国家大事诏命，军国文词，皆收所作。每有警急，受诏立成，或时中使催促，收笔下有同宿构，敏速之工，邢、温所不逮。”因为善于作赋，魏收成了皇帝的专职秘书，下笔之快、用词之工，是温子升、邢邵望尘莫及的。从这段话也不难体味出，李百药对三个人才能的评价，倾向性是很明显的。

这样的例子还有很多，再说一个陈暄吧。陈暄是陈后主身边的一个臣子，这个人很聪明、很诙谐，以俳优自居。俳优就是古代演滑稽戏的艺人，有点儿小丑的味道。陈后主很喜欢陈暄，但是对他缺乏尊重，轻侮之，这恐怕与他自己以俳优自居有关。有一次，陈后主让人把陈暄吊到梁上，头朝下，脑袋下面还竖着一把刀，命令陈暄头朝下写一篇赋，而且还限制时间，威胁他，写不出来就割断绳子。这可是高难度啊，还好，陈暄真有两把刷子，《南史》中说“暄援笔即成，不以为病”。陈暄不仅很快写出来了，还没有可挑剔的地方。[1] 可见，赋是能够表现一个人才情的。

有这样的历史传统，唐人自然在科举考试中会对诗、赋热情有加了。随着科举考试的成熟，诗、赋都表现出模式化特征，这是有利于考查文律和评判试卷的。其实进士科加考诗、赋，也是唐代科举考试趋于规范化的表现。除诗、赋文体规范之外，唐代的科场还有哪些规范呢?

1 暄素通脱，以俳优自居，文章谐谬，语言不节。后主甚亲昵而轻侮之。尝倒县于梁，临之以刃，命使作赋，仍限以晷刻。暄援笔即成，不以为病。

——《南史》，北京：中华书局，1975年，第1503页。

第六讲

科场有规范

由于历史原因和现实需要，诗、赋这两种文体就成了进士科杂文考试中的重要文体。作为考试用的文体，肯定会随着考试制度的完善表现出诸多模式化特征，只有这样才便于在统一的标准下考查出考生们水平的高下。

除考试文体本身的规范之外，唐代科举考场上还有什么规定呢？下面就讲讲这些问题。先讲文体本身的规定。

有关文体规定

在唐人看来，参加考试的举子为了应付策论考试，把精力过多地花费在背诵范文上，为了应付帖经考试去寻章摘句，因此使非常严肃的考试流于形式。相比来说，诗、赋这两种文体更有利于表现举子们的才情，于是诗、赋就成了进士科考试中的重要文体，以至于赵匡在他的《举选议》中指出："主司褒贬，实在诗、赋，务求巧丽，以此为贤。"

有时候，考生因为一首诗或者一篇赋写得好，就能顺顺当当考上进士，甚至更有幸的还有可能被确定为第一名，录取为状元。比如大历十二年(777)参加进士科考试的黎逢，就因为在考场上作的《通天台赋》写得好，赢得主考官的青睐，而被确定为状元；[1] 再比如贞元十二年(796)参加进士科考试的李程，也是因为《日五色赋》写得漂亮被确定为状元的，简直就是一赋定乾坤。他们的赋究竟好在哪里呢？这里面又有什么动人的故事呢？我们回头专门讲述。

考试和平时的创作不一样，平时的创作没有太多的限制，怎样能发挥出自己的水平就怎样来，而且经常是有感而发，属于为情造文。考场上的诗、赋不是随意自由创作的，有着各种各样的规定，

1 黎逢气貌山野，及第年，初场后至，便于帘前设席。主司异之，诮其生疏，必谓文词称是，专令人伺之，句句来报。初闻云："何人徘徊？"曰："亦是常言。"既而将及数联，莫不惊叹，遂擢为状元。

——《唐摭言》，北京：中华书局，1985年，第50页。

考生们得跟着朝廷的指挥棒走，属于为文造情，有感情更好，没有感情也得生憋着，毕竟没有几个人是情愿交白卷的。这些规定主要包括哪些呢？我称之为“三限”：第一是限题，第二是限韵，第三是限字。下面逐一来说。

一、限题

不管是诗也好还是赋也好，题目都是由主考官或者皇帝提前命好的，考生只能在这个题目下发挥。不过这样的考试题目，不是随便写一个就行，因为既要通过这个题目表现出朝廷的某种需要，比如是强调文治呢还是需要武功呢？考试题目就是一个信号。另外，考试题目还能表现出命题者的水平，如果一不小心出了个以前曾经考试过的题，那就要贻笑大方了。考试题目基本表现为两种情况：一种是从以前的文献经典中找题目；另一种就是根据现实生活中的发现来设计题目。但不管是哪一种情况，题目里都有主考官的寄托或朝廷的某种意志。

首先，以历史为题。贞元七年（791），进士科的考试题目是《珠还合浦赋》，这个题目出自《后汉书·孟尝传》。孟尝为官清廉，被朝廷任命为合浦太守，合浦就是今天广西壮族自治区的合浦县。这个地方当时不生产粮食，但是出产名贵的珍珠，所以这里商业发达，人们就靠卖珍珠换取生活必需品。在孟尝之前，因为这里的郡守贪得无厌，巧取豪夺，搞得天怒人怨，就连那些产珍珠的蚌都有意见，受不了了，于是就转移到别的县界去了。结果，这里的商业衰败了，老百姓无以为生，变得非常贫穷。

孟尝到任之后，彻底改变了以前郡守的作风，处处替老百姓着想，一切以民生为本，不兴冤狱。就这样不到一年，奇迹出现了，《后汉书·孟尝传》中说：“去珠复还，百姓皆反其业，商货流通，称为神明。”珍珠回来了，商业又恢复了，老百姓也不用逃荒要饭了，这就是一个好官的价值。朝廷出这个题目用意很明显，就是渴望通过应试者对孟尝廉洁人品的认识，来培养自己官僚队伍的廉洁形象，其实也就是今天说的廉政建设。知道了出处，明白了道理，这篇文章就相对好写多了。

其次，以现实为题。贞元十三年（797），进士科考试题目是《西掖瑞柳赋》。据《旧唐书·吕渭传》记载，中书省有一棵柳树，建中末年的时候枯死了。按说这是自然界中很正常的事情，但是后来这棵柳树竟然死而复生，而且比以前更加茂盛，所以大家都觉得这是一种吉祥的象征，因此就称这棵柳树为“瑞柳”。吕渭主持进士科考试，就把这棵柳树设计成了考试题目。但您可千万不要把这个题目当作简单的咏物之作来写，因为吕渭这么做也是有用意的，他是要歌颂当时的时代，更确切地说他是要歌颂当时的皇上，因为只有皇帝推行仁政的时候，上天才会降下祥瑞。反过来讲，当时出现祥瑞，那就说明这个时代的皇帝是个英明的君主。借考试题目，很自然地拍了皇帝一下马屁。[1]

朝廷规定的考试题目基本是不能换的，大家都考相同的题目，这样才便于比较谁的水平高、谁的水平低。但偶尔也会有出现意外的时候，也来举两个例子吧。

崔敖换题。《唐摭言》卷九记载了一个故事：崔元翰和杨炎是好朋友，当时杨炎是崖州的长官。杨炎想给崔元翰谋个差事，可是崔元翰说自己想考进士。但是崔元翰又不懂考场上那些文章的格式，于是就求杨炎帮忙把考试题目先搞到了，结果这件事被一个叫崔敖的考生知道了。到了考试的时候，崔敖盛气凌人地说：“《白云起封中赋》，敖请退。”（《唐摭言》）如果考试题目是《白云起封中赋》，我就退场。主考官一听，坏了，看来这个考生知道漏题了，怎么办？只能换题了。《唐摭言》中说“主司于帘中卒愕换之”。看来主考官做了亏心事，心里也是不踏实的。但最后换成了什么题目，文献里没有记载，我们就不得而知了。

乔彝换题。《太平广记·贡举二》中也记载着一个换题的故事，而且明明白白说了更换后的题目。乔彝参加的是大历十二年（777）京兆府的选拔考试，到考场的时候已经中午了，迟到了，而且喝得醉醺醺的，趔趔趄趄地进了考场，主考官让人把他领到座位上。乔彝打开卷子一看，考试题目是《幽兰赋》，让写兰花，乔彝觉得太女性化，不肯作，便嚷嚷着说：“两个汉相对，作得此题，速改之。”俩大老爷们儿对着坐在这里写什么《幽兰

1 中书省有柳树，建中末枯死，兴元元年车驾还京后，其树再荣，人谓之瑞柳。渭试进士，取瑞柳为赋题，上闻而嘉之。

——《旧唐书》，北京：中华书局，1975年，第3768页。

赋》？赶紧把题给我改了！主考官见他醉了，也不和他理论，就把题目改成了《渥洼马赋》。渥洼马是汉武帝时期的骏马。乔彝一看，这还行，于是挥笔就写了起来。乔彝虽然表现得很有文才，但锋芒太露，最后被定了个第二名。

二、限韵

这样的考试不仅限制题目，还会规定韵脚。诗歌需要押韵我们都知道，押韵就有了美感，读起来上口。赋怎么也押韵呢？唐代用来考试的赋叫律赋，和律诗一样，都要押韵，这也是考察文律的表现之一。但是，一首律诗的韵和一篇赋的韵是有区别的，律诗短，就那几句，中间不能换韵，也用不着换韵。赋就不行了，篇幅比律诗长，是律诗的五六倍，这就需要换韵，但换成什么韵，得听主考官的。考生自己不能想换啥就换啥，那样就没有了标准，就乱了。

首先看诗歌限韵。考试的诗歌一般都是从题目里抽出一个字当韵脚，这个很简单。我们以贞元六年（790）进士科考试的《石季伦金谷园诗》为例，现存的两首应试诗作的韵脚都用到了题目中的“园”字，说明这一年是抽出了这个字当的韵脚。比如许尧佐开篇两句就说“石氏遗文在，凄凉见故园”。这不仅押住了韵，还扣住了题目。

再来看试赋限韵。赋也有从题目中抽出几个字当韵脚的情况，但这种情况不是主体，基本上都是根据题目另外设置几个字。这几个字经常还能够起到解释题目的作用，这样更有助于考生理解题目。还以上面提到的《珠还合浦赋》和《西掖瑞柳赋》为例，其中《珠还合浦赋》的韵是“不贪为宝，神物自还”，一看这八个字，就知道这篇赋需要往哪里用力了；《西掖瑞柳赋》的韵是“应时呈祥，圣德昭感”，也对题目具有解释的作用。考生需要把这八个字分别用作赋的韵脚，有的时候还要按照这八个字的先后顺序用韵，不能乱，也不能颠倒。具体到规定的某个韵时，就和写诗用韵差不多了。

科举考试用的赋，规定八个韵脚是很常见的，术语叫“常格”，所以又被称作“八韵赋”。八韵之外的其他韵数，比如四韵、五韵、六韵等，就叫

“变格”。别看就八个字，不好写！考生们经常为这八个字搜肠刮肚、绞尽脑汁，因为你还得知道还有别的什么字和这些字押韵。有道是行行出状元，有觉得难的就有觉得简单的。温庭筠在这方面就是个天才，人们送他个外号叫“温八叉”，意思是说，‘凡八叉手而八韵成”，叉八次手八韵就写成了。这又是怎么回事呢？当时考试的时候经常是早春时节，京城长安还是春寒料峭，考场条件很差，不像今天有暖气。天比较冷，又不能生火取暖，于是考生们就只能袖手取暖，就是把左手伸进右边的衣袖里、右手伸进左边的衣袖里，用体温取暖，不至于让手冻得写不了字。温庭筠每暖一次手，脑子里就能构思出来一韵，然后伸出手写下来，暖八次手这篇文章就写好了。可是即便如此有才，他也没考上进士，关于这一点后面再讲。

规定的这八个韵脚字，是不能私自换的，一旦没有按照规定的字押韵就叫“落韵”，落韵自然是犯规的，犯规自然就被罚下。李肇《唐国史补》卷下就记载了这么一个故事。有一个叫宋济的考生，屡败屡战，多次参加考试，而且有些迂腐，举止可笑。曾经因为考赋不小心误落官韵，就是没有完全按照规定的韵字押韵，出了考场后，宋济拍着胸脯遗憾地说：“宋五坦率矣！”称自己为“宋五”，说明他在家族这一辈里排行老五，“坦率”就是粗心的意思，“宋五坦率矣”，就是说我又粗心了！没想到这句话让他名声大噪，连皇帝都知道了。再后来，主考部门上报录取名单时，皇帝还非常关心地问：“宋五坦率否？”意思是说那个叫宋济的这次又粗心了没有？考上了没有？

三、限字

近体诗是唐朝的标志性文体，近体诗就是律诗和绝句。我们通常见的律诗是八句，或者一句五个字，或者一句七个字，其中五个字的叫五言律诗，七个字的叫七言律诗。考试用的律诗，与我们常见的还有些不太一样，经常是限六十字成，就是五言十二句，一句五个字。既然是规定，自然就要遵守，被录取的人绝大多数都是按照要求写的。有没有例外呢？有没有写不够句数的呢？答案是肯定的：有。《池北偶谈》中就有两个这样的例子。

我们先说第一个例子：祖咏意尽。开元十三年（725），洛阳人祖咏参加进士科考试。这一年，进士科考试的诗歌题目是“终南山望余雪”，要求考生写一首暮冬时的终南山景色。当然了，要求是限六十字。可是祖咏只写了四句就交卷了，这四句是：

终南阴岭秀，积雪浮云端。

林表明霁色，城中增暮寒。

主考官见这个考生没有按照要求写作，就问祖咏为什么不写完。没想到祖咏的回答字更少：“意尽。”我要表达的意思已经写完了。我们仔细品味这四句诗，第一句扣住了题目中的终南山，阴岭就是山的北边，阳光照射不到、温度低，所以雪还没有化完，这就引出了第二句，交代了题目中的雪字，这就算是破题了；第三句、第四句不仅有看到的终南山的景色，还有城中的感受。没有一句废话，好像也加不进去别的内容了，如果再勉强写几句，明显就是多余。虽然没有凑够句数，但祖咏还是被录取了。

第二个例子：阎氏转运。大历九年（774），阎济美已经是第三次参加进士科考试了。这一年，专门为阎济美设置的赎帖用的诗歌考试题目是《天津桥望洛城残雪》。阎济美也是只写了四句：

新霁洛城端，千家积雪寒。

未收清禁色，偏向上阳残。

祖咏是意尽了，阎济美是因为时间不够了，当时主考官一再催着交卷子，阎济美没有办法，只好硬着头皮交了个半成品。按常理，阎济美这次应该是又没机会了，但是上天眷顾，竟然时来运转，《池北偶谈》中是这样说的，“主司览之，称赏再三，遂唱过”，主考官反而觉得这四句诗很好。原来，第二次失败的时候，阎济美不仅没有抱怨，还写了一首诗歌颂当时的主考官张谓，同时表达了自己渴望考上的心情，张谓挺感动。偏巧这一次的主考官还是张谓，阎济美那首诗就起作用了，张谓决定帮帮他，于是就法外施恩，让阎济美通过了。看来遇事应该冷静，不合时宜的牢骚不仅解决不了问题，可能还会带来意想不到的麻烦，阎济美的做法值得我们学习。

赋也有字数要求，就现在留存下来的作品看，基本在三百字到四百字之间。比如贞元十四年（798）考试的《鉴止水赋》，就明确规定“限三百五十字已上成”。诗有写不够字数的，赋有没有呢？肯定也有。也举两个例子吧。

第一个例子是蒋凝曳白。《唐摭言》卷十中说，蒋凝考博学宏词科的时候，赋就没有写够字数，“曳白而去”，“曳白”就是交了个白卷。主考官不相信，觉得不应该啊。因为大家都知道，蒋凝词赋绝伦，尤其擅长写八韵赋，这可是一战成名的机会，显摆还来不及呢，怎么能交白卷呢？于是就一再让蒋凝把写好的卷子拿出来。蒋凝没有办法，只好把写了一半的卷子拿了出来。主考官一看，还真是就写了四韵，韵数差了一半，自然字数差多了！蒋凝的这个“半拉子工程”让主考官一再叹息。没想到他虽然没有考上，却出名了，《唐摭言》中这样说：“试官叹息久之，顷刻之间，播于人口。”

甚至有人开玩笑说，蒋凝的赋是“白头花钿满面，不若徐妃半妆”。什么意思？长得不好看，再怎么打扮，也比不上徐妃只在半张脸上化妆。《南史·梁元帝徐妃传》中说，梁元帝的妃子徐昭佩很漂亮，可是梁元帝眇一目，只有一只眼睛管用。徐妃不喜欢梁元帝，所以每次梁元帝来的时候徐妃都只在半边脸上涂脂抹粉，化一半妆。[1]意思是你只有一只眼睛，我画整个脸太浪费了。这两句话用在蒋凝身上，意思是说蒋凝的赋虽然没有按照要求写完，但已经很好了，再写下去就是多余了。

第二个例子是李渎凑字。也有人为了凑够字数而闹出笑话的。据《唐语林》讲，大中三年（849）进士科的考题是“尧仁如天赋”。有个叫李渎的考生，他先是不知道题目什么意思，就问了旁边的考生。文章快要结尾的时候，李渎一查，字数还不够，急得如热锅上的蚂蚁，脑门上就冒汗了。旁边的考生就有人给他出了个馊主意：“但一联下添一‘者也’，当足矣。”意思是你每句话后面都添上“者也”俩字，应该就能凑够了。李渎不知道别人是在逗他，就当真了，于是就在每一句话后面添了“者也”俩字。看来我们今天一些考生字凑不够的时候，就写很多“了啊”还是有出处的。可是他自己没想想，这样还是文章吗？因此卷子交上去之

1　妃以帝眇一目，每知帝将至，必为半面妆以俟，帝见则大怒而出。
——《南史》，北京：中华书局，1975年，第341页。

后，把主考官李褒笑得前仰后合。所以说文体有规定，下笔须谨慎。

考场上也有规定

以上讲的是文体本身的规定，下面我们来简单了解一下考场上的其他情况。

一、严设兵卫

杜佑《通典·选举三》中有这么几句话："礼部阅试之日，皆严设兵卫，荐棘围之，搜索衣服，讥诃出入，以防假滥焉。"我们今天一些很重要的考试，经常会有武警在考场周围警戒巡逻，其实这样的情况在唐代已经有了。考试的时候，朝廷会在考场的周围修筑篱笆墙，相当于我们今天拉的警戒线，然后派重兵驻守，一来杜绝有人传递消息作弊，二来防止有人因为考场失利情绪激动而闹事。进入考场的时候，考生们还要被搜身，看看是不是随身带有小抄或与考试相关的书籍，当然还要防止出现找枪手替考的现象。门卫根本不拿考生们当回事，他才不管你是将来的宰相还是重臣呢，如果哪个考生抱有侥幸心理，一旦被发现，那就坏了，当时就会被毫不留情地驱逐出去。

考生们对门卫的叫骂之声多忍气吞声，只能通过想象将来的成功安慰自己。但是也有忍不住的，将满腔的怒气当时就撒向了那些不知道尊重考生的工作人员。杜牧就认识这么一个人，在杜牧的文章中有一篇《唐故平卢军节度巡官陇西李府君墓志铭》，这个李府君叫李飞，江西人，心高气傲，愤世嫉俗。第一次考进士的时候，"吏大呼其姓名，熟视符验，然后入"——工作人员大声叫着他的姓名，然后验明正身之后才让他进了考场。李飞觉得这不是对待人才的方法，当时就发火了，愤怒地说："如是选贤耶？即求贡，如是自以为贤耶？"李飞不仅言辞抨击，而且还有让人意想不到的举动，"袖手不出，明日即返江东"，抛弃了功名富贵，很有个性，很有几分傲骨。

二、许用书策

进入考场时，门卫检查之所以严格，在很大程度上是为了防止作弊，只是工作态度和方法欠妥而已。这样的尴尬局面，后来到肃宗时代得到了改善，当时的礼部侍郎李揆认为，考试的目的是为国家选拔人才，不应该处处提防，而应该让考生在考场上发挥到极致。特别是在进士杂文这一场考试中，各种限制束缚了考生的手脚。考赋的时候，考生也是戴着多重镣铐跳舞，有一个地方押韵失误就全盘皆输，每一个字所属的韵部，谁能都记得一丝不差那么清楚啊？不能因为一些细枝末节，影响了选拔人才的大局。

于是李揆采取了一个令人刮目相看的措施，进士科考试杂文这一天，李揆就把与考试相关的五经、史书以及《切韵》放在考场外面。李揆对考生说："大国选士，但务得才，经籍在此，请恣寻检。"（《旧唐书·李揆传》）国家考试的目的只有一个，就是从各位考生中选拔出朝廷所需要的人才，和考试相关的书都在这里放着呢，你们如果有不懂的，可以随便过来翻检查阅。这就等于开卷考试了！李揆的这种做法不仅为考生们提供了方便，让考生们觉得心里特踏实，还为自己赢得了美名。因为这件事，李揆还升了官，"由是数月之间，美声上闻，未及毕事，迁中书侍郎平章事"，一举三得。

李揆的做法很有远见。从此以后，每当进士科考试杂文的时候，负责考试的部门就在考场外面摆好相关书籍以备考生急用。这样一来，搜身防止携带夹藏也就不那么严了。这无疑提高了对考生的信任和尊重。

三、烧烛三条

考试都是有时间规定的，马端临《文献通考·选举考二》中说："唐制：举人试，日既暮，许烧烛三条。"也就是说进士考试是从白天考到晚上，为了让考生们都能充分发挥自己的文才，把文章写得没有遗憾，还可以延长三条蜡烛的时间。事实上，是不是延长了考试时间卷子答得就没有遗憾了呢？薛能在《省试夜》诗中说："白莲千朵照廊明，一片升平雅颂声。更报第三条烛尽，文昌风景画难成。"交卷的时间马上就要到了，可是文章还没有写好。看来这个遗憾还不小！对于那些脑子里空空如也的考生，你再延长时间也是没有用的，除了憋尿，就是为扰乱考场秩序提供机会。也有感觉相对好一点的，比如韦承贻在《策试夜潜纪长句于都堂西南隅》诗中说："三条烛尽钟初动，九转丹成鼎未开。"这里用道家经过九次提炼而成的仙丹比喻最后写成的文章：天光渐亮，文章也写好了，只是最后的结果究竟如何还不知道，心中不是十分有底，因此说"鼎未开"。

考生在考试将近结束的时候，心情往往是复杂的，卷子没有写完的焦头烂额，已经写完的都在做着最后的检查，争分夺秒，都不希望被打扰。据说权德舆当主考官的时候，看到马上就要交卷了，很多考生还眉头紧锁，于是调侃说："三条烛尽，烧残举子之心。"（《渑水燕谈录》卷六）这句话非常能表现当时很多人的心情。可是这话偏巧被一个考生听到了，考生觉得主考官不厚道，于是就毫不客气地回敬说："八韵赋成，惊破侍郎之胆。"（《渑水燕谈录》卷六）看来这个考生还是很机敏的，没有让权德舆占到什么便宜。

以上我们谈到的主要是诗和赋本身的规范以及考场上的一些规定，除此之外，还有别的规定吗？比如对考生的身份有没有什么要求呢？李白没有参加科举考试和这些有没有关系呢？

第七讲

诗仙李白的科考之痛

不得不承认，科场上的种种规范是一把双刃剑，既有利于对考生水平的评价，也在很大程度上限制了考生真实水平的发挥。但不管如何，文体的规定、检查的严格以及时间的限制，还不足以让很多人望而却步。

但是，一些对考生身份的要求，却把个别非常有才华的人，无情地阻挡在了考场的外面。李白就是这样一个人物。

李白是大唐的天才诗人，被人们称为“诗仙”，与杜甫一起被称为唐代诗坛上的“双子星座”。可是，这个“诗仙”却始终没能踏进科场。在那个千帆竞渡的科举时代，李白为什么与科举无缘呢？下面就讲讲这个问题。

诗仙印象

李白这个人我们都不陌生，他是李唐王朝著名的浪漫主义诗人，也是我们今天很多人喜爱的诗人。李白总是用满腔的热情拥抱整个世界，在高昂亢奋的精神状态中去实现自身的价值。在李白的身上，我们看到的是傲岸的自尊；在李白的诗中，我们读到的是强烈的个性。

余光中先生称赞李白说：“酒入豪肠，七分酿成了月光，还有三分啸成剑气，绣口一吐，就是半个盛唐。”（《寻李白》）可以说，李白是盛唐文化的标杆性人物，李白的魅力就是盛唐的魅力。

一、谜团重重

俗话说盖棺定论，可是李白的棺材盖上一千二百五十多年了，但在他的身上依旧有许多说不清、道不明的问题，让这个人真的如同仙人一般扑朔迷离。比如李白究竟出生在什么地方就是个问题，有人说他出生在蜀中，甚至具体到四川绵州彰明县的青莲乡；有人说他出生在中亚碎叶，如游国恩先生就说李白出生在“中亚的碎叶（今吉尔吉斯共和国的托克马克）”；有人说他出生在西域，陈寅恪先生就坚持这样的观点。

再比如李白的家世血统到底如何，历来也是众说纷坛：一是唐室宗亲说。因为李白的族叔李阳冰说李白是凉武昭王的九世孙[1]，而两《唐书》中说，李唐王朝的开国皇帝高祖李渊是凉武昭王的七世孙，所以李白就成了唐室宗亲。二是胡人说。陈寅恪先生1935年10月在《清华学报》发表《李太白氏族之疑问》，认为李白“本为西域胡人，绝无疑义”。三是胡化汉人说。俞平伯先生通过对李白的姓氏、籍贯以及种族等问题的研究，认为李白是汉人，但因为长时间住在西域而受到很大程度的胡化。四是李广后裔说。李白自己在《赠张相镐》诗中说：

本家陇西人，先为汉边将。

功略盖天地，名飞青云上。

苦战竟不侯，富年颇惆怅。

很明显，李白认为自己的远祖就是汉朝的飞将军李广，因此成为学界的一种观点。

他朝见玄宗皇帝的引荐人也是个问题，大致有这么几种说法：吴筠引荐，贺知章引荐，玉真公主引荐，元丹丘引荐，众人合力引荐，等等。此外还有很多一时解不开的谜团，我们就不再一一介绍了。这里和主题直接相关的，是他不参加科举考试之谜。

二、思想驳杂

李白有着良好的教育背景，他五岁开始读书，涉猎广泛，用他自己的话说就是“五岁诵六甲，十岁观百家”（《上安州裴长史书》），诸子百家几乎无所不读。随着年岁的增长和知识积淀的丰厚，“十五观奇书，作赋凌相如”（《赠张相镐》），可见思维活跃，不让前人。他还很向往道家的生活，因此说“十五游神仙，仙游未曾歇”（《感兴八首》之五），整天寻仙问道，还真有一段时间挽起头发当起了道士。所以贺知章第一次见李白时，即惊为“谪仙人”；[2]高道司马承祯遇见李白，也赞叹李白有仙风道骨，可与他神游八极之表。

十八岁到大匡山拜赵蕤为师学《长短经》，赵蕤是

1 李白，字太白，陇西成纪人，凉武昭王暠九世孙。
——《李太白全集·草堂集序》，北京：中华书局，1977年，第1443页。

2 天宝初，自蜀至长安，道未振，以所业投贺知章，读至《蜀道难》，叹曰：“子谪仙人也。”乃解金龟换酒，终日相乐。
——《唐才子传校笺》（一），北京：中华书局，1987年，第385页。

个以王霸之道闻名的学者，李白和他在一起自然是学习王霸之道。另外，李白自己说“十五好剑术”（《与韩荆州书》），练过功夫杀过人。他曾经和朋友闲聊的时候，兴致勃勃地回忆自己当年仗剑杀出五陵恶少重围的往事，难怪他的粉丝魏颢说他“少任侠，手刃数人”（《李翰林集序》）。这么说来，李白是一个思想驳杂的人，出入百家而不受任何一家思想的牢笼。这就为李白不拘常调的人格精神做好了思想铺垫。

三、心雄万夫

盛唐时期的文人们，总是毫不掩饰地张扬自己的个性，表达自己的人生理想；总是渴望放弃安逸生活中的小我，去投身到社会英雄谱系之中，成就一个功业辉煌的大我。李白就生活在这样的时代土壤中。从李白的诗文中我们不难发现，他有着强烈的入世精神，很想为朝廷、为社会做点事情。他曾经说：“申管、晏之谈，谋帝王之术，奋其智能，愿为辅弼，使寰区大定，海县清一。”（《代寿山答孟少府移文书》）这就是他的人生信念，他渴望自己能够像管仲、晏子那样，帮助帝王成就一番丰功伟业。而这种信念，更多地成为他追求和歌颂壮丽人生的出发点。

他经常纵情歌颂那些崛起草泽却又风云际会的历史英雄。比如在他的笔下，垂钓渭水边的姜子牙显得那么亲切，“大贤虎变愚不测，当年颇似寻常人”，后来姜子牙遇到了西伯侯姬昌，从而成就了旷世功业。这么看来，自己也有成为姜子牙第二的可能性。他还赞美傲岸不屈、坚持布衣尊严的郦食其。据《史记》记载，郦食其初见刘邦，傲然站立，问正在洗脚的刘邦：你是打算帮着秦王攻打诸侯呢，还是帮着诸侯破秦呢？刘邦回答说帮着诸侯破秦，郦食其马上指责刘邦说：“必聚徒合义兵诛无道秦，不宜倨见长者。”刘邦赶紧以礼相待。郦食其后来凭着三寸不烂之舌，为刘邦说降齐城七十二座，在刘汉王朝建立的过程中，做出了突出的贡献。这就是李白在他的《梁父吟》中所说的“东下齐城七十二，指挥楚汉如旋蓬”。

李白还动不动就把自己比成张良、韩信，比如安史之乱爆发后，他觉得这就是“现实版”的楚汉相争，于是自比说：“颇似楚汉时，翻覆无定止。朝过博浪沙，暮入淮阴市。张良未遇韩信贫，刘项存亡在两臣。暂到下邳受兵略，来投漂母作主人。”（《猛虎行》）张良曾经在博浪沙刺杀秦始皇，后来又发现了受胯下之辱的韩信，这两个人后来都被列入“汉初三杰”中。

李白把这些历史英雄人物写进自己的诗歌中，并非仅仅为了创作、为了发思古之幽情，而是在表达自己建功立业、实现人生价值的愿望。我们又不难发现，李白总是沉浸在历史之中，和那些创造历史的英雄人物打成一片。他渴望能够像自己笔下的那些历史英雄一样，一鸣惊人，一飞冲天，直取卿相。可是这样追求的结果，又不是李白所满意的，所以他慨叹说：“大道如青天，我独不得出。”（《行路难》其二）[1]

我们都知道，唐代是一个盛行科举选官的时代，李白为什么不凭借着自己的才华在考场上一争高下，而要舍弃科举不走寻常路呢？关于这个问题，学界众说纷纭，下面就来简单了解一下，都有哪些观点。

1 大道如青天，我独不得出。羞逐长安社中儿，赤鸡白狗赌梨栗。弹剑作歌奏苦声，曳裾王门不称情。淮阴市井笑韩信，汉朝公卿忌贾生。君不见昔时燕家重郭隗，拥篲折节无嫌猜。剧辛乐毅感恩分，输肝剖胆效英才。昭王白骨萦蔓草，谁人更扫黄金台？行路难，归去来！
——《李太白全集》，北京：中华书局，1977年，第190页。

学界的“三不”之说

学术界关于李白不参加科举考试的原因，大体可以归纳为三类：不屑、不敢、不能。下面逐一来说。

一、不屑

这种观点主要表现在文学史中，游国恩、袁行霈、章培恒等先生都持这种观点。比如游国恩先生说：“他没有也不屑于参加科举考试，因为这和他的‘不屈己，不干人’的性格以及‘一鸣惊人，一飞冲天’的宏愿都不相符合。”科举考试属于常规的当官途径，这中间需要考生做出很多努力，“好好学习，天天向上”自不必说，还需要考生放下尊严去向一些可能帮助自己的达官贵人示好，而这恰恰和李白追求的“安能摧眉折腰事权贵，使我不得开心颜”人格平等的个性是不相符的。另外，李白一直渴望通过自己的才能和声誉，达到“一鸣惊人，一飞冲天”的宏愿，而通过常规的科举考试进入官场的人们升迁太慢。就是成绩非常好，充其量也只能当个八九品官。比如状元及第的王维才当了个太乐丞，而这个职位只是个从八品下。可想而知，其他人在刚进入官场的时候，职位会更不起眼了。

一个人言行的价值，经常是和他的身份紧密相关的——你的职位太低，说话自然就不会有人太在意，所以就有了人微言轻之说。李白渴望通过得力人物的推荐一举成功，而不是与一般的士人为伍，皓首穷经一辈子，浪费生命。所以，李白总是在非常自信地向人介绍着自己的才能和抱负。《唐语林》中收录有一个李白拜谒宰相的故事：李白登门拜访宰相，盼望能够得到宰相的引荐，被破格任用。于是李白递上自己的名帖——相当于我们今天的名片，上面写的是“海上钓鳌客李白”。我们现在的名片上大概包括这些信息：姓名、职务职称、工作单位、通讯地址、联系方式，可能还会有一些业务内容。海上钓鳌客算什么呢？原来李白在这里用了一个典故：钓鳌客是龙伯国的巨人，曾“一钓而连六鳌”，就是一竿子钓走六只驮着神山的巨鳌。李白自比海上钓鳌客，是一种自信。可是李白这次吹大了，在抬高自己的时候也压低了别人，所以惹得宰相很不高兴。不过这也正说明李白不屑常规科举途径，渴望迅速成功的心理。

二、不敢

《重庆师范学院学报》曾在 1996 年第 1 期登过一篇文章，题目是《李白为何不赴科举考论》，作者是熊笃先生。他认为，李白不屑参加科举是公开的表象，其实更为重要的原因，是他不敢参加考试，这才是他的难言之隐。李白不敢参加科举考试是因为他的家世和籍贯不符合考试的规定。因为按照当时的规定，不能证明自己籍贯和身份的考生，是不能参加考试的。而李白不仅没有户籍证明，家族里有人还有前科：曾因犯罪被流放过。另外家族还有经商的嫌疑，这些都是唐代科举考试所不允许的。这些事情本来是不为人知的，但一旦参加科举考试就全露馅了，因此，李白不敢参加科举考试。

三、不能

《内蒙古大学学报》2001 年第 3 期刊登了郎宝如先生的文章《"李白不屑科举说"考辨》。作者认为，李白那说不清、道不明、扑朔迷离的家世，阻断了他通过科举考试进入仕途的道路。作者还根据范传正的《左拾遗翰林学士李公新墓碑》认为，李白无法提供足以证明他非工商之家的谱牒户籍等材料以备户部检查，而户部也不可能存有李白家族的原始档案材料，所以李白不能参加科举考试。

其实，"不敢"和"不能"这两种说法，只是侧重点略有差别而已，前者是因为担心因参加科考泄露了家族曾经不光彩的历史，后者是因为不光彩的历史，造成了缺少考试所需要的档案材料。仔细想来，"不敢"和"不能"这两种说法实质是一样的：没有参加科举考试，都是因为李白特有的尴尬身份造成的。而李白身份的尴尬之处，也正是当时科举考试中一再强调之处，是户部严格检查的方面。下面就来看看李白的身份究竟有多么尴尬。

尴尬的身份

据《新唐书 · 选举志下》记载，"刑家之子，工贾异类"是不能参加科举考试的。"刑家"是指受刑者的家族，就是家族里曾经有人犯过罪，这是历来规定不能当官的。比如《晋书 · 忠义传》中说，沈劲曾经因为自己的父亲"死于非义"，于是下决心立功雪耻，但尴尬的是"以刑家不得仕进"。"工贾"就是工商业者。《旧唐书 · 职官志》中说，"巧作器用者为工，屠沽兴贩者为商"，也就是指经营手工业和商业的人。在今天他们可能是大款，是让人羡慕的对象，可是，时代不同，商人的遭遇也不同，当时商人是遭人白眼的，甚至还会影响下一代的仕途发展。《旧唐书 · 职官志》就说："工商之家，不得预于士。"《旧唐书 · 食货志》中也有这样的规定："工商杂类，不得预于士伍。"这也不是唐代才有的规定，隋朝开皇十六年六月，隋文帝就曾经下旨"工商不得进仕"（《隋书》卷二），这是从商鞅变法以来所形成的"贵农桑，贱工贾"的传统。

倒霉的是，这两条都被李白给撞上了，其中被贬谪的家族历史，还造成了李白没有谱牒的尴尬，而这个尴尬又造成了难以提供材料证明自己家不是工商之家的新尴尬。下面我们分别来讲。

一、刑家之子，难求谱牒

根据李阳冰的《草堂集序》和范传正的《左拾遗翰林学士李公新墓碑》可知，李白也曾经有过非常辉煌的家族历史，是凉武昭王的九世孙，和大唐皇室同宗，只是在隋朝末年因反逆缘坐罪被流放到了碎叶，所以皇室谱籍上并没有他们这一脉的信息。[1] 按照大唐的法律，被流放的人到了流放的地方之后，服刑期满或者服刑期间遇到大赦，是可以在当地办理户籍的，如果想参加科举考试，需要满六年才行。但是这个规定是针对那些一般罪的，如果是因为造反免死或被造反罪牵连而被流放的，必须有皇帝专门的大赦，否则不在赦免之列，也就不能享受在贬地入户的待遇。

1 蝉联珪组，世为显著。中叶非罪，谪居条支，易姓与名。然自穷蝉至舜，五世为庶，累世不大曜，亦可叹焉。
——《李太白全集·草堂集序》，北京：中华书局，1977年，第1443页。

虽然史书中没有记载李白的祖上究竟犯了什么罪，但想来是挺严重的，要不他们就不会过着“流离散落，隐易姓名”的日子了。这样一来，就存在两种可能：一是本来就不在能够办理户籍的行列；二是因为隐姓埋名，所办户籍之上已经不是本姓，也就是说虽然有了在碎叶的户籍档案，但档案上的信息并不是李白家族进入碎叶前的皇族信息了。

范传正说，到了神龙初年，李白的父亲“潜还广汉，因侨为郡人”，这也就是李阳冰说的“逃归于蜀”。之所以选在这个时间逃回来，主要有两个原因：一是政权更替。武则天在神龙元年正月退位，中宗复位，新旧政权更替之际，地方官只顾得自己的乌纱帽了，对百姓管理相对不那么严，所以就有了逃归的机会；二是碎叶被占。据两《唐书》记载，神龙年间，碎叶一度被西突厥突骑施乌质勒部攻占，造成安西道闭的严峻形势，李白家族的生意受到了严重影响，因此需要另辟他途。

可是这样一来，新的问题又出现了。按照大唐法律，一般罪犯服刑期满可以返回故地，这是法律允许的。而李白的父亲是“潜还”“逃归”，也就是偷跑回来的，说明他不符合返还故地的条件。既然是逃归，自然又触犯了法律。一般非戴罪之身逃离户口所在地的，叫作“逃户”，一经发现要被流放三年的。李白的父亲本来在碎叶有可能就没有户籍，这样就属于罪上加罪，被发现之后应该处罚更严重。即使有碎叶的户籍，他逃归的时候也不可能带在身上；带在身上，也不可能是经过官府允许的，要不就不会说是“潜还”“逃归”了。

到了四川之后，因为要隐瞒自己逃归者的身份，自然要继续隐瞒户口了。也就是说，既没有原来的户口资料，也不敢到绵州的户籍部门办理户口，自然就成了“黑户”。到了四川绵州以后，李白的父亲虽然恢复了本姓，并以“李客”自称，但这个名字明显不是他的真实姓名。

考试是需要提供谱牒的，也就是地方政府提供的政审材料，不仅包括家世、籍贯等信息，还包括考生的道德品行及学业优长。被推选到京城之后，考生还要填写家状，这些都给李白造成了难以解决的麻烦。如果回到碎叶贬所求取谱籍，那么逃归就会被发现；如果到绵州本地造谱籍，造谱籍之前的事情又说不清了。纵然这两关过了，还有一关，就是策问的卷子上还要有从曾祖到父亲的相关信息，就是卷子的开头正文之前需要写曾祖父的名字和身份、祖父的名字和身份、父亲的名字和身份。我曾见到过清朝状元卷策论卷实物是这么处理的，唐代也应该如此。李白他父亲的名字都是假的，他祖爷爷、曾祖爷爷的呢？更不可能是真的，而一旦写成真的，也就暴露了刑家之子的身份。更为关键的是，李白自己也提供不出来这些东西。

二、工贾异类，难预仕进

李白的家族不仅曾经因为犯罪被流放过，而且还很富有，有经商的嫌疑。李白在《上安州裴长史书》中说，自己当年“东游维扬，不逾一年，散金三十余万，有落魄公子，悉皆济之”。一年花费三十多万，实在令人咂舌。对别人如此仗义，出手如此阔绰，必然应该有雄厚的经济条件作为支撑。那么他的经济来源是什么呢？

《光明日报》1962 年 8 月 2 日刊登过《李白的经济来源》一文，作者认为李白的父亲是个卖铁致富的商人。郭沫若先生更是在他的《李白与杜甫》一书中指出："李家的商业规模相当大，在长江上游和中游分设两个庄口，一方面把巴蜀的产物运销吴楚，另一方面把吴楚的产物运销巴蜀。"这就为李白出手阔绰找到了经济依据。也有学者提出反对意见，认为李白家经商只是一种推测。而我们不能不说，认为李白家并非工商之家也是一种推测。相比而言，李白属工商之家这种说法，还是占了一定的优势。

俗话说搬家三年穷。李白的父亲李客，能够从遥远的西域迁到四川，必然需要有力的经济条件作为支撑。郭沫若先生这样说："李客由中亚碎叶迁徙入蜀，是拖着一大家子人的。李客必然是一位富商，不然他不能携带着那么多的人作长途羁旅。"郭沫若先生虽然没有给出足够的证据，但这是能够通过常理想见的。也就是说，在迁回内地之前，李白家族在西域碎叶应该有着很好的经济积累。

那么李白家族在西域碎叶干什么呢？有学者根据对西域碎叶的经济地位的考察认为，这个地方正好在丝绸之路上，是个"诸国商胡杂居"的地方，也是唐朝一个重要的商贸重镇。商队从中原贩运丝绸到这里，与这里的马匹、珍宝交换，再把这些运往中原销售。李白的祖上被贬到这里，既非土著居民，又不是享有政治特权的官宦，他们只能放弃以前家族的荣光，沦落到靠经商维持生活，从而积累了内迁的资本。

李客为什么迁到四川呢？因为四川安定富庶，据《大慈恩寺三藏法师传》卷一记载，"时天下饥乱，唯蜀中平静"。这是说隋末唐初的时候，天下战乱，饿殍遍野，可是四川却没有受到太大的影响。《旧唐书·文苑列传中·陈子昂传》中也说："蜀为西南一都会，国家之宝库，天下珍货，聚出其中。又人富粟多，顺江而下，可以兼济中国。"可见，当时的四川无论是农业还是手工业与商业，都是很发达的。另外，这里的纺织业发达，蜀锦更是闻名全国，也就是说这里对李客有着很强的经济吸引力。再者，商业发达，商贾南来北往，流动人口多，这样就容易隐藏自己的身份。

李客举家到了四川之后，就"高卧云林"，功成身退了。当然，这不是说放弃了经商，而是退居二线，把生意交给了晚辈。李白虽然漫游天下、不事产业，但他在家族里排行十二，说明弟兄多多，所以他才在诗中说“兄九江兮弟三峡”（《万愤词投魏郎中》）。李白的弟兄们在九江和三峡干什么呢？郭沫若先生根据唐代长江沿岸商业繁荣认为“我看除说为在经营商业之外，没有更好的说明”。所以郭沫若先生才有了上面的判断：“李家的商业规模相当大，在长江上游和中游分设两个庄口。”

这就是李白开元十三年二十五岁之前，也就是他“仗剑去国，辞亲远游”之前一掷千金的经济基础。所以说，他又犯了“工贾异类”的禁忌，当然不能参加考试了。既然没有办法考试，又渴望能够实现自己的政治抱负，怎么办？寄希望于“一鸣惊人，一飞冲天”吧，这也是一种不得已的表现。这样看来，李白不屑参加科举考试，还真是不能参加的表象。

也亏着李白没有参加科举考试，要不然，就他这性格，还不得和主考官斗起来啊！难道说还有人敢和主考官斗气？有。这到底是怎么回事呢？

第八讲

别以为考官好当

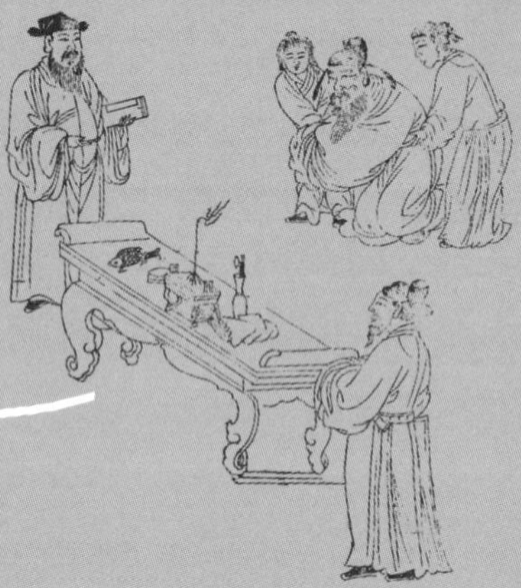

考场上是有规范、有纪律的，但在人情社会，又总免不了出现一些规定之外的情况。所以，考场上检验的是考生们的学术水平和行政敏感力，同时也考验着主考官的综合素质。主考官并不知道会出现什么不可预知的事情，所以他也不可能提前做好应对措施。应该说，当考官是一件很荣耀的事情，但同时也存在着风险。一句话，考官难当。

下面我们就来了解一下，考官到底有多难当。首先来看二李争讼：考官和考生斗上了。

考官和考生斗上了

这里的“二李”指李昂和李权，其中李昂是主考官，李权是考生。这两个人因为考试产生了矛盾，最后闹得对簿公堂，结果是李昂丢了官，李权蹲了大狱，科举考试也改由礼部负责了。

一、约法三章

开元二十四年（736），朝廷开科取士，李昂非常荣幸地被任命为考功员外郎，具体负责科举考试的事情。李昂可不是个一般人，他是开元二年进士科考试的第一名，状元及第，所以还是很有水平的。[1] 李昂之所以能当主考官，应该和他的性格、人品有关。为了防止作弊，朝廷就需要选派正直的官员，因为这样的人疾恶如仇，最讨厌徇私舞弊。李昂当时就以公正无私闻名，用刘肃在《大唐新语》中的话说，就是“性刚急，不容物”，就这样进了皇帝的视线，被任命为开元二十四年的主考官。

1 昂，开元二年王丘下状元及第。

——《唐才子传校笺》（一），北京：中华书局，1987年，第161页。

李昂新官上任三把火，第一把火就是把参加当年考试的考生们集合到一起，表明自己的态度。李昂义正词严地宣布：“文之美恶，悉知之矣。考校取舍，存乎至公。如有请托于人，当悉落之。”（《大唐新语》卷十《厘革》）李昂的意思是告诉大家，一切以考试成绩为准，谁打招呼谁考不上。这么看来，李昂的确是一个眼睛里不容沙子的主考官。

二、好心惹祸

李昂之所以这么给考生们说，一是为了证明自己公正无私，二是当时真的经常出现托人情的现象，影响考试和录取工作的正常进行。先把丑话说到前头，可能会少一些不必要的麻烦。可是，在我们的生活中经常会出现这样的事情，你越是担心什么，越是拒绝什么，就越是出现你所担心的问题。李昂这次就遭遇了这样的情况，他不是声明谁托人情要谁的好看吗？结果还是有人向他打招呼让他帮忙，而且这个向他打招呼的人不是别人，是他的老丈人。

这一年的考生中，有个叫李权的，曾经和李昂的老丈人是邻居，两家人关系处得还不错。李昂的老丈人觉得自己的姑爷是主考官，就想发挥一下自己的能量，替李权说说人情，这样不是显得自己脸上也有光嘛！但他哪里知道，李昂已经和各位考生“约法三章”了，结果好心办了一件坏事。老丈人给李昂说：我的邻居李权才学出众，今年参加考试，希望姑爷你能给我个面子，抬抬手，帮帮他。李昂心里那个生气啊，本来担心外边有人说情，结果没想到堡垒从家里被攻破了。李昂心想：我昨天才当众发过言，老爷子你今天就给我出难题，太不像话了！要是答应了你，我刚直的名声可就难保了，是可忍孰不可忍！李昂这就要烧他的第二把火了。

三、二李开战

李昂权衡再三，决定秉公办事，牺牲老丈人的面子，维护自己的名声，兑现自己当着各位考生说的话。于是“集贡士数权之过”（《大唐新语》卷十《厘革》），指责李权不该托自己的老丈人说情。李权赶紧解释说：“人或猥知，窃闻之于左右，非求之也。”（《大唐新语》卷十《厘革》）一再表明自己真的没有请人帮忙打招呼啊。

李昂正在气头上，对李权的解释不仅置之不理，而且认为李权的态度有问题：你不承认也就算了，还把责任全推我老丈人身上，让别人觉得是我老丈人自己多事，你这个李权也太不地道了吧！不过，到底是老丈人自已揽事还是李权求他，现在再纠缠这个问题已经没有什么意义了。李昂话头一转，说："观众君子之文，信美矣。然古人有言，瑜不掩瑕，忠也。其有词或不安，将与众详之，若何？"（《大唐新语》卷十《厘革》）主考官发话了，考生谁能说不好呢？于是大家都说可以。大家你看看我，我看看你，面面相觑，不少人的心就悬起来了：谁不担心自己文章里有点瑕疵啊！

李权出来之后，对大家说："向之斯言，意属吾也。昂与此任，吾必不第矣。文何籍为？"（《大唐新语》卷十《厘革》）李权想，李昂肯定会想办法挑出自己文章中的毛病，于是也开始紧锣密鼓地采取应对措施，并仔细寻找李昂诗文中的瑕疵。他要以牙还牙，以其人之道还治其人之身。果然不出李权预料，李昂烧起了他的第三把火，而这第三把火，也使矛盾骤然升级。

四、矛盾升级

没过几天，李昂果然从李权的文章里边找到了一些小问题，用红笔把这些小问题标出来，"榜于通衢以辱之"（《大唐新语》卷十《厘革》），指出来小范围议论一下也就算了，李昂还将其张贴到人多的地方羞辱李权。不过说真的，李昂这一招太不厚道了，这样的处理方法极容易让矛盾升级。

李权见李昂如此对待自己，也就撕破了脸皮。他站出来对李昂说："礼尚往来，来而不往，非礼也。鄙文之不臧，既得而闻矣。而执事有雅什，尝闻于道路，愚将切磋，可乎？"（《大唐新语》卷十《厘革》）看来，李权已经是有备而来了。李昂一脸怒气地回答说："没有什么不可以的。"看来李昂很自信，所以让李权只管放马过来。

到了这个份上，李权也不客气了。李权说："耳临清渭洗，心向白云闲。岂执事辞乎？"（《大唐新语》卷十《厘革》）李昂说，是的。李权接着说："当年尧帝年纪大了，就想把帝位传给许由，许由因为不想当帝王，所以就跑到河边洗耳朵，意思是不让尧帝的话弄脏了自己的耳朵。"李权说的这些话，其实就是李昂这第一句诗里所用的典故。可是再接下来，李权的话就让李昂冒汗了："今天子春秋鼎盛，不揖让于足下，而洗耳，何哉？"（《大唐新语》卷十《厘革》）意思是说我们当今的皇上年富力强，好像没准备把帝位禅让给你吧，你跑到河边去洗耳朵，这是为什么呢？当年的皇帝是唐玄宗李隆基，这个时候的确正是鼎盛时期。

在那个封建时代，一牵涉皇权必然是大忌，因为说话不小心出了多少事啊。因此说，李权这一句话可太要命了，这是上纲上线啊！说明李昂是故作清高、连皇位都看不到眼里呢？还是心里惦记着让皇帝说出禅让的话，好拒绝以显示自己清高呢？如果李权的解释传到了皇帝耳中，不要说李昂功名不保，官被撸了，弄不好都得连窝端，九族都会受到牵连。这下李昂脑袋上可冒了白毛汗了。李昂为了保全自己，“诉于执政，以权不逊，遂下权吏”（《大唐新语》卷十《厘革》），就这样把李权投进了监狱。可是这个事情本来就是笔墨官司，无法深究，所以只能不了了之，于是没过多长时间，又把李权释放了。

五、权归礼部

这个案子本身结束了，可是影响却很大，已经演变成不再是二李之间的事情了。朝廷从这个案子里发现一个问题，李权之所以侮辱主考官李昂，固然和李昂的处理方法不当有直接的关系，但考功员外郎的职位低，也是一个不可忽视的原因。我们前面讲过，考功员外郎属于吏部管，从级别上来说是从六品上。科举考试是为国家选拔人才，这是朝廷大事，关系到国家官僚队伍建设和国家的命运，把这么重要的事情交给一个六品官处理，显得有些轻率。

那怎么办呢？交给分量重的部门官员掌管。据《唐大诏令集》记载，就因为二李争讼案，朝廷下令：“自今已后，每诸色举人及斋郎等简试，并于礼部集。”也就是说，从开元二十五年（737），科举考试由吏部移交礼部负责。[1] 礼部具体负责这项工作的官员为礼部侍郎，级别为正四品下，相对于从六品上的考功员外郎级别明显提高了不少。这一改变具有重大的意义，一方面提高了主考官的声望和权威，另一方面也提高了举子们的地位，说明朝廷对人才更加重视了。不过，也不知道会有多少人对李昂有意见呢，

1 旧制，考功员外郎掌试贡举人。有进士李权，陵侮员外郎李昂，议者以员外郎位卑，不能服众；三月，壬辰，敕自今委礼部侍郎试贡举人。

——《资治通鉴》，北京：中华书局，1956年，第6814页。

特别是后来的那些考功员外郎，心里觉得憋屈：你李昂弄出个岔子，让我们再也没有主持科举考试的机会了。

六、案情回故

我们回头来看这个案子，应该说这是一个本不该发生的悲剧。如果李昂换一种处理方法，结果便不会如此。李昂和考生们约法三章并不错，错就错在当他的老丈人向他为李权说情时，他没有把问题解决在家里。姑爷当了主考官，老丈人觉得脸上有面子，想在邻居面前显摆一下，这也是人之常情。假如当老丈人开口之时，李昂向老丈人讲明利害，从国家选拔人才的大政方针到自己仕途的发展，给老丈人说明了，老丈人再糊涂也还是能分清亲疏远近的，不至于为了面子而置姑爷的前途于不顾。

再者来说，李昂是为朝廷选才，老丈人虽然是在说人情，但李权也不一定不是人才，大可不必一棒子打死，戴上“显微镜”来挑剔李权的毛病。如果是人才，不能因为有人说情而故意不录取，那样就违背了替朝廷选才的大原则了，若录取了，还能为老丈人赢得个举荐人才的美名；如果不是人才，也就可以一是一、二是二给老丈人说清楚。也就是说，李昂本来可以做到录取有理，不录取有据的，但为了刚直的名声，不仅驳了老丈人的面子，也给自己惹上了麻烦。

另外，李昂不该激化矛盾，当众侮辱李权，特别是把李权文章中的毛病张贴在人多的地方，这不就是没事找事，拱火吗？中国的文人一向坚持士可杀不可辱，李昂这种侮辱人的做法，实在是有欠考虑。如果没有李昂侮辱在先，李权也不会拿着李昂诗歌里许由到河边洗耳朵那个典故大做文章了。换句话说，考生也有尊严，在“人”这个层面上，主考官李昂和考生李权是平等的，李昂不该如此盛气凌人。李权这么做固然有失涵养，但毕竟是被迫应战，也算是箭在弦上不得不发了。李昂后来也没有坚持住刚直的品质，因为和李权这个矛盾而求人摆平了，所以后来这些帮过李昂的人求他办事，他全都答应了，因而成为官场上的一个笑柄。

深陷干扰的考官

从李昂这次当主考官的经历来看，在主考官荣光的背后，其实还是充满了困难甚至危险的。主考官在当时叫知贡举或主司，被称为“朝廷美选”，是一件让人艳羡的好差事。可也正是因为掌握着一定的选拔权，就使那些主考官处于矛盾的旋涡中。

正像洪迈在《容斋四笔》卷五《韩文公荐士》中所说，这些主考官“亦有胁于权势，或挠于亲故，或累于子弟，皆常情所不能免者”。在科举考试中，虽然多数主考官能够坚持原则，但也会出现权势、亲友、子弟的干扰。这就是下面要讲的第二部分：干扰重重。

一、来自权势的胁迫

权势之家对科举考试的干预，主要出现在中晚唐时期。一些大族和新兴权贵，为了壮大自己的政治势力，采取各种手段插手科举考试，对主考官施加影响甚至胁迫。据《旧唐书 · 李实传》记载，李唐宗室道王元庆的玄孙李实，就干过这样的事情。这个李实继承了道王的封爵，深受德宗皇帝的宠信。贞元十八年（802），权德舆作为主考官主持科举考试，李实就私下里向权德舆推荐考生，希望权德舆能够照顾一下。结果权德舆秉公处理，没有录取李实推荐的考生。李实很生气，后果很严重。

第二年也就是贞元十九年（803），主考官还是权德舆，李实这次不求了，干脆自己拉出一个二十人的名单来，强迫权德舆接受。李实说：“可依此第之，不尔，必出外官，悔无及也。”（《旧唐书 · 李实传》）不单提出来的二十个人都要录取，而且还要按照李实写的顺序录取，名次他都定了。李实同时威胁说：如果不按照我说的话做，我就把你贬出京城，到那个时候你再后悔可就晚了。这简直就是一个地痞流氓的做派。

虽然权德舆没有答应，但是一直担心这个一身流氓气的李实在皇帝面前诬告自己——因为这样的事情他不是没干过。当年李实任京兆尹的时候，横征暴敛，韩愈就写了一个奏疏揭露京兆府百姓生活的艰难，结果被李实诬陷，被贬为山阳令。不过，这次权德舆没有韩愈那么悲催，还没有等李实诬告呢，德宗就死了，顺宗即位，王叔文等人实行新政，根据民意就把李实贬出京城让他做通州长史去了。

二、揭发舞弊反而遭贬

权德舆算幸运的，只是受到了威胁。有的主考官在遇到人情坚持原则的时候，真的被贬出了京城，而且更可笑甚至可气的是，还是因为主考官揭发惹的祸。建中元年（780），礼部侍郎令狐峘担任主考官，当时的宰相杨炎写了一封信请令狐峘帮忙。怎么回事呢？这一年有个叫杜封的考生，乃故相杜鸿渐的儿子，而杨炎出自杜鸿渐的门下。也就是说，杜鸿渐对杨炎曾经有恩，现在杨炎帮杜鸿渐的儿子杜封，实则是报恩。

令狐峘和杨炎之前多少有些不愉快，所以令狐峘就多了个心眼儿。他对送信的人说："相公欲封成其名，乞书封名下一字，峘因得以记焉。"（《顺宗实录》）杨炎觉得有道理，也没有想那么多，就把自己的名字写到了杜封名字的后面。

杨炎想着杜封保准能考上，可是这个令狐峘第二天就拿着杨炎这封信找德宗皇帝去了，这是杨炎无论如何也没有想到的。令狐峘对德宗说："宰相炎迫臣以威，臣从之则负陛下，不从即炎当害臣。"（《顺宗实录》）

德宗就把宰相杨炎叫来，当面对质，让杨炎交代到底是怎么回事。杨炎一五一十地说了，德宗一听非常生气。可是生的不是杨炎的气，而是令狐峘的气，德宗说：令狐峘就是个奸人。怎么揭露递条子的人不是功臣反而成了奸人呢？原来事情是这样的，我们前面不是说杨炎和令狐峘有些不愉快吗？当年杨炎还是吏部侍郎的时候，令狐峘担任刑部员外郎。吏部侍郎是正四品上，刑部员外郎是从六品上。令狐峘当时具体负责审核官吏的档案和政绩，他把优秀都给了对自己多有照顾的吏部尚书刘晏，所以杨炎每次考核成绩都不是太高。这个考核成绩很重要，是一个官员升迁提拔的主要依据，所以当时杨炎对令狐峘这样的做事方法愤愤不平。现在杨炎是宰相了，令狐峘担心自己会遭到杨炎的报复，所以才给杨炎下了个套。

你说皇帝能不生气吗？于是就在放榜当天把令狐峘贬为了衡州别驾，不让他和被录取的考生们见面。不过这件事德宗皇帝处理得也不太公平，令狐峘纵然再阴险，他毕竟揭露了宰相杨炎的科场舞弊事实，如果没有两个人以前的积怨，令狐峘的做法无疑是很智慧的，留下了宰相实实在在的罪证。你光把令狐峘给贬了，却没有对宰相杨炎做出任何处分，是有点说不过去的，或许和宰相位高权重有关系吧。应该说，这也是当时政治腐败的一种表现。

三、来自家人的干预

主考官还经常会受到家人的干扰，我们前面讲的李昂，就是受到了老丈人的干扰。李昂不管如何是没有听老丈人的，但是主考官如果遇到一个“麻辣老妈”，可就麻烦了。

“麻辣老妈”。唐人范摅的《云溪友议》中有一个故事，题目叫《沈母议》。唐宣宗大中九年（855），负责当年科举考试的是沈询。就在马上要放榜之前，也就是公布录取结果之前，沈询的母亲说，我见这些年崔侍郎、李侍郎主持考试的时候，总是优先录取自己家的人，录取完之后也没有见谁议论这个事情。看来，老太太是有想法的。老太太接着说：“你现在负责这个事情，这是咱家的喜事，咱们家这些人，你准备录取谁呢？”

沈询回答说：“首先考虑沈光吧。”不料老太太提出了反对意见：“沈光早有声价，沈擢次之，二子科名不必在汝，自有他人与之。吾以沈儋孤单，鲜有知者，汝其不愍，孰能见哀？”在老太太看来，沈光已经很有名声了，沈擢仅次于沈光，这俩人都不用沈询操心。但是沈儋却没几个人知道，你如果不可怜他，谁还能同情他、帮他呢？老太太的态度是很鲜明的。沈询怎么办？自然是不敢违背母亲的命令了，于是就录取了这个“可怜巴巴”的沈儋。

甩手掌柜。还有的主考官干脆把录取的事情交给儿子处理，自己当起了甩手掌柜。《太平广记》中就收录着这么一个故事：大中十四年（860），中书舍人裴坦权知贡举，就是暂时担任主考官，因为这不是他的本职工作，所以称权知贡举。裴坦就把录取的大权交给了俩儿子裴勋、裴质，这俩儿子整天待在家里商量录取谁不录取谁。当然了，确定录取的多数是豪门子弟，俨然把科举考试这样的大事当成了自己的家事。

裴坦与一个老和尚关系很好，这个老和尚经常出入裴坦家。和尚除了吃饭、睡觉，没事就闭着眼睛捻着佛珠念经。裴坦俩儿子商量录取谁的时候，老和尚就在身边。俩人想着和尚身在方外，必然不会关心红尘内的事情，所以也就没有理会他。可是巧了，老和尚有个老乡叫翁彦枢，偏偏这一年参加了考试。老和尚就问他考得怎么样，翁彦枢说一般，不一定能考上。老和尚就问，如果让你考上，你想第几名及第？翁彦枢以为开玩笑，就说第八名就行。

老和尚第二天又到了裴坦的府里，俩儿子还是像往常一样商量录取人员，没有避着老和尚。老和尚突然说："到底是你们的父亲负责考试还是你们俩负责考试呢？现在你们俩都替你们的父亲当家做主了，难道他就是个木偶吗？再说了，看看你们商量的录取人员，哪一个不是豪门子弟。这怎么能行呢？"俩人从头到尾一看，还真是没有贫寒的读书人。俩人赶紧问老和尚想怎么样，又送给老和尚银子买他闭嘴。可是老和尚说："我老了，要钱没用，把我的老乡翁彦枢录取了吧。"俩人怕老和尚说出去，就把翁彦枢给录取了。这事一旦被皇帝知道，恐怕这爷仨就得吃不了兜着走了。

主考官在考试工作中遇到的种种干预，有一些是当时社会上流行的荐举。可以说，当时科举考试中荐举成风，究竟还有什么样的表现呢？

第九讲

推荐是公开的秘密

在唐代的科举考试中，主考官是朝廷委派的替国家选拔人才的官员。因为主考官掌握着选拔人才的大权，决定着考生们的命运，所以经常会处于矛盾的旋涡之中，受到来自各方面的干扰。这些干扰或者来自权门势要，或者来自亲友宗族。其共同特点就是向主考官推荐自己的熟人、朋友，希望能够关照录取。这也是唐朝科举考试中的一种风气，而且是一个公开的秘密。虽然这种推荐会出现被推荐的人是庸才的情况，但那些真正为朝廷考虑的人所推荐的考生中也不乏人才，王维和杜牧就是这样走进主考官视野的。先来看看王维被推荐的传奇经历。

王维寻求推荐的经历

王维这个人我们都不陌生，是唐代著名的诗人。他是一个天才诗人，早慧，九岁就会写文章了。古往今来，一个人要想在“江湖”上立足，肯定得有点儿拿出手的本事，这就是我们俗话说的：一招鲜，吃遍天。王维这个人有没有过硬的本领呢？有。不仅有，而且多，不仅多，而且很绝，每一项都达到了很高的境界。也正因为王维的这些绝技，让他受到了重视，从而被举荐为状元。我们今天谁能有他的一项本领，就不会为找工作而发愁了。

一、身怀四绝

王维这个人很厉害，身怀四项绝技，分别是诗歌、书法、绘画、音乐。辛文房在《唐才子传》中说他“工草隶，娴音律”。王维擅长草书、隶书，这和当时官场上考查书法有关系。另外，当时出过很多书法名家，有这样的社会氛围，只要用心，就容易取得一定的成就。王维精通音律，是个音乐家，他被举荐的时候，首先就是以所弹奏的《郁轮袍》引起了玉真公主的注意。进入官场之后，还当过一段时间的太乐丞。

我们了解王维，主要是通过他的诗人身份。王维的诗歌成就，我们可以引用清朝贺裳的话，“唐无李杜，摩诘便应首推”（《载酒园诗话》）。摩诘是王维的字，因为他信佛，所以就用佛家的维摩诘之名作为自己的字。这句话的意思是说，唐朝如果没有“诗仙”李白、“诗圣”杜甫的话，王维的诗歌就应该排第一。贺裳并不是故意抬高王维，因为唐朝的诗人对他评价很高，比如储嗣宗就说王维“章句世为宗”（《过王右丞书堂二首》其一）[1]。

说起王维的绘画，我们都能想起苏轼对他的经典评价，苏轼曾经在《书摩诘蓝田烟雨图》中说：“味摩诘之诗，诗中有画；观摩诘之画，画中有诗。”这就是我们所说的王维“诗中有画，画中有诗”的来历。王维也说自己“宿世谬词客，前身应画师”（《偶然作》）。王维画的画怎么样？《唐才子传》中评价说：“皆天机所到，非学而能”，画出来就是神品，不是通过后天勤学能达到的。

1 澄潭昔卧龙，章句世为宗。独步声名在，千岩水石空。野禽悲灌木，落日吊清风。后学攀遗址，秋山闻草虫。——《全唐诗》，北京：中华书局，1960年，第6885页。

二、绘画神妙

王维因为很有才，所以受到了京城中那些王公贵胄的喜欢，其中和王维关系很铁的一个人是李隆范，也有叫他李范的。这个李范很有背景，乃玄宗皇帝的亲弟弟，被封为岐王。岐王很重视王维。岐王有个爱好，喜欢游终南山，但是王维的一幅画却改变了他的这个习惯。

一次，王维到岐王府里，发现桌上有一张废纸，旁边放着一个砚台，墨都快要干了，砚台边还扔着一支笔。王维忽然来了灵感，拿起那支笔在快要干的砚台里蘸了一下，在那张纸上随手画了一个大石头，虽然是信笔涂鸦，可自有天然之质，充满了神韵。王维画好后，又题上字，掏出手章摁上去，然后走了。

岐王回来看到这幅画，很惊讶：神品啊！甚宝之，就把这幅画装裱起来挂在了中堂。他想去终南山玩的时候，就搬把椅子往画前一放，“独坐注视，作山中想，悠然有余趣”（《琅嬛记》）。就这样，岐王就很少再去终南山了。

更神的事情还在后头呢。《琅嬛记》里说：忽然一天，风雨交加，电闪雷鸣，一个炸雷之后，屋顶出现一个窟窿，再看这幅画，只剩了一张纸，石头不见了。岐王本以为是雨水把画上的石头冲掉了，可是伸手一摸，纸是干的。这是玄宗朝的事情，后来到了宪宗朝，也就是过了几十年之后，高丽国派使臣不远万里送过来一块石头，说是天朝圣物。宪宗听得一头雾水：一块破石头怎么还是我们国家的？高丽使臣赶紧解释说：某年某月某日，狂风大作，从天上落下一块奇怪的石头，我们发现上面还有王维的题字和印章，所以知道是大唐的东西。宪宗觉得这也太神乎其神了吧，赶紧让人拿王维的诗文对对笔迹和手章，结果丝毫不差，就是王维的。童话作家要是知道了这个故事，非写一个《奇石历险记》不可。宪宗这才知道王维的画是神品，赶紧派人在全国搜罗王维的画，藏到宫中。为了防止这些神品再跑了，宪宗命令用鸡血、狗血涂到地上、门上——据说鸡血、狗血辟邪。当然这个故事很夸张，明显是用了浪漫主义手法，不过夸张的背后，是在肯定王维的画的确充满了天机神韵。

咱要有这么一个朋友，他如果有点儿事情，我们能不愿意帮吗？成人之美的事情谁都愿意干。就因为王维的这些才华，岐王就准备在他参加科举考试时伸手援助。

三、因才获举

开元十九年（731），王维参加进士科考试，首先需要京兆府推荐上来。考试之前，王维问岐王有没有可能帮帮忙，给推荐一下，让京兆府作为第一名推荐到朝廷，当时叫解头。岐王觉得有点儿为难，为什么呢？因为听说自己的妹妹玉真公主已经推荐过张九皋了，自己再推荐就有可能会撞车甚至出现矛盾。可是谁都知道求人难，王维已经张口了，自己能给撅回去吗？但不撅回去又怎么办呢？想了一会儿，岐王决定分三步走。哪三步呢？

第一步，用乐感人。岐王说："把你自己写得不错的诗歌选出来一部分，然后你再谱个新曲子，和我一块儿去一趟玉真公主府。"王维就按照岐王说的做了，带上诗歌和琵琶，跟岐王到了玉真公主的府里。为了能引起玉真公主的注意，岐王故意把王维打扮成一个伶人的样子。结果这一招还真管用，王维本来就年轻，又肤白貌美，风姿潇洒，一举手一投足，都带着不同凡俗的高雅之气。《集异记》中是这样形容王维的："妙年洁白，风姿都美。""都"是大、特别的意思，"都美"就是很帅气。玉真公主看着王维问哥哥岐王："斯何人哉？"岐王回答说，一个乐人，说完就让王维开始弹奏曲子。王维拨动琵琶，声调哀切，一曲下来，在座的人没有不流泪的，玉真公主也非常感动。弹完了，玉真公主问："此曲何名？"王维起身回答说："《郁轮袍》。"玉真公主大加赞赏，说没听过——能听过吗？昨天晚上才谱出来的。

第二步，用诗动人。岐王看王维的曲子奏效了，赶紧又说："此生非止音律，至于词学，无出其右。"（《集异记》）玉真公主更加惊奇了，就问王维带诗歌了吗——能不带吗？有备而来。王维赶紧从怀中掏出已经准备好的诗歌递给玉真公主。玉真公主拿过来一读，更惊讶了，说："这都是我小时候读的诗歌啊，我一直认为是古人写的，原来是你写的啊！"这回见着作者本人了，她能不激动吗？赶紧让王维换了衣服，赐座坐下。

第三步，说明来意。玉真公主觉得哥哥肯定有事，于是就问什么事。岐王一看到主题上了，赶紧说："京兆得此生为解头，荣哉！"（《唐才子传》）玉真公主就说，那就让他考吧。岐王说："你不是已经推荐张九皋了吗？"玉真公主笑着说："我也是受人之托。"那意思是说，我也没有见过张九皋这个人，再说了咱俩啥关系啊，能和咱俩比吗？王维就在自己眼前坐着，才能出众，于是玉真公主对王维说："你如果真想参加考试，我就尽力帮帮你。"怎么帮呢？玉真公主把主考官找来，把王维的情况讲了一下，京兆府就把王维列为第一名推荐上去。当时有一个惯例，京兆府的第一名很容易夺取全国的状元。结果，在玉真公主的极力推荐下，王维顺利地成为"开元十九年状元及第"（《唐才子传》）。[1]

从这件事我们可以看出，一个人要想得到别人的帮助，首先得自己有才能。岐王让王维又是弹奏琵琶，又是展示文学才华，那都是为第三步做的铺垫，只有

1 维将应举，岐王谓曰："子诗清越者，可录数篇，琵琶新声，能度一曲，同诣九公主第。"维如其言。是日，诸伶拥维独奏，主问何名，曰："《郁轮袍》。"因出诗卷，主曰："皆我习讽，谓是古作，乃子之佳制乎？"延于上座，曰："京兆得此生为解头，荣哉！"力荐之。开元十九年状元及第。

——《唐才子传校笺》（一），北京：中华书局，1987年，第287~290页。

前两步做好了，才能让玉真公主有成人之美的欲望。否则，在什么也不会的情况下，让别人帮忙，那纯粹是在为难人家。

杜牧真的很幸运

杜牧受到主考官的关注，也是因为自己与众不同的才能，让帮助他的人有了一定要帮他的欲望，如果不帮助他，就有不重视人才的遗憾。接下来我们就了解一下杜牧是怎么被推荐的。

杜牧这个人我们也不陌生，是晚唐时期著名的诗人，和李商隐并称晚唐时期的“小李杜”。杜牧是大史学家杜佑的孙子，不仅能诗擅赋，而且还注过《孙子兵法》，也算是一个全才了。杜牧有着强烈的政治愿望，“平生五色线，愿补舜衣裳”（《郡斋独酌》），把自己比成能够为舜帝补衣服的五色线。既然如此，参加科举考试自然就成了他的主要选择。杜牧不仅考上了进士，后来还考上了制举的贤良方正科，相当于我们今天的“双学位”。杜牧考进士，可以说是遇到了贵人，这才没费吹灰之力就考上了。这究竟是怎么回事呢？

一、一赋名天下

史书中说杜牧善属文。说起来杜牧的文章，恐怕大家都会不约而同地想到他那篇《阿房宫赋》。阿房宫是秦始皇的宫殿，建筑宏伟壮丽，宫里宫女众多，珍宝堆积如山，这种穷奢极欲的生活，是秦王朝灭亡的原因之一。杜牧通过对阿房宫的描写，总结了六国及秦王朝灭亡的历史教训，从而对晚唐统治者提出了严正的警告。这一篇赋是杜牧的成名作，写于他二十三岁时。当时这篇文章一出来，马上受到关注，杜牧也因此名满两京。就是这一篇《阿房宫赋》，为杜牧铺平了科举成功的道路。

二、吴太学强力推荐

有一天，太学生们围在一起，津津有味地品评杜牧的这篇文章。这时，太学博士吴武陵过来了，发现大家在看杜牧的《阿房宫赋》，觉得非常好，于是就抄了一份。吴武陵堪称杜牧生命中的贵人。大和二年（828），杜牧参加进士科考试。这一年的考场设在洛阳，主考官叫崔郾。崔郾要出发到洛阳主持考试这天，朝中的很多大臣都过来相送，声势很大。就在大家都在表示祝贺的时候，太学博士吴武陵骑着一头瘸驴过来了，崔郾赶紧站起来迎接。吴武陵说："侍郎以峻德伟望，为明天子选才俊，武陵敢不薄施尘露？"（《唐摭言》）崔郾一听，心想，看来吴武陵不是一般的送行，这是有事啊。吴武陵接着说："我前一段时间，看见十几个太学生围在一起看一篇文章，到近前一看，原来是杜牧的《阿房宫赋》。这个人真是王佐之才啊。崔侍郎您位高权重，整天日理万机，恐怕也没有时间看这篇文章吧？"吴武陵这话里可就带着讽刺意味了。

说到这里，吴武陵从怀里掏出他抄写的那份《阿房宫赋》，大声念了一遍。主考官崔郾听完什么反应？《唐摭言》中说："郾大奇之。"崔郾特别惊奇，恐怕崔郾的惊奇，不仅是对杜牧文章中表现出来的高远见识，还应该包括吴武陵的处理方法。这么多人在这里，他倒是一点儿也不在乎。吴武陵一看崔郾的表情，赶紧说："请你把他录取为第一名。"崔郾一听，原来在这里等着呢，马上回答："已经有人了。"吴武陵又说："真不行的话，就录取为第五名吧。"崔郾还没来得及回答，吴武陵就说："如果不答应，就把赋还给我。"崔郾赶紧回答说："好的，好的，就按你说的，第五名吧。"这还没考试呢，名次都已经确定了！

送走吴武陵，崔郾回到送行的其他人中间，说："刚才吴太学又给我推荐了个第五名。"有人就问："推荐的是谁？"崔郾说："杜牧。"送行的人中有认识杜牧的，就提醒崔郾说，杜牧这个人有些不拘小节。但是崔郾回答说："我已经答应吴武陵了，即便杜牧是个贩夫走卒，也不能再变了。"就这样，杜牧被录取为第五名。[1]

三、疏野放荡的个性

那位在崔郾面前说杜牧"不拘细行"的人，目的是什么？无非是不让崔郾录取杜牧。那么此人是故意

1 初未第，来东都，时主司侍郎为崔郾，太学博士吴武陵策蹇进谒曰："侍郎以峻德伟望，为明君选才，仆敢不薄施尘露。向偶见文士十数辈，扬眉抵掌，共读一卷文书，览之，乃进士杜牧《阿房宫赋》。其人，王佐才也。"因出卷搢笏朗诵之，郾大加赏。曰："请公与状头。"郾曰："已得人矣。"曰："不得，即请第五人。更否，则请以赋见还？"辞容激厉。郾曰："诸生多言牧疏旷不拘细行，然敬依所教，不敢易也。"

——《唐才子传校笺》（三），北京：中华书局，1990年，第194~195页。

诋毁杜牧，还是有所依据呢？他还真没有冤枉杜牧。杜牧长得很漂亮，而且好歌舞，行为放荡不羁。我们举一个例子吧，这是他考上进士之后的事情了。大和末年，杜牧在湖州看到一个女子，漂亮，但年龄还小，刚十来岁，杜牧就喜欢上人家了。可是姑娘还没有成年呢，不能嫁给杜牧啊。杜牧有办法，先交定金，约定十年之后来湖州当官，到那个时候姑娘也大了，再娶她为妻。

结果这一走就是十四年，直到周墀当宰相，杜牧才有了到湖州当官的机会。一到湖州，杜牧第一件事就是到姑娘家去。一敲门，姑娘出来了，怀里抱着一个孩子，身后跟着一个孩子。杜牧那个伤心呀，当年的小姑娘，已经成俩孩子的妈了。姑娘没有等你，能怨人家姑娘吗？说好的十年，你没有按时兑现诺言，又不“打个电话”“发个短信”解释一下原因，怨不得别人。杜牧为此还写了一首诗：“自恨寻芳去较迟，不须惆怅怨芳时。如今风摆花狼藉，绿叶成阴子满枝。”（《怅诗》）这算是一个小插曲吧，也有助于我们全面地了解杜牧。

如果说王维被玉真公主推荐还用了一些手段的话，杜牧被吴武陵推荐则纯属吴武陵自愿。杜牧本人在这里根本就没有出场，没有求着吴武陵帮忙，吴武陵完全是出于对杜牧才华的欣赏和自己的古道热肠。

不能不说，不管是玉真公主推荐王维还是吴武陵推荐杜牧，他们推荐的都是人才，这也算是科场美谈了。其实，在当时的科举考试中，这样的美谈还真不少。

荐举美谈

上面所讲到的玉真公主推荐王维做头名、吴武陵推荐杜牧做第五名两个案例，推荐人不仅插手其中，而且直接决定了被推荐考生的名次。虽然两个人推荐的王维、杜牧都是人才，但他们要么以权势压人，要么以迂腐耿直强迫，都有点儿霸王硬上弓的味道。

其实，那些有大局观念的主考官是渴望有人向他们推荐人才的，而且他们也不会过于在乎推荐者的身份，所以推荐的时候完全可以采取一些更合适的方式。

一、榜成龙虎

贞元八年（792），兵部侍郎陆贽负责科举考试。在录取的时候，补阙梁肃和郎中王杰帮了他很大的忙，给他推荐了不少人才，其中梁肃推荐的八个都被录取了。在这八人之中，有一个我们特别熟悉的，就是韩愈。我们今天誉韩愈为“唐宋八大家”之首、“文起八代之衰”等，恨不得把所有的光环都加到他的头上，其实当年韩愈的考试历程也很不顺。据他自己说，他是“四举于礼部乃一得”（《上宰相书》），等于说“复读”了三年，考了四次才成功。而韩愈第四次考试成功，还在很大程度上得益于梁肃的推荐。

据王定保《唐摭言》介绍，和韩愈同一年考上的还有李观、李维和崔群，这四个人在考试之前早已是好朋友了。他们相约一块儿去拜访梁肃，但是三年里四个人去了无数次，梁肃都没有见他们。不过，梁肃发现这四个人每次都是一块儿来一块儿走，有些奇怪，于是就在他们又一次来访的时候接见了他们。梁肃通过和四个人谈话及看他们的文章发现，这四个人文学才能都很出众。梁肃还懂得一些相面术，通过他们的言谈举止看他们的心胸气度，梁肃觉得李维和崔群谈吐得当，气度不凡，有担当，将来必会位极人臣，于是就把这四个人推荐给了主考官陆贽。后来这四个人全是名人，是国家倚重的人才，因此被人们称为“龙虎榜”。我们前面说梁肃推荐了八个人，其他四个人呢？其他四个人分别是欧阳詹、王涯、冯宿、庾承宣，也都是中晚唐时期响当当的人物。王杰推荐的考生，同样是才能与品行双优的人。梁肃与王杰帮助陆贽成就了“得人皆煊赫”的美名，也成了科举史上的美谈。

二、如此双簧

梁肃和王杰向陆贽推荐考生，几乎就是商量着来的，没有经过别人的转述，当时人们把这种情况叫作“通榜”。但也有一种可能，想推荐的人和主考官不能直接对上话，只能再找一个能对上话的人帮忙，就像演双簧一样，看着前面的人在张嘴，实则是后面的人在说话。我们就暂且称之为

“如此双簧”吧。

韩愈知道考试不容易，自己就是在梁肃的推荐下成功的，所以他特别能理解考生的心情，因此他也就愿意站在考生的角度去想问题，为考生做推荐人。贞元十八年（802），权德舆主持科举考试，韩愈就推荐了侯喜等十个人。可是，韩愈当时只是个四门博士，也就是在四门学当老师，这里的学生家庭出身不像太学、国子学那样高，所以老师的级别自然也高不到哪里去。官场上是很讲究对话级别的，用我们的俗话说，韩愈想找权德舆啊，有些够不着嘴。怎么办？韩愈就找了个中间人陆傪，让陆傪找权德舆去推荐。名义上是陆傪推荐，实际上还是韩愈推荐的，陆傪向权德舆说的都是韩愈的意思。

陆傪能和权德舆说上话吗？韩愈既然找他，肯定有他的道理。这个陆傪与权德舆关系特别好，虽然两《唐书》中没有为陆傪立传，我们不知道他和权德舆到底是什么关系，但从权德舆给陆傪写的墓志铭中能发现，这俩人的关系可不一般。权德舆说，他和陆傪“相视莫逆，行二十年”（《陆君墓志铭》）。这个陆傪还真帮了韩愈的忙，韩愈推荐了十个人，陆傪都介绍给了权德舆，这一年录取了六个，成功率还是很高的。

陆傪为什么愿意帮韩愈呢？应该说包含两个方面的原因：第一，陆傪有公心。陆傪为人正直，从善亲仁，韩愈所推荐的人都是德行和文章出众者，是将来可以担当重任的人，也是朝廷所需要的人才，所以陆傪愿意帮忙。第二，韩愈会说话。韩愈在给陆傪写的信中说：“执事之与司贡士者相知诚深矣，彼之所望于执事，执事之所以待乎彼者，可谓至而无间疑矣。彼之职在乎得人，执事之志在乎进贤，如得其人而授之，所谓两得其求，顺乎其必从也。”（《与祠部陆员外书》）这里的执事就是对陆傪的敬称。韩愈把陆傪和权德舆猛夸了一通：先说你们俩关系好啊，主考官权德舆就等您给他推荐人才了，因为他相信您啊；接着又说，主考官的职责是选拔人才，您是志在推荐人才，如果有合适的人才推荐给主考官，既成全了主考官选才的美名，也成全了您推荐人才的美名，多好啊。这么一忽悠，陆傪就行动了。不过，人家韩愈说的都是实在话。看来韩愈还是很讲究说话技巧的。

从我们所讲的这些故事可以发现，唐代科举考试中推荐还是很流行的，而且一旦被合适的人推荐，成功率就会大大提高。但不是每个考生都那么幸运，因为要想被推荐，不能等，得主动行动。那么到底需要怎么行动呢？

第十讲

伯乐在哪里

在唐代的科举考试中，有名望的人向主考官推荐考生甚至直接决定名次，几乎就是一个公开的秘密。但是作为考生，并不是每个人都那么幸运，能够得到贵人相助。

我们今天说，机会总是留给那些有准备的人的，这句话听着很俗套，但真的很有道理。只有考生自身强大，积累了足够引起他人关注的资本，他人才会投来青睐的目光。而在那个时代，资本积累够了，还不能全凭科场一战定输赢，要去寻找能够帮助自己的贵人，寻找能够发现自己才能的伯乐。这就是下面要讲的行卷和干谒问题。

行卷的用意

一、什么是行卷

行卷和干谒是古代文人的一种常规社交活动。干谒就是为了一定的目的去拜访、求见比自己强的人。什么是行卷呢？就是考生去拜访可能帮助自己的达官贵人时不空着手去，要带自己的作品。也就是说，把平时创作的能够表现自己水平的诗文选出来一部分，装订成册或者写成卷轴，送给去拜访的那个人，让对方了解自己的水平，好帮自己向主考官美言几句，从而为自己科举考试取得成功加分。

如果过了一段时间，这个行卷没有什么反应，也就是没有收到什么效果，那就还得再来一次，叫作温卷。这就是赵彦卫在《云麓漫钞》卷八中所说的“唐之举人，先借当世显人，以姓名达之主司，然后以所业投献，逾数日又投，谓之温卷”。这里所说的显人就是有名望的人，主司就是主考官。第一次送诗文叫行卷，第二次送诗文叫温卷。为什么要行卷？为什么要温卷呢？

二、先声夺人

考生们为什么不靠自己的笔杆子在科场上一战定乾坤，非要低声下气地去寻求一些外界的帮助呢？应该说包含两个方面的原因：首先是有利于宣传。当时，每年的考生都不在少数，少则上千人，多则数千人。那个时候不像我们今天有很多大赛，因为拿了什么级别的奖项，所以声名早著，高考的时候还能被保送。那个时候除了闷着头读书，就是小范围切磋一下，你在家里那一亩三分地上有名声，到了京城谁知道你是老几啊！怎么能够让人知道呢？在夯实自己的基础之后，找那些有地位的人为自己宣传一下，当时叫延誉，用今天的话说有点儿类似炒作，提前制造舆论，为的是先声夺人。当一个考生的名字经常出现在人们的口中或者耳边的时候，成功就是“笋子上抓窝窝，手到擒来了”。录取是人心所向，不录取则是主考官遗失人才，就是落榜了，还能落得个含冤负屈的好名声。

《唐诗纪事》中说，朱庆馀参加进士科考试之前，认识了水部郎中张籍。张籍让朱庆馀把新写的诗歌给他，从中选出来二十六首，整天带在身上，见人就称赞朱庆馀的诗好。因为张籍和韩愈关系好，是韩门弟子，所以他介绍的肯定错不了，于是很多人也纷纷抄写诵读。[1]接近考试的时候，朱庆馀心里还是不大踏实，于是又写了一首诗，题目是《闺意献张水部》，又叫《近试上张水部》，诗是这样的：

洞房昨夜停红烛，待晓堂前拜舅姑。

妆罢低声问夫婿，画眉深浅入时无？

朱庆馀在这里把自己比成一个新婚的小娘子，把张籍比成自己的丈夫，把主考官比成公婆。新婚第二天，新娘子打扮好了，准备去拜见公婆，又担心自己的装束公婆不喜欢，于是就问丈夫：我画的眉毛颜色深浅合乎流行的样式吗？那意思是说，老张啊，我的诗歌主考官到底会不会喜欢啊？挺含蓄的！

张籍为了让朱庆馀放心，也非常含蓄地回了一首诗《酬朱庆馀》：

越女新妆出镜心，自知明艳更沉吟。

齐纨未是人间贵，一曲菱歌敌万金。

1 庆馀遇水部郎中张籍知音，索庆馀新旧篇什，留二十六章，置之怀袖而推赞之。时人以籍重名，皆缮录讽咏，遂登科。

——《唐诗纪事校笺》，北京：中华书局，2007年，第1256页。

张籍的意思是说，你就像刚刚妆扮好的越地美女一样，明知道已经很漂亮了可还是不放心。即便是那些穿着华贵、浓妆艳抹的女子，也比不上你这个唱着采菱曲的姑娘啊。意思是告诉朱庆馀，你把心放在肚子里吧，一点问题都没有。这之后，朱庆馀的名声更大了。

其次是有利改卷。当时是统一集中改卷，不糊名，就是没有密封，名字是可以看到的。密封是到了宋代才有的事情。又不像我们今天，一题只由一部分老师负责，当时改卷的就那么几个人。虽然是分三场考试，实行每场淘汰制，但任何一场改卷时间长了都容易困，一困就容易不负责任。那个时候考试题目多数出自儒家经典或者历史典故，都是很雅正的，只能在规定的思想范围内发挥，一句都不敢乱说；即便出自现实生活的题目，也是要歌颂当时的时代，很少有批判性的。当然了，考生们是很聪明的，为了能够考上，往往多说拜年的话，因此几乎千篇一律歌功颂德，所以缺乏令人振奋的个性化试卷。

在这种情况下，改卷的官员就容易出现柳宗元所说的状态："读不能十一，即偃仰疲耗，目眩而不欲视，心废而不欲营。"（《送韦七秀才下第求益友序》）那怎么办呢？只能不负责任地给分了。所以在这种情况下，有几个冤死鬼一点也不意外，柳宗元毫不客气地批判说："如此而曰吾不能遗士者，伪也。"但是，如果有人曾经帮某个考生打过招呼，那就不一样了。主考官改到他的卷子的时候，自然会比别的卷子多看几眼，只要卷子答得可以，分数自然就上去了。

我们可以简单举个例子。贞元十二年（796），李程参加进士科考试，考的杂文题目是"日五色赋"。李程的赋本来写得是很漂亮的，结果万万没有想到，改卷的时候竟然被毙掉了，他落榜了。还好，李程遇见了一个生命中的贵人杨於陵，杨於陵拿着李程的草稿去找主考官吕渭，让吕渭看这个草稿。吕渭一看，文章写得很漂亮，杨於陵就问，如果考场中有这样的卷子，你怎么办？吕渭说，那还能怎么办，肯定录取啊。杨於陵赶紧说，可是这个考生已经被你毙掉了。吕渭不相信，急忙找出来李程的卷子，拿着草稿一对，一个字都不错，于是赶紧把李程补录了；不仅补录了，还是第一名，状元及第。[1]你看，这个吕渭开始改李程卷子的时候，肯定没有好好看，胡乱扫了两眼给了个分，这再仔细一看，明显是两个结果。

根据李程这个例子我们可以下结论了，行卷这个活动对于当时的考生来说很重要。这就是韩愈在《为人求荐书》中所说的“伯乐一顾，价增三倍”。正是因为那些名人的宣传在科举考试中有着举足轻重的意义，所以每到考试之前，那些明公显贵的家门前就会人来人往，“请谒者如林，献书者如云”（白居易《与陈给事书》）。考生们都想博得这些名人的青睐，从而为自己获取科第文名增加点砝码。

1 程贞元中试《日五色赋》，破题云“德动天鉴，祥开日华”。其卷已黜，杨於陵质之主文吕渭，于是已落重收。

——《唐诗纪事校笺》，北京：中华书局，2007 年，第 1404 页。

白居易行卷那些事儿

仔细看看，这个熙来攘往的人群之中，还真有咱们的熟人，谁呢？白居易。

一、乐天其人

白居易我们都不陌生，他是唐代著名的诗人，不仅写出了大量关注民生疾苦的现实主义作品，比如我们熟悉的《卖炭翁》，还写出了流传千古的《琵琶行》和《长恨歌》，以至于唐宣宗李忱总对他念念不忘。宣宗皇帝还写了《吊白居易》诗以作纪念，其中后四句说：“童子解吟长恨曲，胡儿能唱琵琶篇。文章已满行人耳，一度思卿一怆然。”意思是说，小孩子都会背诵白居易的《长恨歌》，少数民族都知道白居易的《琵琶行》。可见白居易的诗文传播范围之广，接受层次之多。

白居易一生没少参加考试，他可不是因为笨而总是考不上，而是学习踏实，一直追求进步。白居易前后参加过三次国家级的选拔考试：贞元十六年（800），白居易参加进士科考试，被录取。这一年他是被录取的人当中最年轻的，用他自己的话说就是“十七人中最少年”。贞元十九年（803），白居易参加吏部的书判拔萃科考试，被录取。元和元年（806），白居易参加制科才识兼茂明于体用科考试，被以第四名录取，当时这个科目录取的第一名是元稹。所以白居易在《与元九书》中曾经说："十年之间，三登科第，名入众耳，迹升清贵。"这也算是人生美谈了。

但是白居易刚到长安的时候，也是两眼一抹黑——"中朝无缌麻之亲，达官无半面之旧"（《与元九书》）。缌麻是一种丧服，指五服之中最轻的孝服，白居易这句话意思是说，朝中既没有亲戚，也没有朋友，连个能帮自己的人都没有。那怎么办呢？只有靠自己单打独斗了。

二、行卷顾况

刚到京城长安的时候，白居易只是一个默默无闻的年轻人，并没有人关注他。为了扩大自己的影响，白居易决定在学习之余行动起来，去拜访一些比较有名望的人。经过权衡，他选定了顾况，然后把自己认为还不错的诗歌选出来一部分带着去了顾况府。白居易递上自己的拜帖，顾况一看，呵，白居易，白白住着还挺容易，这名字有点儿意思。其实，这是顾况望文生义了，人家白居易的名字不是这个意思。

顾况是当时著名的诗人，又是现任官员，另外这个人还有点儿傲慢。顾况一看白居易叫这么个名字，就说："长安百物贵，居大不易。"（《唐摭言》卷七）看来顾况对白居易的名字很不感冒！人家叫什么名字是其次，主要是向你来行卷的，看看作品吧。顾况翻开白居易的诗歌一看，第一首《赋得古原草送别》，顾况只看了个开头就赞叹不已，开头四句我们都很熟悉："离离原上草，一岁一枯荣。野火烧不尽，春风吹又生。"就这四句诗，改变了顾况刚才傲慢的态度，顾况说："有句如此，居天下有甚难！老夫前言戏之耳。"（《唐摭言》卷七）

白居易的这首诗征服了顾况。我们总是说，文如其人，"在心为志，发言为诗"，诗歌是一个人的心声，是能表现作者心胸气象的。白居易这几句诗，首先揭示了大自然的现象：原野上的花草一年一度繁荣又枯萎，纵然有野火烧掉了枯黄的草叶，但在春风的吹拂下，嫩芽又冒出了地面，依旧表现出一派欣欣向荣的景象。这无疑是对生命的礼赞，也是作者奋发向上的精神写照。顾况读了，感受到一种蓬勃的动力。于是到处为白居易做广告，使白居易在长安声名鹊起。

三、考后忐忑

一般行卷都是在考试之前，因为目的是考试之前能得到得力之人的宣传，从而为考试成功提供一定的帮助。但也会出现考试完之后心里不踏实，再去找相关人员帮助的，白居易就是如此。贞元十六年（800），白居易参加进士科考试，当年赋的考试题目是“性习相近远赋”，一听就知道出自《论语》。这是一篇要求考生论述关于学习和慎重选择学习内容对于一个人社会本性养成关系的议论文。

白居易出了考场之后，心里不是十分有把握，于是就把考场上写的赋趁热打铁默写了一遍，然后拿着去拜访校书郎李逢吉。[1] 李逢吉正好要出去办事，于是接过来白居易的赋边走边看，没想到刚一看开头就被吸引住了。白居易开头是这样写的：“噫！下自人上，达由君成，德以慎立，而性由习分。”（《唐摭言》）白居易一改“我皇”“国家”“嗟乎”这些开头的老套，用一个“噫”字引起读者的注意，简洁痛快！接下来又破题点明“慎”“习”的重要性，既是当头棒喝，又显得语重心长；既贴切题意，笼罩全文，又开门见山，出手不凡。因此李逢吉大奇之，“遂写二十余本。其日，十七本都出”（《唐摭言》）。白居易这一年不仅成功考取功名，他的这篇文章还成为后来文人们学习的楷模，“新进士竞相传于京”（《旧唐书》）。

1　白乐天一举及第，诗曰：“慈恩塔下题名处，十七人中最少年。”乐天时年二十七。省试《性习相近远赋》《玉水记方流诗》。携之谒李凉公逢吉。公时为校书郎，于时将他适。白遽造之，逢吉行携行看，初不以为意；及览赋头，曰：“噫！下自人上，达由君成，德以慎立，而性由习分。”逢吉大奇之，遂写二十余本。其日，十七本都出。

——《唐摭言》，丛书集成初编本，第 36 页。

陈子昂一摔成名

白居易不仅找到了行卷的对象——顾况，而且顾况看了他的诗歌，还替他宣扬了名声。很多人就远没有白居易那么幸运了，你想拜访人，得知道拜访谁啊。比如初唐的陈子昂，就没有可拜访的人，只好不走寻常路了——摔琴自举。

一、陈子昂其人

陈子昂，字伯玉，四川人，家里很富有。陈子昂的爷爷因为是豪杰，被梁武帝任命为郡司马。他的父亲为人仗义，在饥荒年月的时候，曾经“出粟万石赈乡里”(《新唐书 · 陈子昂传》)。后来，陈子昂的父亲“举明经，调文林郎”，也当官了，不过级别不高。

有这样的家世背景，陈子昂的少年时代会如何呢？《新唐书 · 陈子昂传》中说：“子昂十八未知书，以富家子，尚气决，弋博自如。”十八岁之前没有读过书，整天任侠使气，打架斗殴，城外打猎，城里赌博，整个儿就是一个问题少年、败家子儿。谁家要有这么一个孩子，非愁死不可！但陈子昂知错能改。一天，到学校去玩，看到和他同龄的人都在发奋苦读，觉得这才是正道，于是痛改前非，折节向学。《唐才子传》中是这样说他的——“精究坟典，耽爱黄、老、《易》、庄”。陈子昂博览群书，对《易经》和道家学问情有独钟。

经过几年的勤奋苦读，陈子昂脱胎换骨，再也不是当年那个弋博自如的纨绔少年了，变成了一个满腹才华的学者。我们今天的很多年轻人，因为没有珍惜本该珍惜的求学时光，等到发现了自己错误的时候，又总是悔恨并没有付诸行动，结果只能是浑浑噩噩。陈子昂绝对是这些人学习的励志楷模。陈子昂的经历告诉我们，认识到错误不能只是心动，关键是要切切实实地去学习完善自己。

二、智摔胡琴

古人常讲，“学成文武艺，货与帝王家”。一个人要想实现更大的人生价值，必须放弃小我，成就大我。而当时的常规途径就是当官，在官场上发挥自己的才能，匡扶英明的君主，实现天下太平的景象。陈子昂也是这么想的，他经常渴望着自己能够遇到像燕昭王那样的明君。为了实现他建功立业的宏伟愿望，陈子昂也踏上了科举考试的道路。

二十一岁的时候，陈子昂来到京城长安，但并没有人认识他，所以也没有人替他做宣传。第二年，也就是永隆二年（681），陈子昂参加在洛阳举行的科举考试，结果是可想而知了，落第西归。回家休息了一段时间，陈子昂又回到了京城，参加文明元年（684）的进士科考试。这次他吸取了上一年的教训，不能再这么默默无闻地考试了，得闹出点动静来。

《独异记》里说，陈子昂发现，京城大街上有个卖胡琴的，要价百万，那些豪门权贵也是只看不买，因为大家都不知道这种琴的妙处，当时胡乐在中原还不流行。陈子昂灵机一动，就在大家议论纷纷的时候挤进了人群，“辇千缗，市之”。一缗是一千文，这样正好一百万，陈子昂用车子拉了一百万的钱，买了这把胡琴。大家一看，这个年轻人出手如此阔绰，就惊问：你会弹吗？陈子昂回答说：“予善此乐。”何止会弹啊，我非常擅长这种乐器。大家赶紧请求说：“可得闻乎？”陈子昂不紧不慢地说：“明日可集宣阳里。”意思是说明天大家都到我住的地方来吧，我举办个人音乐会。

大家信以为真，于是一传十，十传百，第二天人们蜂拥而至。到了约定地点，大家发现陈子昂已经准备好了酒菜，胡琴也已经支好了。陈子昂先招呼大家吃了一点东西，然后把昨天重金买来的那把胡琴举了起来，说：“蜀人陈子昂，有文百轴，驰走京毂，碌碌尘土，不为人知。此乐，贱工之役，岂宜留心？”（《独异记》）说完，陈子昂把胡琴重重地摔在了台下，胡琴被摔得粉碎。摔完之后，陈子昂把自己的诗文取了出来，凡是来参加自己音乐会的人手一份。就这样，一天之间，陈子昂的名字就传遍了京城。这天来听音乐会的，有不少是达官贵人，经过这些人的宣传，陈子昂这一年果然考中了进士。

遇到贵人了

陈子昂这个方法虽然很有趣，充满了智慧，但是他这一摔，可是摔掉了一百万啊，这广告费也太贵了，这不是一般人能做到的。一般人想的是，尽可能投入小一点，收效大一点。会有这样的好事？世界之大，无奇不有，还真有，这就是牛僧孺的经历。

一、初访获誉

贞元二十一年（805），牛僧孺到京城参加科举考试。当时，韩愈和皇甫湜的名声很大，而且这两个人很乐于提携有才学的年轻人，比如我们前面讲过，韩愈就曾经通过陆修推荐了侯喜等十个人，所以很多读书人到了京城，都要去结识这两位伯乐。牛僧孺也不例外，一到京城连住的地方都没有安顿，就急急忙忙去拜访韩愈和皇甫湜，希望能得到两个人的推荐。

很幸运，牛僧孺还真顺利见到了二人，而且二人正好在一起，牛僧孺分别向两位呈上自己提前准备好的诗文。韩愈打开牛僧孺的诗文一看，第一篇是写音乐的，韩愈问了几个问题，牛僧孺对答如流。两个人非常欣赏，问："你住在哪里呢？"牛僧孺回答说："我刚到京城，能不能考上心里也没有底儿，您两位要说我考不上，我就不费事找住的地方了。"韩愈说："吾子之文，不止一第，当垂名耳。"（《唐摭言》卷六）那意思是说，小伙子前途无量啊！牛僧孺听了韩愈这话，就找了家客店安顿了下来。

二、回访未遇

韩愈和皇甫湜这俩人还真挺有意思，专等牛僧孺出去的时候，两个人过去拜访。结果可想而知啊，没见着，人家韩愈和皇甫湜要的就是这个结果。既然没见着，又想让牛僧孺知道自己来过了，怎么办？留个便条吧。韩愈拿起笔来，在牛僧孺住的那间房子的房门上写了一句话："韩愈、皇甫湜同访几官先辈，不遇。"（《唐摭言》卷六）"先辈"是当时对读书人的敬称。那意思是说，韩愈和皇甫湜一块儿来拜访你，没遇到。

就这一句话便收到了意想不到的效果，第二天，牛僧孺住的地方"观者如堵"，人围得里三层外三层。大家都在想，这个牛僧孺是何等人物啊？连韩愈和皇甫湜这样的人都来拜访他，平时都是别人拜访这俩人啊，这次怎么反过来了？能让这俩人主动来拜访的，肯定不是一般人，于是大家纷纷拿着自己的名片来拜访牛僧孺。"由是僧孺之名，大振天下"（《唐摭言》卷六），几乎没有人不知道了。当然，牛僧孺这一年考进士就很顺利了。正如韩愈所言，牛僧孺前途无量，后来在唐穆宗、唐文宗两朝担任宰相。

考生们在考试之前想尽办法要得到那些名人的帮助，其实已经进入了残酷的竞争。不过，与考场上相比，考场外的竞争多少还有点儿温情，一旦进了考场，竞争才真正进入白热化。这种白热化，究竟是一种什么样的表现呢？

第十一讲

激烈的解元之争

参加科举考试的举子们在考试之前，努力寻找能够帮助自己的贵人，其实就是在竞争，是通过自己的才能进行人脉竞争。当然了，人脉竞争说到底主要还是才能的竞争，毕竟没有才能也很少会有人搭理你。如果我们把这看作竞争前奏的话，那么考场上的竞争则是一场没有硝烟的战争。

我们经常说，考场如战场，不仅是说考试成败难以把握，还有一层意思，就是考场上进行的是激烈的竞争，虽然没有战场上那么血腥，但也相当白热化。

下面就请各位随我到唐代的科场上参观一下，不过，我们要参观的科场不在京城，而是在州县，属于地方选拔考试。

为什么受伤的总是我

我们要讲的这个故事，就收录在王定保的《唐摭言》中，确切来说就是卷二的“争解元”条。什么是解元呢？就是各地向朝廷举送考生时选拔考试的第一名，因为有的地方考生很多，就需要先筛选一次，把不合格的淘汰出局，然后把合格的再排个名次。这么看来，每一年的状元全国只有一个，可是解元却在每个有举送考生资格的地方都会有一个。

这个故事中牵涉三个人物：第一个是主考官华州刺史令狐楚；第二个是考生卢宏正；第三个是考生马植。我们先来简单了解一下令狐楚。

一、令狐楚其人

令狐楚是令狐德棻的儿子，中晚唐时期的大文豪，五岁就会写文章了。贞元七年（791），二十岁的令狐楚考取了进士。据说当时京兆尹排名次，本来打算把令狐楚列为状元，但是有个叫许正伦的考生一直在争，而且这个许正伦在京城长安还颇有名声，于是令狐楚就“让而下之”（《新唐书 · 令狐楚传》)，把第一名让给了许正伦。[1]

令狐楚早年因为文才出众，担任了太原节度使幕府的掌书记，他写的奏文每一次都会受到德宗皇帝的称赞。令狐楚在太原幕府任职期间，太原节度使郑儋没有任何征兆突然死了，所以没有来得及安排后事。没有安排后事自然会出麻烦，因为当时德宗皇帝对方镇的原则是节度使死了就由军司马接替，不再另外派人了，可是需要节度使提前向皇帝打报告。现在，郑儋突然死了，不可能打过报告啊，所以大家就担心出岔子。太原的军队有些骚动，甚至可能哗变，十几个将领拿着刀来找令狐楚，让他草写遗奏。换一般文人，被一群如狼似虎的将军拿着刀怒气冲冲地围着，早吓傻了，可是令狐楚很坦然，面不改色，非常从容地写好了遗奏，然后让大家看。将士们看了令狐楚写的文章，感动得都哭了。《新唐书》中这样说，“皆感泣，一军乃安”，一场即将爆发的兵变被令狐楚的一篇文章化解了。就从这一件事上，我们不难窥见令狐楚的文才。元和十三年（818）四月，令狐楚被朝廷任命为华州刺史，其间他进行了解试改革。

1 令狐楚，字殼士，德棻之裔也。生五岁，能为辞章。逮冠，贡进士，京兆尹将荐为第一，时许正伦轻薄士，有名长安间，能作蜚语，楚嫌其争，让而下之。
——《新唐书》，北京：中华书局，1975年，第5098页。

二、解试改革

因为令狐楚本身文才出众，所以他非常重视有文才的人，这在他任华州刺史的时候就充分表现出来了。当时州府的选拔考试基本是在秋季进行的，所以叫“秋赋”或者“秋贡”。令狐楚四月被任命为华州刺史，所以没有耽误华州当年的秋赋。据文献记载，自从初唐神龙时期就形成了三场试的传统，不管是国家级的考试，还是地方政府的选拔考试，都照此执行。可是令狐楚到了华州之后，却实行了改革——考五场。这就是王定保《唐摭言》中所说的“特加置五场”，改革力度还不小。

这五场都是什么呢？王定保在《唐摭言》中指出，“盖诗、歌、文、赋、帖经为五场”。诗指近体诗，歌指古体诗。从这前四种文体不难看出，令狐楚对考生文才的重视程度是相当高的。在令狐楚之前，每年到华州刺史这里请求推荐的人都不下十多个，因为“同、华解最推利市，与京兆无异，若首送，无不捷者”。就是说，同州、华州和京兆府一样，推荐上去的考生非常受重视，如果是第一名解元，那基本就算成功了，所以大家才纷纷到华州参加选拔考试。可是元和十三年（818）却变得门庭冷落。为什么呢？因为以前考的是名气，现在考的是才气。所以“虽不远千里而来，闻是皆浸去”（《唐摭言》），一打听需要考五场，就都悄悄地离开了。看来令狐楚的五场试，还真把不少人给吓住了。

我们常说，没有金刚钻儿，就别揽那瓷器活儿。大凡是一听需要考试就掉头回去的人，肯定都是没有金刚钻儿的。不过，在这些来请求推荐的举子当中，还真有一个留了下来，这样才没有让令狐楚太没面子。这个留下来的举子叫卢宏正。

三、卢宏正应举

《唐摭言》中说“唯卢宏正尚书，独诣华请试”。这里所说的尚书是他后来的官职，可不是去考试的时候就已经是尚书了。不论如何，华州没有因为举子们怕考试被剃了光头，所以作为华州刺史的令狐楚特别看好卢宏正。

令狐楚看好卢宏正具体是怎么表现的呢？

第一个方面是招待规格高。《唐摭言》中记载：“公命供帐酒馔，侈靡于往时。”“侈靡”不就是铺张奢侈的意思吗？朝廷是有在考试的时候为考生提供食物的规定，但那也就是能保证吃饱，距离吃好还是有一定差距的。卢宏正这次不仅能吃饱，而且能吃好。这在华州以前是没有过的，所以很轰动，人们全过来参观了，把卢宏正围了个里三层外三层。卢宏正自然是非常得意。其实，令狐楚是把卢宏正当成活广告了。

第二个方面是考试时间长。卢宏正本来就觉得自己文才不错，现在又没有一个竞争对手，这下爽了，可以独步文场了，肯定稳操胜券。令狐楚对卢宏正说，一天只考一场，“务精不务敏也”（《唐摭言》）。质量第一，不求速度，目的是让卢宏正把自己的才华发挥到极致。我们前面曾经讲过，考试是有很多规定的，考生们需要戴着镣铐跳舞，所以在规定的时间内很难写出高水平文章，甚至可能还没有等考生酝酿好情绪呢，就该交卷子了。现在，令狐楚为了让卢宏正发挥出真正的水平，规定一天就考一场，不用着急。

可是，意外还是发生了。

四、马植爆冷

当考试进行到第三天的时候，也就是卢宏正已经考了两场了，竟然又有一个人到华州来参加考试，这个人叫马植。更意外的是，这个马植还是个将家子，也就是他们家是武将出身。一个人的家学是很重要的，有什么样的家庭环境，就容易学习什么样的本领。马植的家里是练武的，按照常理，马植应该舞枪弄棒、效力疆场才对。可是现在他却走进了选拔文官的考场，这是让很多人没有想到的，不少人自然对他的文才持怀疑态度了，认为马植不该过来凑这个热闹。不过，令狐楚却觉得，说不定这个马植是一匹黑马呢。

马植赶到这一天正好考试赋，令狐楚规定的题目是“登山采珠赋”。单看这个题目我们可能会觉得有些奇怪：登山求玉、入海采珠，这才是对的，怎么跑到山上去找珍珠呢？这不是缘木求鱼、反其道而行之吗？其实，令狐楚之所以这样命题，应该也是在告诫人们，不管干什么事情都要讲究规律，不能背道而驰。如果不明白这个道理，只管闷着头在那里写，文才再好也只能是不明就理。

马植的文章怎么样呢？好。但是马植这篇赋的全文没有留下来，只留下来几句话。可就是这几句话，让令狐楚大为叹服；就是这几句话，把卢宏正毫不留情地拍到了沙滩上。这几句话是怎么说的？——“文豹且异于骊龙，采斯疏矣；白石又殊于老蚌，剖莫得之。”（《唐摭言》）“文豹”就是豹子，住在山林之中；“骊龙”就是黑龙，生活在深水中，颔下有珍珠；“老蚌”就是产珍珠的蚌。意思是：豹子和骊龙是不一样的，一个生活在山上，一个生活在水中，骊龙的下巴下面有珍珠，所以采珍珠应该到骊龙生活的水中，如果到豹子生活的山上去采珍珠，那就会达不到目的。山上有的只是石头，即便是石头很洁白，也不能和孕育珍珠的老蚌相比，因为剖开石头里面也不会有珍珠。就这几句话已不难发现，马植对这个问题认识很深刻、到位了。所以，“公大伏其精当，遂夺宏正解元”（《唐摭言》）。卢宏正真够悲催的，已经比马植多考两场了，折腾得动静也挺大，结果还是白忙活了，架不住人家马植一篇赋写得好。看来，考场如战场，胜败就在一瞬间啊，本来稳操胜券的事都可能出现意外。

马植好像是卢宏正天生的对手，不仅体现在科考上，而且体现在工作中。一次，朝廷原来派卢宏正主管盐铁事务，可是没过多久，又改成了让马植负责。为此卢宏正写了一封短信和马植开玩笑说："昔日华元，已遭毒手；今来鹾务，又中老拳。"（《唐摭言》）意思是说当年考试的时候，我的华州解元被你夺走了，现在我负责的盐铁事务又被你夺走了。

一决胜负

白居易在做杭州刺史时，见证并主持过两个才子的解元之争。下面我们分四部分来讲。

一、走近才子

这两个才子，一个叫徐凝，一个叫张祜。这两个人在元人辛文房的《唐才子传》中都占有一席之地，也就是说他们都上了唐才子榜。我们先根据文献记载，来对两个才子简单做一番了解。

首先看徐凝。《云溪友议》和《唐语林》中说徐凝是会稽人，也就是今天的浙江绍兴人，其实这种说法是有问题的。《唐才子传》里讲"凝，睦州人"，白居易也是这么说的。白居易曾经写过一首《凭李睦州访徐凝山人》诗[1]，在这首诗的题目下，白居易自己注释说："凝，即睦州之民也。"《万历严州府志》中关于徐凝的籍贯说："徐凝，分水人。""分水"又是哪里呢？唐人李吉甫的《元和郡县图志》解释说："分水县，本桐庐之西境。"这么看来，徐凝是睦州分水人，也就是今天的浙江桐庐县人。

再来看张祜。《唐才子传》中说张祜是南阳人，也有人认为张祜应该是清河人，不过这都不是他的籍贯。古人有一种习惯，经常称自己的郡望，就是找本姓显贵时的家族聚居地。比如韩愈称自己为韩昌黎，昌黎就是他

1 郡守轻诗客，乡人薄钓翁。解怜徐处士，唯有李郎中。——《全唐诗》，北京：中华书局，1960年，第5192页。

的郡望。南阳和清河都属于张姓的郡望，因此称张祜为南阳人或清河人都有道理。但需要明白一点，这两个地方都不是张祜的籍贯，更不是他当时生活的地方。那么，张祜生活在哪里呢？《唐才子传》中说“来寓姑苏”，“来寓”就是寄居，“姑苏”是指苏州。

这么看来，这两位根本就不是一个地方的人，风马牛不相及，他们两个怎么能为了同一个解元名额争起来了呢？事实上，徐凝和张祜“撞车”，与白居易有关系。白居易可是名人，不仅诗文写得好，而且十年之间，三登科第，有着丰富的科场考试经验，同时有政治远见，还喜欢帮助年轻人。所以，白居易担任杭州刺史期间，成了读书人极力亲近的对象，不仅本州境内的举子们渴望结识他，就连附近其他州县的读书人也渴望得到白居易的推荐。这就是《唐摭言》中所说的“白乐天典杭州，江东进士多奔杭取解”。“典”是主持、主管的意思，“典杭州”就是主管杭州的事务，做杭州刺史。就这样，浙江睦州分水的徐凝和寄居在苏州的张祜也慕名前来。

二、因花相识

先见到白居易的是徐凝。徐凝和白居易相见还有一段浪漫的故事，他们俩是因为一株牡丹花认识的。白居易特别喜欢牡丹花，所以他一到杭州，就让人到处找牡丹花。功夫不负有心人，牡丹找到了，只有开元寺有一株，是惠澄禅师从京城移植过来的，就种在开元寺的院子里。惠澄禅师对这株牡丹非常用心，不仅在周围用篱笆圈着保护起来，而且还用油幕遮在上面，可谓悉心呵护。

原来南方是没有牡丹的，惠澄禅师移植的这株是第一株，物以稀为贵，而且当时人们对牡丹的疯狂是经常见于诗文描述的。比如刘禹锡就说：“唯有牡丹真国色，花开时节动京城。”（《赏牡丹》）白居易也在《买花》诗里说：“家家习为俗，人人迷不悟。”[1] 可见牡丹在唐人心目中的地位。当时正值春光大好，所以前来

1 帝城春欲暮，喧喧车马度。共道牡丹时，相随买花去。贵贱无常价，酬直看花数。灼灼百朵红，戋戋五束素。上张幄幕庇，旁织巴篱护。水洒复泥封，移来色如故。家家习为俗，人人迷不悟。有一田舍翁，偶来买花处。低头独长叹，此叹无人喻。一丛深色花，十户中人赋。——《全唐诗》，北京：中华书局，1962 年，第 4676 页。

参观的人很多，徐凝就是其中的一个赏花人。

文人墨客到哪里都喜欢题诗，徐凝也不例外。据《云溪友议》卷四说，徐凝看完牡丹之后．心有所感，写诗一首：

此花南地知谁种，惭愧僧门用意栽。
海燕解怜频睥睨，胡蜂未识更徘徊。
虚生芍药徒劳妒，羞杀玫瑰不敢开。
唯有数苞红萼在，含芳只待舍人来。

前两句是说这株牡丹花是开元寺的和尚用心栽种的；中间四句是说牡丹的漂亮，小燕子不停地歪着脑袋偷窥，胡蜂也是不停地围着牡丹花飞来飞去，芍药花虽然漂亮，但它依旧比不上牡丹，所以充满了嫉妒，玫瑰干脆因为羞愧而不敢在牡丹面前开放；最后两句，讲这棵牡丹还有未绽放的花苞，为什么没有开放呢？因为它要等待舍人来欣赏。白居易曾任中书舍人，所以这里就有赞誉白居易的意思了。不过，这个时候徐凝和白居易还不认识，他这么写，也只是慕名而已。

可就是这首诗，让白居易对徐凝印象深刻。白居易知道了开元寺有牡丹花之后，自然也是要来观赏的。白居易到了开元寺，因为是杭州刺史，又是名人，所以就会引起很多人的关注。有那好事的人就说，有个叫徐凝的举子欣赏牡丹时写了一首诗，其中结尾说“唯有数苞红萼在，含芳只待舍人来”，这不白舍人真来了。白居易听了觉得有点意思，就让人邀请徐凝，来了个一醉方休，这就成朋友了。当徐凝谈到要考进士时，白居易心里就有了倾向。但还没有做出决定的时候，张祜来了，他要力争解元。

三、张祜力争

白居易和徐凝相识之后，相谈甚欢，经常同醉而归。这天，张祜乘着小船来拜访白居易，目的自然是想得到白居易的推荐，而且他一心惦记着解元。据《云溪友议》讲，这个张祜“甚若疏诞”，行为放达，言谈举止不受世俗的约束。我们可以举两个例子：第一个是写诗不理妻子。《云仙杂记》中记载，张祜写诗苦吟的时候，老婆和孩子叫他，他都不带搭理的。老婆、孩子抱怨他，可是张祜说：“吾方口吻生花，岂恤汝辈？”一旦进入佳境，诗歌比自己的老婆、孩子都亲。第二个例子用李相钓巨鳌。李绅做淮南节度使的时候，非常傲慢，接见个人都分三六九等。可是作为一介布衣的张祜，却成了李绅的座上宾。为什么？因为张祜的名片镇住了李绅。张祜的名片上写着“钓鳌客”，这是学李白的。李绅觉得这个年轻人太傲，就想杀杀他的锐气，于是就见了他。一见面李绅就问：“秀才既解钓鳌，以何物为竿？”张祜说用天上的彩虹。李绅又问：“以何物为钩？”张祜回答说用新月。李绅又接着问：“以何物为饵？”张祜说：“用本朝李相公为饵。”直接把李绅挂钩上了。不过这个回答让李绅大惊，两个人就这样成了诗酒朋友。

张祜有这样的性格，所以充满了自信，再加上自己在江湖上已有的名声，所以“自意必首荐”(《姑苏志》)，觉得自己肯定会被推荐为第一名。《唐摭言》里的张祜，表现得更是坦率，他直接对白居易说：“仆为解元宜矣。”他倒挺不客气！可是，徐凝也想当解元，谁不想当第一啊，俩人又不认识，谁也不服谁，谁也不想让步，这就剑拔弩张地顶上牛了。

徐凝问张祜：“君有何嘉句？”(《唐摭言》) 要想当第一，不得拿出点有说服力的东西吗？如果不比我强，怎么能当解元呢？不是谁脸皮厚敢说就能当第一的。张祜回答说：“《甘露寺》诗有‘日月光先到，山河势尽来’；又《金山寺》诗有‘树影中流见，钟声两岸闻’。”这个张祜性好山水，多游名寺，而且每到一处必然留下诗作，所以在他的诗集中，我们可以看到很多描写游赏佛寺的诗。

这里所提到的《甘露寺》诗在《全唐诗》中作《题润州甘露寺》，写甘露寺地势高，建筑雄伟，登上寺内的楼阁，就有“高步出尘埃”“手可摘星辰”的审美感受。也正是因为高，所以才能登高望远，将江山美色尽收眼底。《金山寺》诗在《全唐诗》中作《题润州金山寺》，这两句虚实相应、动静结合，带领我们感受到了夜月下金山寺那“超然离世群”的世外清幽。张祜之所以提这两首诗，肯定是觉得这两首诗写得好；之所以提这两联，肯定是认为这两联写得妙。

可是徐凝听了之后说：“善则善矣，奈无野人句云：‘千古长如白练飞，一条界破青山色。’”“野人”是徐凝的谦称，意思是说自己是个没文化的人。

徐凝首先肯定了张祜列举的诗歌不错——“善则善矣”，就是“好是好”。这样的表达方式通常意味着有转折，下面还有内容，而且下面的内容才是真正要表达的重点。徐凝的意思是，你这几句诗好是好，可是和我的“千古长如白练飞，一条界破青山色”相比，还是有点距离的。

这两句诗出自徐凝的《庐山瀑布》，虽然有些浅俗，却写出了瀑布飞流而下的气势，如奔马轰雷，令人振奋；同时用一白一青相映衬，既是实写，又突出了层次感和画面的色彩感。让我们在读诗的时候，仿佛置身其间，大自然带给我们山林、瀑布以无与伦比的视觉享受和听觉享受，而且显得浑然天成，没有雕琢的痕迹。高低上下一比就出来了，等到徐凝说完了，结果是什么呢？“祜愕然不对，于是一座尽倾”（《唐摭言》），不仅张祜惊愕地对不上来，其他人也认为徐凝写得好。[1]

四、一决高下

白居易见两人如此，干脆就提议一决高下：“二君论文，若廉、白之斗鼠穴，较胜负于一战也。”（《云溪友议》）

白居易的意思是，你们俩别拿着过去写的诗歌过招了，那些诗歌都是在没有任何约束的情况下写出来的，没有可比性。是骡子是马牵出来遛遛，我给你们两个出题，同题竞作，这样才好比较优劣。“遂试《长剑倚天外赋》《余霞散成绮》诗”（《云溪友议》），一诗一赋，一个侧重壮美，一个侧重柔美。遗憾的是这两个人的两篇作品都没有留下来，所以我们没有办法结合着作品进行比较分析。不过从最后的结果来看，还是能知道谁更高一筹的。最后的结果是什么？“既解送，以凝为先，祜其次耳”（《云溪友议》），说明这一战徐凝占了上风。

其实我们从这两个题目中，已经能感觉到白居易的用心了，当时考试虽然诗、赋并列，但赋比诗更能体现才力。从上面两个人比较诗歌来看，徐凝下笔更具阳刚、古朴之气，张祜早年成名，主要靠的是乐府艳冶之词，

1 白乐天典杭州，江东进士多奔杭取解。时张祜自负诗名，以首冠为己任。既而徐凝后至。会郡中有宴，乐天讽二子矛盾。祜曰：“仆为解元宜矣。”凝曰：“君有何嘉句？”祜曰：“《甘露寺》诗有‘日月光先到，山河势尽来’；又《金山寺》诗有‘树影中流见，钟声两岸闻’。”凝曰：“善则善矣，奈无野人句云‘千古长如白练飞，一条界破青山色’。”祜愕然不对，于是一座尽倾。

——《唐摭言》，上海：上海古籍出版社，2012年，第12页。

靠的就是文辞华美。所以这两个题目，一个适合徐凝的风格，一个适合张祜的特点。但是从文体所体现的才气上来说，无疑张祜已经不占优势。再者，白居易的诗风以通俗质朴为主，也就是说主考官心里已经有了一定的审美倾向。所以，张祜输给徐凝已成定局。无怪乎皮日休在《论白居易荐徐凝屈张祜》文中说："乐天方以实行求才，荐凝而抑祜，其在当时，理其然也。"

不过，最后徐凝和张祜都没有进入官场。徐凝主要是因为性格原因而潜心诗酒，悠游自终；而张祜则是被元稹在皇上面前上了眼药，寂寞而归，以处士自终其身。与这两个人不一样的是，别人之所以在科场上奋力笔战，目的就是成功。因为只有成功了，才能名利双收。究竟是不是这么回事呢？

第十二讲

成功者的好处

“太宗皇帝真长策，赚得英雄尽白头”，这两句诗我们恐怕都耳熟能详。这两句诗是唐人赵嘏写的，既肯定了科举的意义，又形象地揭露了科举考试的艰辛。

既然如此不容易，为什么还有那么多人执着地追求，皓首穷经，久战文场呢？往大处说是为国为民、服务社会，往小处说则是实现自己的人生价值，甚至更现实一点就是求名求利。司马迁早就说过，“天下熙熙，皆为利来；天下攘攘，皆为利往”，名利几乎是我们每个人生命历程中都无法回避的问题。

科举考试的成功与否，除形而上的社会意义之外，自然也少不了形而下的现实意义，人情冷暖，世态炎凉，就在成功或失败的一刹那让人充分感受到。

改换门庭

姚合曾经在《送喻凫校书归毗陵》诗中说：“阙下科名出，乡中赋籍除。”从拿到录取通知书那一天开始，登第者就不是一般的老百姓了，而是享受政治和经济特权的阶层，本人乃至全家都可以免除徭役。也正是因为如此，王建才在《送薛蔓应举》诗中鼓励说：“一士登甲科，九族光彩新。”这就是科举考试成功之后的现实利益。也正是因为如此，李频才老念叨着“一第知何日，全家待此身”（《长安感怀》），这是一家人命运改变的契机。

古人说“一人得道，鸡犬升天”，还真是如此。一个人成功了，通常能光宗耀祖，改换门庭。比如，商贾之家从此脱离了商籍，贫寒子弟有官有位，从贫穷中解脱出来。

一、商贾入宦

我们前面虽然讲过“工贾异类”不能参加科举考试，比如李白就是因为撞上这一条而没有了参加科举考试的资格。但也有审查不严或变通的时候，唐代也出现过经商家庭的子弟参加考试的情况，而且考得还不错，仕途也一路顺利。比如陈会家里曾经是卖酒的，毕诚家里曾经是卖盐的，这两个人都通过科举考试改变了自己的命运，并让家族脱离了当时受人白眼的低等户籍类别。

先说陈会。《北梦琐言》卷三记载，自从司马相如和卓文君在四川卖酒维持生计之后，四川的读书人没有不喜欢卖酒的，简直就成了一种流行文化。[1] 陈会的家中就以“当垆为业”，靠卖酒为生计，而且这个陈会也帮过忙，甚至还因为不扫街被官吏殴打过。按照当时的规定，做生意就属于四民中最低等的，在别人面前是抬不起头来的。陈会的母亲想改变这种局面，于是就“勉以修进，不许归乡，以成名为期”（《北梦琐言》）。陈会的母亲很有远见，把儿子撵出家门，让他好好读书，所有用度都由自己供应，不成名不许回来。

1　蜀之士子，莫不酤酒，慕相如涤器之风也。
——《北梦琐言》，北京：中华书局，2002 年，第 62 页。

功夫不负有心人，陈会终于在大和元年（827）考取了进士。当时李固言为剑南节度使，接到进士登科的报状后，发现有四川的陈会。一查档案，发现他们家是卖酒的，于是赶紧命令当地官府收下陈会家酒摊子上的招牌，关了他们家的生意。陈会的母亲也不知道怎么回事，以为官府没事找事故意为难她，还抵抗了一阵子。直到有人过来祝贺，说你儿子考中进士了，陈会的母亲才知道是怎么回事，陈会家从此不再卖酒。

再说毕诚。据裴庭裕《东观奏记》中记载：“毕諴，本贾客之子，连升甲乙科。杜琮为淮南节度使，置幕中，始落盐籍。”“贾客”就是商人，毕诚家里是从事食盐买卖的商户，因此户籍归属于盐籍。毕诚原来叫“毕咸”，咸味的咸。别看毕诚出身不高，但“词学气度，冠于侪流”（《北梦琐言》），所以他能够连升科第。“甲乙科”，泛指科第。

虽然如此，毕诚还是因为出身被人嘲笑，大家还商量给他改了个名字，在咸味的“咸”上加个言字旁。字是改了，可读音没变，没想到毕诚欣然接受，这就体现了他的气度。更没想到的是，就因为改了这个字，毕诚竟然考取了进士，而且后来成了宰相。这就是《北梦琐言》中说的“朝士讥其鹾贾之子，请改为‘诚’字，相国忻然受而谢之。竟以此名登第，致位台辅”。

二、诗笼碧纱

在唐代的科举考场上，贫寒的读书人不在少数，很多位高权重的大臣便出身寒苦。

王播小时候家里贫寒，无以为生，就寄居在扬州惠昭寺的木兰院里，跟着和尚们一块儿吃饭。刚开始还没什么，寺院的财物，来自十方，用于十方。可是时间长了，和尚们发现一到吃饭的时候王播就来了，吃完饭一抹嘴又走了，合着拿寺院当自己家了。和尚们对王播这种光吃不干的作风非常讨厌，但再讨厌也不能说“你别再来混吃混喝了”。怎么办？斗智斗勇，和尚们和王播打起了游击战，开饭的时候故意躲开王播——“乃斋罢而后击钟”（《唐诗纪事》）。按说，寺庙每次吃饭之前都要先撞钟，这是告诉和尚们该用斋饭了。可是，为了躲开王播，寺庙暂时改了规矩：吃完饭再撞钟。结果，王播每次听到钟声来吃饭的时候，和尚们早已吃过饭散去了。毕竟寄人篱下，人家这么对你，你又能如何？只能是无可奈何！

王播虽然穷，但有志气，不仅在贞元十年（794）考取了进士，而且在同一年又考取了贤良方正、能直言极谏科，还是“双学位”。这下王播终于告别了过去那不堪回首的日子。二十多年过去了，王播地位显赫，当上了扬州的最高长官。想想当年在扬州遭受的辛酸冷遇，王播依旧耿耿于怀。人们不是说“富贵不归故乡，如衣锦夜行”吗？王播现在归了故乡，还应该到故地重游一番，以显示自己的尊贵。王播决定去木兰院看看。

木兰院的和尚们听说有“领导”要来视察，而且这个“领导”叫王播，一打听他就是当年在寺院里混饭吃那个人。和尚们感觉不妙了，早知道这样，当初就不该难为他、不让他吃饭了。这可怎么弥补呢？先把寺院收拾一下吧，和尚们在整修寺院的时候发现，王播当年在墙壁上题写的诗还在，写着王播的名字呢。于是灵机一动，只能在这上面下点功夫了。写在墙上的诗怎么下功夫？用青纱罩起来。等到王播来看的时候，那些当年题写在墙上的诗全用青纱罩住了。[1]

王播看了百感交集，挥笔写下了当时的感受，这就是他的《题木兰院二首》。先看第一首：

三十年前此院游，木兰花发院新修。

如今再到经行处，树老无花僧白头。

三十年前我曾经来到这里，当年的木兰院满院繁花，寺院也是新修建的。可是三十年匆匆过去了，如今再次来到这里，树长大了，和尚们也老了，大有物是人非之感。这才是三十年河东三十年河西呢！再看第二首：

上堂已了各西东，惭愧阇黎饭后钟。

三十年来尘扑面，如今始得碧纱笼。

“阇黎”就是和尚。王播又想起了当年吃饭的事情，等到他去斋堂吃饭的时候，大家都已经吃完散去了。三十年风尘仆仆，如今自己已经是掌管一方的高官了，可也正是因为今天的地位，才得到和尚们的重视，把当年写的诗歌都用青纱罩住了。

这就是科举考试带给人们的巨大改变，应该说这些改变都是对这些人价值的肯定，也是人们积极追求成功的一种动力。

一群势利眼

人情冷暖，世态炎凉，往往会在人们成功或失败的那一刻真切地感受到。当一个人成功的时候，别人就会啧啧称赞，对他投去赞赏的眼光，住在深山有远亲。可是当他失败的时候，情况就不一样了，不能说住在闹市无人问，问也是嘲讽，别人在等着看他的笑话，他得到的多是冷面白眼，甚至连他身边的亲友，可能都会收回往日的温情。

一、羞夫下第

据《南部新书》记载，杜羔多次参加科举考试都没有考上，屡战屡败。失败的人心理是很脆弱的，虽然多次失败已经有了一定的心理承受能力，但毕竟浪费了青春，让自己和家人的脸上都没有光，所以失败的人总

1 王播少孤贫，尝客扬州惠昭寺木兰院，随僧斋餐。诸僧厌怠，播至，已饭矣。后二纪，播自重位出镇是邦，因访旧游，向之题已皆碧纱幕其上。

——《唐摭言》，上海：上海古籍出版社，2012年，第48页。

渴望能够得到一点朋友和亲人的安慰，需要理解和同情。杜羔在贞元四年（788）再次失败，他得到了什么呢？得到了老婆刘氏的一封信。

杜羔考试失败之后，收拾行李打道回府，一路上情绪低落。不过说真的，杜羔也太不给力了，一点也不像他的祖上。他的祖上是谁？大家还记得我在讲隋代科举的时候提到过“一门三秀才”吧，他们是杜正伦、杜正玄、杜正藏，那可是一代牛人啊。杜羔就是杜正伦的五世孙，按说基因不错，家教也不错，但遗憾的是老“重在参与”，多次考试都榜上无名，真有点儿对不住自己的祖上。所以，杜羔这一路上心情就很糟糕，他多么渴望能够有人抚慰一下他那受伤的心灵啊！

就在他快要到家的时候，他收到一封信，一看笔迹是老婆刘氏写的。古代的女子很多人没有名字，就是娘家姓加上个氏族的“氏”字。杜羔迫不及待打开了信封，急于看到信的内容。可是等他打开一看，心里更不是滋味了，原来这封信就是一首诗。杜羔的夫人刘氏也是出自书香门第，再加上经常陪杜羔读书，虽然杜羔老考不上，但他老婆的作诗水平倒是上去了，出口成章。

刘氏这首诗题目叫“夫下第”，怎么写的呢？

良人的的有奇才，何事年年被放回？

如今妾面羞君面，君若来时近夜来。

就这一首诗，太高了，骂人都不带脏字！什么意思？“良人”就是我们今天说的老公。翻译成今天的话就是，老公啊，你的确是个奇才啊，可是为什么年年都考不上呢？第一句把人捧上了云端，第二句就又给摔地上了。这么多次没有考上，按照常理来说，你应该无颜再见江东父老，可是没想到，你每次都觍着脸回来了。你知道吗？搞得我现在都没脸见你了。这叫正话反说。你真想回来的话，我给你个建议，待等到夜幕降临之后，你趁着夜幕的掩护再悄悄地进家。那意思是，我跟你丢不起那人！

你说杜羔看了这封信会是什么感觉？太佩服老婆的水平了。可是老婆水平越高，自己越没有脸面回家啊。杜羔思来想去，算了，别回家看老婆的脸色了，回京城找个地方住下好好复习吧。就这样，杜羔调头又回到了京城，找个旅店住下，好好为下一年的考试做准备。其实每个人都有潜力，就看你能用多大的努力来激发了。杜羔被老婆挖苦一顿，劲儿上来了。

经过一年的复习，杜羔参加了贞元五年（789）的进士科考试，考场上发挥得还不错。礼部南墙放榜，竟然榜上有名，考中了。杜羔那个高兴啊，终于可以在老婆面前扬眉吐气了。不过他还真得好好感谢他老婆，要不是她冷嘲热讽的一激，杜羔说不定还得再复习几年呢。

刘氏听说丈夫考上了，自然也很高兴，于是又写了一首《闻夫杜羔登第》诗：

长安此去无多地，郁郁葱葱佳气浮。

良人得意正年少，今夜醉眠何处楼？

考上之后老婆的态度马上变了，再也不是“鼻子不是鼻子脸不是脸”的了。刘氏这首诗什么意思呢？长安离家也不是太远，那里可是灯红酒绿啊，老公你刚刚及第，正是春风得意的时候，可千万不要喝多了睡错地方哟！因为在那个时候，新科进士们夜宿妓馆是常有的事。比如施肩吾的诗《及第后夜访月仙子》就说：“自喜寻幽夜，新当及第年。还将天上桂，来访月中仙。”这就是当时文人们流连狭斜的社会风气，你说在家独守空房的老婆能不担心吗？所以刘氏给老公传递了一个信息：老公你该回来了，要注意洁身自爱。

你看，考上考不上，老婆的态度都不一样，更何况别人呢？接下来让我们看看岳父老泰山对待女婿的失败是什么态度。

二、扫地出门

据《太平广记》卷一百五十一“孟君”条讲，贞元时期有个孟员外，年轻的时候参加进士科考试，也真够倒霉的，一次都没有成功，最后心力交瘁，实在折腾不起了，就不考了。这么多年在考场上老耽误事了，不事产业，所以自己简直无法存活，又没有地方去，没有办法，只好厚着脸皮投到了老丈人的门下。孟公子的老丈人姓殷，殷老头是典型的势利眼，见自己女婿如此落魄，一脸的不待见。[1]

俗话说“屋漏偏逢连阴雨，船破又遇顶头风”，老天爷总是喜欢和那些命运艰难的人开玩笑。这位孟公

1 贞元中，有孟员外者，少时应进士举，久不中第，将罢举，又无所归。托于亲丈人省郎殷君宅，为殷氏贱厌，近至不容。

——《太平广记》，北京：中华书局，1987年，第1085页。

子考不上也就算了，还得了重病，一天比一天严重。他觉得自己可能不久于人世了，就给老丈人说："某贫薄，疾病必不可救，恐污丈人华宇，愿委运，乞待尽他所。"那意思是说，我这病看来是没治了，不能死在这里，把您这么漂亮的房子弄脏了，听天由命吧，我走了，死到哪里算哪里吧。好悲凉啊，心多少软一点，都会潸然泪下。

可是真没有想到，孟公子的老丈人心够硬，扔给他三百文钱就不管了，等于把女婿扫地出门。离开老丈人家，孟公子也没有地方去，就沿着街漫无目的向西走。街西有个算卦的，据说算得特准，每天只在上午开几卦就收摊了。孟公子走到卦摊前，把自己的遭遇给算卦先生讲了一下，又把老丈人给自己的三百文钱全给了算卦先生，请求为自己算一卦。算卦先生先安排孟公子住下，到了算卦时间就开始给他算了。

算卦先生一推算，大吃一惊——这是富贵命啊。于是对孟公子说，再有十天，你就会时来运转，俸禄多多。可是到了第九天了，还是没有任何起色。[1]孟公子再次来到老丈人的家里，老丈人什么态度呢？还不如以前呢，"殷氏见，甚薄之，亦不留连，寄宿马厩"，二话没说，让他住到马棚里去了。到了第十天，朝廷要派一个武将担任观察使，这个武将和殷老头是朋友，大字不识一箩筐，就来找殷老头帮忙，让他找个书生帮自己写谢表，就是给皇帝写封感谢信。

殷老头思前想后，没有合适人选，忽然想起来住在马棚里的女婿孟公子，于是就推荐给了武将。结果孟公子一出手水平就表现出来了：言辞恰切。武将非常高兴，马上决定让孟公子跟着自己干，而且没过几天就被封了官，月工资七万钱。虽然严格来说这不是科举及第，但毕竟是科举考试磨炼了孟公子，多年的复习考试积淀了他的学识和才华。当然了，从此以后，孟公子就成了老丈人眼中的宝贝、座上宾。

三、彭伉落驴

这个故事收录在《唐摭言》卷八中，故事中的主人公分别叫彭伉、湛

1 街西有善卜者，每以清旦决卦，尽后则闭肆下帘。孟君乃谒之，具陈羁蹇，将填沟壑，尽以所得三镮环为卜资。卜人遂留宿，及时为决一卦。封成惊曰："郎君更十日，合处重职，俸入七十千钱，何得言贫贱？"卜人遂留厚供给。已至九日，并无消息。

——《太平广记》，北京：中华书局，1987年，第1085页。

赍，都是袁州宜春人。彭伉和湛赍是亲戚关系，彭伉是湛赍老婆的姨夫。彭伉考取进士的时候，湛赍还是县衙里一个跑腿的。姑爷考取进士了，老丈人那个高兴啊，就给彭伉张罗庆贺，前来祝贺的自然都是有头有脸的人物，不是当官的就是当地的名人。彭伉坐在主位上志得意满，大家端着酒杯满脸谄媚，说一些祝贺的话。

这个时候，湛赍下班也赶过来祝贺，可是真没想到，被“命饭于后阁”。别人都在前面厅堂里大鱼大肉、杯盘罗列，湛赍用个碗每个菜夹点蹲在后边没人的地方吃，这简直就是奇耻大辱，没有把湛赍当成场面上的人啊。嘿，这湛赍真行，心理素质还真好，并没有觉得难堪，也没有觉得不好意思，很淡定地在后边吃了起来。这下可急坏了他的老婆，他老婆火冒三丈，愤然指责湛赍说：“你个大老爷们儿不求上进，现在被人家这样羞辱，还有什么脸面啊！”

湛赍也算是个有心人，被老婆这一通臭骂，醒了。从此以后，一改原来的作风，好好学习，天天向上。无论什么事就怕有心，经过几年的努力，湛赍到京城参加科举考试，一举登第。这个消息传到了彭伉的耳朵里，当时彭伉正骑着一头驴在郊外游玩呢，家童向他报告说“湛郎及第”，说你那外甥女婿湛赍考中了。彭伉什么反应？“伉失声而坠”，一下子从驴背上摔了下来。为什么反应如此强烈呢？就像赵本山和宋丹丹竞选奥运火炬手那个小品里宋丹丹说的那样：“你要是火了，还不得像我欺负你那样欺负我啊！”于是大家和彭伉开玩笑说“湛郎及第，彭伉落驴”。[1] 从此以后，彭伉落驴这个地方就改了名，叫“落驴桥”。彭伉的反应，就是一种前后完全不一样的态度。

考上之后，好戏连台，会让成功者应接不暇。下面我们就看看李余及第后是什么样子。

四、李余及第

“春来登高科，升天得梯阶”，这是姚合在李余及

1 彭伉，湛赍，俱袁州宜春人，伉妻即湛姨也。伉举进士擢第，湛犹为县吏。妻族为置贺宴，皆官人名士，伉居客之右，一座尽倾。湛至，命饭于后阁，湛无难色。其妻忿然责之曰：“男子不能自励，窘辱如此，复何为容！”湛感其言，孜孜学业，未数载一举登第。伉常侮之，时伉方跨长耳纵游于郊郭，忽有童驰报湛郎及第，伉失声而坠。故袁人谑曰：“湛郎及第，彭伉落驴。”

——《唐摭言》，上海：上海古籍出版社，2012 年，第 58 页。

第后写的《送李余及第归蜀》，表现出了考试成功后的情况。李余考试成功后，很多名人都写了贺诗，比如张籍说“乡里亲情相见日，一时携酒上高堂”，非常朴素地表达了街坊邻居对待李余的热情。在这些诗里面，我个人觉得写得最好的，是朱庆餘的《送李余及第归蜀》。诗是这样的：

从得高科名转盛，亦言归去满城知。

发时谁不开筵送，到处人争与马骑。

剑路红蕉明栈阁，巴村绿树荫神祠。

乡中后辈游门馆，半是来求近日诗。

李余是四川人，考取了长庆三年（823）的进士。一夜成名天下知，李余成功之后，名入众耳。当大家得知李余要回老家四川这个消息的时候，都有所表示，“发时谁不开筵送，到处人争与马骑”：有人说，哥们儿，你走的时候言语一声，我给你张罗饯行；还有人说，哥们儿，你回家别为难，我们家的车在家里闲着呢，你开着回去吧。这要是搁以前，相识满天下，如此能几人啊？这就是现实，过去如此，今天也是如此。

因为成功了，所以心情愉快，看哪里都是春光明媚，让人感觉神清气爽。与其说是沿途的红蕉、绿树影响了李余的心情，不如说是李余的心情转移到了这些植物身上。到了老家更是热闹，李余成了乡亲们眼中的骄子，有来庆贺的，有请客的，有来求新诗的，有来乞旧衣的。特别是那些年轻人，渴望得到李余考试时所穿的旧衣服，好为自己考试讨个好彩头，这也是当时的一种社会风俗；也有人过来向李余求得几首诗回家揣摩学习的。因为成功者的身上，体现出来的往往是值得学习的经验。

科举考试成功后，光有名头还不行，还得来点实在的。除岗位外，对于当时的文人来讲，最浪漫的事恐怕就是一亲芳泽了。有没有这样的好事呢？

第十三讲

却喜抱得美人归

科举考试成功之后不仅能改换门庭，赢得亲友和社会的尊重，而且还能赢得佳人的青睐。这也是科举各种成功表现中不容忽视的一种重要表现，而这种青睐本身无疑也是一种评价。因为，当那些举子没有成功的时候，是难入那些佳人法眼的。只有成功了，才能取得一亲芳泽的资格。施肩吾在《及第后夜访月仙子》中就已经明确说了，他“来访月中仙”，是在“新当及第年”。

戏里戏外是人生

《云仙杂记》中记载，长安平康里，在唐代是妓女聚居的地方，每年到放榜之后，那些新及第的进士就会怀揣着红笺名纸过来，等候亲近那些红粉佳人。所以每到这个时候，各家妓馆的生意都会特别好，车水马龙。也是因为如此，这里就有了一个不同寻常的名字叫“风流薮泽”。那些进入这些红粉佳人香闺的新科进士是什么样子呢？

一、进士狎妓

裴思谦是开成三年（838）的状元，他之所以能够考中状元，就是因为大太监仇士良滥施淫威。[1] 他高中状元后，还恬不知耻地拿着十来张红笺名纸到平康里去和妓女鬼混。红笺名纸，就是用红色笺纸制作的名片。裴思谦当晚就住在妓院里，和一个妓女同床共枕了。第二天早上起床后，还写了一首《及第后宿平康里》诗：

银釭斜背解明珰，小语偷声贺玉郎。

从此不知兰麝贵，夜来新惹桂枝香。

“银釭”指灯烛，“明珰”就是用珠玉串成的装饰

1　高锴第一榜，裴思谦以仇中尉关节取状头，锴庭谴之，思谦回顾厉声曰：“明年打脊取状头。”明年，锴诫门下不得受书题，思谦自怀士良一缄入贡院；既而易以紫衣，趋至阶下白锴曰：“军容有状，荐裴思谦秀才。”锴不得已，遂接之。书中与思谦求巍峨。锴曰：“状元已有人。此外可副军容意旨。”思谦曰：“卑吏面奉军容处分，裴秀才非状元请侍郎不放。”锴俯首良久曰：“然则略要见裴学士。”思谦曰：“卑吏便是。”思谦词貌堂堂，锴见之改容，不得已遂礼之矣。

——《唐摭言》，上海：上海古籍出版社，2012 年，第 66 页。

品，“玉郎”是古代女子对情人的爱称。这是一首充满色情的诗歌，透过这首诗我们看到的是裴思谦活脱脱的小人气。

崔彻比裴思谦更不像话。崔彻在一些文献中写作崔胤，彻底的“彻”繁体（徹）与“胤”很像，形近而误。崔彻是乾符二年（875）进士，这个人的所作所为近乎流氓，简直让人有些不堪入目了。据《说郛》中记载，崔彻考中进士后不久，就到妓院风流快活去了。更让人受不了的是，他还“尝题记于小润髀上”。小润是接待他的妓女，髀就是大腿。这个崔彻就把题记写在了小润的大腿上，简直是有辱斯文！

算了，不说这些让人脸红的例子了。我之所以把这一部分的小标题定为“戏里戏外是人生”，就是想通过唐代的传奇故事，来和大家交流一下那些故事中科举背景下的爱情。

二、奇妓李娃

李娃本来是京城长安的一个妓女，可是后来却被皇帝封为了汧国夫人。这到底是怎么回事呢？

都是妓女惹的祸。荥阳生是常州刺史荥阳公的宝贝儿子，很聪明，“隽朗有词藻，迥然不群，深为时辈推伏”，当爹的更是把他当成了家里的千里驹。在那个时候，最好的出路就是参加科举考试当官，于是荥阳公就安排儿子进京考试。荥阳生带着父亲的期许，坐着豪华的马车，带着丰厚的盘缠就上路了。经过一个多月到达京城，安顿好之后去拜访朋友，结果途中遇见一个姑娘，“妖姿要妙，绝代未有”，在荥阳生的眼里，简直就是仙女下凡。

荥阳生动情了，停下车马，还把马鞭故意掉到地上——这样好等后面的人。这个姑娘就是李娃，是个妓女，而且只接待豪门贵族、有钱人。李娃站在门口本来就不是看风景的，她是在揽客呢，一看荥阳生这样，知道生意要开张了，于是就施展必杀技——“回眸凝睇，情甚相慕”，含情脉脉地看着荥阳生。荥阳生立即就缴械了，花费巨资亲近李娃，把参加科举考试这件事抛到了九霄云外，整天就沉浸在温柔乡中。

妓院是个无底洞，有多少钱能架得住往里扔啊。这个荥阳生在李娃的温柔乡里，把他爹给他的两年的考试经费花完了，把车马也卖了，没过多长时间就变成了一个穷光蛋。妓女也是开门做生意的，那可不是来者都是客，是客不是客得看你口袋里的钱财。嘴甜是因为你口袋里有她们想要的钱财，等把你的钱财哄完了、掏净了，她也就该翻脸闭门谢客了。荥阳生就是这样的悲惨遭遇，经费花完之后，立即被老鸨扫地出门了。

荥阳生用情太深，结果被老鸨和李娃这么一骗，生了一场大病，寄居在丧葬用品店里。时间长了，学会了唱挽歌，于是为了生计沦落成歌郎，相当于哭丧者。一次，在参加唱挽歌比赛的时候遇见了荥阳公。当爹的火冒三丈，“去其衣服，以马鞭鞭之数百，生不胜其苦而毙，父弃之而去”，从此以后，二人断绝了父子情分。昏死过去的荥阳生虽然又被别人救活，但是从此以后只有靠讨饭为生。

红颜未必是祸水。在讨饭的过程中，荥阳生又遇见了李娃。李娃见荥阳生从一个志得意满的少年公子落魄到这步田地，都是因为自己，还耽误了人家参加科举考试的大事，不禁感叹说：“令子一朝及此，我之罪也。”良心发现的李娃，用自己的积蓄为自己赎身，悉心照料荥阳生，并鼓励他振作起来，参加科举考试。《李娃传》中是这样描写的：“娃命车出游，生骑而从，至旗亭南偏门鬻坟典之肆，令生拣而市之，计费百金，尽载以归。因令生斥弃百虑以志学，俾夜作昼，孜孜矻矻，娃常偶坐，宵分乃寐。”李娃不仅帮着荥阳生到书店购买书籍，而且每天不分昼夜地监督荥阳生学习。

就这样坚持了两年，“海内文籍，莫不该览”。荥阳生觉得成竹在胸，可以参加考试了，可是李娃却觉得应该再精熟一些，于是荥阳生又苦读一年。荥阳生进入考场之后，“一上登甲科，声振礼闱，虽前辈见其文，罔不敛衽敬羡”，可以说是一战成名。可是李娃觉得还不满意，替荥阳生规划，再次参加制科考试，那是皇帝选拔特殊人才的科目。荥阳生听了李娃的话，又参加了直言极谏科考试，排名第一，被朝廷任命为成都府参军。

李娃见荥阳生功成名就，说：“今之复子本躯，某不相负也。愿以残年归养老姥，君当结媛鼎族，以奉蒸尝，中外婚媾，无自黩也，勉思自爱，某从此去矣。”李娃的意思是，我耽误了你的前程，现在我又还给你了，从此以后我们殊途陌路，我要走了，你就娶个大户人家的小姐为妻吧。请注意，李娃要离开荥阳生是有原因的：首先，曾经是自己耽误了荥阳生，歉疚；其次，官人不能以娼妓为妻，礼制；再次，只有自己离开，荥阳生才能“结媛鼎族”，真爱。当然，李娃最终并没有离开，而且被荥阳生的父亲接纳，“命媒氏通二姓之好，备六礼以迎之，遂如秦晋之偶”，明媒正娶，给了李娃一个名分。

我们不能不说，这个故事里有理想主义的成分，但又不能不承认有一定的社会基础。其实，我们熟悉的《西厢记》也和科举有关。这个故事是根据元稹的《莺莺传》改编成的。张君瑞与崔莺莺相识于普救寺，因遭贼兵围困，张生解围救了莺莺母女。老夫人本已答应将莺莺许配给张生，但事后又以张生没有功名、配不上莺莺为由悔婚。为此，张生到京城参加科举考试，高中榜首，这才成就了一段美满姻缘。

爱情被绑在了科举的战车上，只有赢得科举的成功，才能赢得幸福的爱情。虽然有一定的社会基础，但毕竟是经过艺术加工的戏剧，所以有浪漫主义的成分存在。生活是现实的，没有办法彩排，但生活又何尝不是充满了戏剧性。

慧眼识得状元郎

人生有四喜：久旱逢甘露，他乡遇故知，洞房花烛夜，金榜题名时。其中后两喜是文人们最渴望的，也是最为人津津乐道的。在那个科举取士的年代里，大登科连着小登科，并不是什么十分稀奇的事情。比如卢储不仅考中了状元，而且还抱得美人归，娶了江淮典郡李翺的女儿。

一、女识大魁

卢储参加的是元和十五年（820）的进士科考试。我们前面曾经讲过，一个举子要想在考场上顺利成功，除需要有扎实的知识结构之外，还需要有贵人相助，所以很多人在考试之前都会尽力寻求帮助。卢储也不例外，他向李翱寻求帮助。当时李翱任江淮郡守，卢储把自己创作的诗精选出来一部分，抄写成卷轴送给了李翱，李翱以礼相待。不巧的是，李翱正好要到衙门去处理公事，就先把卢储的诗放在了自己书房的案子上，让卢储先找个旅店住下等消息。

虽然我们总是听到什么女子无才便是德的说法，其实那都是忽悠人的，在古代几乎没有一个官家小姐不会识文断字。李翱的女儿便是一位才女。李翱的大女儿已经长大成人，信步来到父亲的书房，看到桌案上放着一个卷轴，上面抄写着一些诗文，因好奇就看了起来。姑娘看得很用心，“寻绎数回”（《唐诗纪事》），前后仔细阅读推敲了好几遍。看来卢储的诗文写得不错，如果让人生厌、不堪卒读，姑娘就不会这样反复看好几遍了。看完后，李小姐转身对小青衣就是跟随自己的丫鬟说：“此人必为状头。”（《唐诗纪事》）说者无心，听者有意，小丫鬟就把小姐这句话记在了心间。

二、李翱提婚

李翱处理完公事，回到家里，小丫鬟向他“述职”——今天都陪小姐干什么了，李翱要及时掌握女儿的思想动态。当李翱听小丫鬟说到女儿对卢储的诗文评价这么高的时候，“深异其语”。李翱知道女儿是自己一手教出来的，自己也是反复考了好多次才进入了官场，女儿懂科场上诗文的格式，只因为是个女孩子，如果是个男孩子，恐怕早就金榜题名了。女儿本身是有水平的，自古以来就是文人相轻啊，看到别人的文章，挑毛病的多，因为好像只有挑出毛病，才能显出自己水平高。可是现在女儿竟然对卢储的诗文评价这么高，说明这小伙子写得应该不错。还有就是女孩子的心思不好琢磨，女孩的心思你别猜，猜来猜去也不明白。女儿这么说，是不是一个信号呢？姑娘大了，有想法了？如果真是这样，倒是一件好事，这是上天送给我的佳婿啊。这就是《唐诗纪事》里所说的“乃慕为婿”。

心动不如行动，“乃令宾佐至邮舍，具语于储，选以为婿”。“宾佐”就是手下的工作人员，“邮舍”指驿站、旅馆。李翱叫过来自己的手下，对他说：我想把小姐许配给卢储为妻，但又不好出面去问，你到旅馆里去问一下，看他答应不答应。宾佐领命，来到旅馆，找到卢储说明来意：我家李大人想招你为女婿，你愿意吗？

卢储听到这个消息自然很高兴了：自己干什么来了？让人家李翱帮忙写推荐信。人家又不认识我，凭什么给我写啊？写了是人情，不写是本分，可是如果李翱真的成了我老丈人，那就不一样了，他还不得可着劲儿帮我啊！再说了，我就是来求一封推荐信，现在还白捡了个媳妇儿，值！于是卢储就答应了，答应是答应了，人家卢储没有显得那么没有出息，而是非常会拿捏分寸。

《唐诗纪事》里怎么说的？"储谦辞久之，终不却其意，越月遂许。"虽然听到李翱要把女儿许配给自己时非常高兴，却极力掩饰着自己内心的兴奋，很谦虚地说着小生恐怕配不上你家小姐一类的话，但这不是拒绝，他也不能拒绝，更关键的是他根本不想拒绝。如果别人一说，马上笑成了一朵花，一脸迫不及待地说：太好了，太好了，我正求之不得呢，真这样恐怕人家就撤了：这孩子怎么这么俗啊！卢储挺会说话，既不是马上答应，更不是果断拒绝，似拒还从，似从若拒。就这样抻了一个月，卢储才给了宾佐确信——愿意娶李小姐为妻。

三、卢储催妆

李翱见卢储答应了，自然也非常高兴，心里的一块石头落了地，自己的女儿有了幸福的归属，当爹娘的得省多少心啊。在这一个月里，李翱对卢储有了相对充分的了解，又对他送来的诗文反复阅读，无论是文品还是人品都没得说，更重要的是这是自己将来的东床快婿啊，所以写推荐信的时候尽是誉美之词。当然了，还得向京城里的那些朋友打声招呼，该关照得关照一下。一切安排妥当后，卢储就进京城参加考试去了。

第二年科场告捷，卢储真的如李小姐所言，高中榜首，考中了状元。按照当时的规定，进士及第之后还有一个吏部关试，进士及第只是有了进入官场的资本，但还没有岗位，还不是官身。吏部关试之后，如果有合适的岗位，朝廷才会任命那些入围的人为官。关试一结束，卢储就和李小姐完婚了——答应人家了就得兑现诺言。[1]

不过，就在结婚当天迎接新娘的时候，卢储给我们唱了一首忐忑神曲。这就是他的《催妆》诗，催妆是古代的一种婚礼风俗，姑娘出嫁的时候，男方一定要多次催促，新娘才会梳妆启行。这显得姑娘懂事，舍不得离开父母——孝顺嘛！一块儿去迎娶的人都在那里喊着“新娘子，快出来”，卢储不能这样，人家是文人，是状元，不能失了状元的身份，他就写诗：

昔年曾去玉京游，第一仙人许状头。

今日幸为秦晋会，早教鸾凤下妆楼。

“玉京”指帝都，这里自然就是京城长安了；“秦晋会”原来指春秋时秦、晋两国世通婚姻，后来泛指两姓通婚。这首诗的意思是：当年我到京城去参加考试，李小姐曾说我能考中状元，现在我们两个已经结为秦晋之好，你就赶紧下楼带上你的嫁妆跟我走吧。

那为什么我说卢储唱了一首忐忑神曲呢？古代的婚姻制度和我们今天不一样，经常是“父母之命，媒灼之言”。我们今天恋爱七八年，什么毛病都知道还不结婚的有的是，那个时候不行，总是当事人不见面，只有进洞房揭开盖头，你才知道自己媳妇长啥样。所以，在古代就出现了不少“隔着布袋买猫”的事情。在卢储和李小姐这件事上，一直是宾佐在来回周旋，卢储和李小姐也是谁也没见过谁。因此他急于催小姐下楼，好赶紧看看媳妇究竟长什么样。

卢储真够幸运的，大登科连着小登科，好事全赶他们家了。还有比卢储更幸运的，比如陆畅娶了相府的姑娘，郑颢入赘做了唐宣宗的女婿。

幸福与门第无关

幸运和幸福是不能画等号的，幸福可以说是幸运，但幸运却不一定幸福。陆畅和郑颢能娶到高门贵女，是幸运，但他们的幸福指数却远远比不

1　李翱江淮典郡。有进士卢储投卷，翱礼待之，置文卷几案间，因出视事。长女及笄，闲步铃阁前，见文卷，寻绎数四。谓小青衣曰：“此人必为状头。”迨公退，李闻之，深异其语。乃令宾佐至邮舍，具白于卢，选以为婿。卢谦让久之，终不却其意。越月随计，来年果状头及第。才过关试，径赴嘉礼。

——《太平广记》，北京：中华书局，1987年，第1346页。

上卢储。

一、陆畅娶妻丞相府

陆畅是江南人，早有文名，才思敏捷，元和元年（806）进士及第。韩愈有《送陆畅归江南》诗，其中说："一来取高第，官佐东宫军。迎妇丞相府，夸映秀士群。"陆畅考中进士之后，自校书郎选率府参军，归属东宫。陆畅又娶了丞相的孙女，韩愈在这首诗的后面自己加注说："畅娶董溪女。"董溪又是谁呢？丞相董晋的二儿子。韩愈写有《董溪墓志》："溪，字惟深，丞相陇西公第二子。"陇西公就是董晋的封号。在这句话的后面，韩愈紧接着又说："长女嫁吴郡陆畅。"也就是说，陆畅娶的是董溪的大女儿，丞相董晋的大孙女。这可不是一般人能攀得上的亲戚。

二、郑颢高攀帝王家

陆畅与郑颢相比又略逊一筹，因为郑颢娶的是唐宣宗的宝贝女儿万寿公主。郑颢是名门之后，爷爷叫郑絪，曾经做过宰相，郑颢本人又是会昌二年（842）的状元。大中二年（848）的时候，宣宗皇帝的爱女万寿公主该找婆家了，宣宗就问宰相白敏中哪家大臣的公子更合适。白敏中的脑海里马上就出现一个人选：相门之后、状元及第的郑颢。给皇帝一说，皇帝十分满意，于是就决定了——万寿公主下嫁郑颢。其实，人家郑颢已经有了婚约，定的是卢氏女，但现在皇帝要把女儿嫁给他，他敢不答应吗？虽然在古代三妻四妾不足为怪，但你不能让公主做小吧，人家卢氏女是先入为主，也不能做小，那只好对不住卢氏女了——解除婚约吧。大中二年十二月，郑颢和万寿公主完婚。从此以后，郑颢对白敏中恨之入骨。[1]白敏中好心好意给郑颢找了这么硬的一个后台，别人打着灯笼都难找，怎么还招来郑颢的记恨呢？

三、不幸福的幸运儿

高攀看着是件幸运的事，可是幸运和幸福是两个概念，郑颢这个驸马爷丝毫没有感觉到幸福。万寿公主仗着自己的父亲是皇帝，自然就多了一些皇家的傲气，眼睛喜欢往顶上看，讲究铺张排场。

1 万寿公主，宣宗之女。将嫁，命择良婿。郑颢，宰相子，状元及第，有声名，待婚卢氏。宰臣白敏中奏选尚，颢深衔之。

——《唐语林校正》，北京：中华书局，1987年，第646页。

宣宗皇帝也知道自己女儿的德行，就在她出嫁的时候下了一道圣旨：“先王制礼，贵贱同遵，既以下嫁，臣僚仪则，须依古典，万寿公主妇礼宜依士庶。”（《唐会要》）宣宗皇帝的意思很明白：先王制定的礼制不管是谁都应该遵守，没有出身的差别，万寿公主既然嫁给了郑颢，也应该遵守这些妇礼，伺候公婆，相夫教子。因为嫁给人家了，就是人家的媳妇，不能总摆公主的臭架子。

对万寿公主的要求是有了，效果如何呢？我们看了《幽闲鼓吹》中的一段记载就知道了。驸马郑颢的弟弟得了重病，宣宗皇帝都派人过去探视。使者回来之后，宣宗问：“公主去看望了吗？”使者回答说：“没有。”宣宗又问：“公主去干什么了？”使者回答说：“在慈恩寺看戏呢。”宣宗一听勃然大怒：“怪不得大臣们不愿意娶皇家的姑娘，原来是这样啊！”娶这么一个公主老婆，本身就不平等，整天得看着公主的脸色，去哪里感受幸福啊？

再回过头来说说那位“迎妇丞相府”的陆畅，陆畅和郑颢一样憋屈。陆畅当年迎娶新娘成为一时美谈，但陆畅出身不高，自然和贵族出身的董氏女生活习惯不一样。生活习惯一旦不合拍，就容易出事。《酉阳杂俎》中记载：“每旦，群婢捧匜，以银奁盛澡豆，陆不识，辄沃水服之。”“匜”就是洗脸盆；“银奁”就是银制的梳妆匣；“澡豆”是古代沐浴的用品，大概相当于我们今天的香皂。这几句话是什么意思呢？是讲了陆畅的一件囧事。每天早上，丫鬟都会用脸盆端来洗脸水，然后用精美的梳妆盒盛着洗脸用的澡豆。可是陆畅不知道这澡豆是干嘛用的。丫鬟以为他知道，也就没有告诉他，结果陆畅就用洗脸盆里的水冲着把这个洗脸用的“肥皂”给吃了。你说丫鬟会怎么看他，老婆会怎么看他？在大家的眼里，陆畅成了一个土老冒、土包子。

不过陆畅的这个做法，也算是此道不孤的，历史上也有这么一件事。晋朝的王敦刚和公主结婚的时候，见厕所便池边上的盒子里放着干枣。那么，这些干枣干嘛用的？塞鼻孔。厕所里臭啊，塞住鼻孔不就闻不到了吗？王敦不知道，以为方便的时候还能吃零食，于是就蹲在那里边方便边吃，等方便完了，干枣也吃完了。出了厕所，丫鬟用金漆盘端着水，用琉璃碗端着澡豆，就是肥皂，我们一看就知道是让洗手呢，便后洗手是我们今天的生活常识。可是王敦还是不知道啊，就把澡豆倒进水中给喝下去了。丫鬟们没有不捂着嘴笑的！

如果陆畅早点看到这个故事，也不会办那囧事了——这个故事偏偏是后来看到的。所以，当朋友“采访”他作为贵门女婿都有什么乐事的时候，他愁眉不展地说：“贵门礼法，甚有苦者，日俾予食辣麫，殆不可过。”（《酉阳杂俎》）陆畅的意思是说，我这日子过得苦不堪言啊，每天吃掺有辣椒的干炒面也不过如此。看来，这幸福指数够低的！

虽然如此，能成为权门的座上宾，毕竟在当时读书人的心目中利大于弊，所以大家依旧削尖脑袋也要往里钻。但考试并不是一件简单的事情，加上考试的人多，录取的人少，所以很多人一直是充当着分母，重在参与。甚至可以这样说，在这个没有硝烟的战场上，纵然你才高八斗，也未必能够一战功成。究竟是不是这样呢？

第十四讲

才气与运气竟成反比

科举考试成功之后，不仅能够实现自己的人生价值，而且还能够获取很多现实利益，所以千军万马争过独木桥。但是朝廷设高官厚禄，在于得人，非为人得；在于求人，非为人求。也就是说，朝廷选拔人才是优中选优，既需要参加考试的举子有真才实学，又需要有人脉、机缘。

在这种情况下，纵然你学富五车、才高八斗，也未必能够成为科场上的佼佼者。所以，科场上就出现了不计其数的白发翁和倒霉蛋。下面，我们就结合唐代几个著名的文人，来了解一下高才难第的尴尬。

才高运差的孟浩然

孟浩然是唐代著名的山水田园诗人，特别是他那首《春晓》，我们都耳熟能详。孟浩然和王维并称“王孟”，人们又把盛唐山水田园诗派称为“王孟诗派”，足见孟浩然的诗歌水平之高。

孟浩然是李白的偶像：“吾爱孟夫子，风流天下闻。红颜弃轩冕，白首卧松云。醉月频中圣，迷花不事君。高山安可仰，徒此挹清芬。”这就是李白的《赠孟浩然》诗，表现出了孟浩然宁弃仕途而取隐遁，高卧云林寄情山水的风流飘逸形象。读了这首诗，不禁让人对孟浩然刮目相看，在官本位的社会，竟然能够做到“迷花不事君”，实在让人赞叹不绝。但究竟是不是这么回事呢？或者说，究竟是他没有考上还是他真不想伺候皇帝呢？下面就来讨论一下这个问题。

一、考场失利

孟浩然，襄阳人。与人为善，喜欢帮助有困难的人。他早年一直隐居鹿门山。开元十六年（728），已经四十岁的孟浩然来到京城长安，他要参加开元十七年的科举考试。[1] 作为一个考生，孟浩然自然渴望独步文场，成为别人眼中的宠儿。我们从他的诗中，也不难感知他渴望成功的心愿。比如在开元十七年正月考试之前，孟浩然写过一

1 孟浩然字浩然，襄州襄阳人。少好节义，喜振人患难，隐鹿门山。年四十，乃游京师。
——《新唐书》，北京：中华书局，1975年，第5779页。

首《长安早春》诗，其中有“鸿渐看无数，莺歌听欲频。何当桂枝擢，归及柳条新”。“鸿渐”指仕途升迁或者举子到朝中应考；“桂枝擢”也就是古人常说的折桂，指科举及第。从中不难感觉到他渴望榜上有名的迫切心情。

但是考试的结果如何呢？《旧唐书·孟浩然传》中说他“应进士不第”，“不第”就是没有考上。但为什么没有考上，两《唐书》中却没有交代，这一年的考试题目和文章也都没有留存下来，所以我们不得而知。

孟浩然没有考上，是不是文才不济呢？如果有这种认识就错了，我们可以通过一个例子来看孟浩然的文才。《郡斋读书志》中讲：“诸名士集秘书省联句，浩然句曰‘微云淡河汉，疏雨滴梧桐’，众皆钦服。张九龄、王维雅称道之。”这说明孟浩然是有才的。[1]

有才却没能考上，的确让人费解。孟浩然考试失败之后，还有别的机会，但结果依旧令人叹惋。

1 尝于太学赋诗，一座嗟伏，无敢抗。张九龄、王维雅称道之。

——《新唐书》，北京：中华书局，1975年，第5779页。

二、又失良机

考场上失利之后，孟浩然并没有马上离开长安，而是在寻找别的机会。因为在那个时代，除正规的科场考试之外，还有别的当官门路。比如向皇帝进献文章，如果能够得到皇帝的欣赏，也能当官，这种方法如同制举。孟浩然有一首《题长安主人壁》诗，诗中有这么两句“欲随平子去，犹未献甘泉”。“平子”指张衡，河南南阳人，曾经写过《归田赋》。前一句是说他也想学张衡归隐田园。“甘泉”指汉代扬雄的《甘泉赋》，扬雄就是通过献赋拜官的，孟浩然也想像扬雄那样通过向皇帝进献文章谋得一官半职。可见，他对官场还是留恋的。

我们常说，机会总是青睐那些有准备的人。可是，孟浩然却相当悲催，虽然机会大好，但是却与成功擦肩而过。别人无缘见皇帝，孟浩然却是与皇帝面对面交谈，可是即便如此，也成了遗憾。

孟浩然这次进京，虽然没有考上进士，但是和王维成了好朋友。一天，王维值班，偷偷把孟浩然带进了翰林院，闲着没事两个人就切磋起诗歌创作来。正聊得起劲儿呢，有人报告说玄宗皇帝来了。玄宗皇帝是个艺术家，王维也是个多面手，有共同语言，因此过来聊天。孟浩然是布衣，王维把他领进翰林院是违反规定的，所以当他听到皇帝来的消息时，惊慌失措，只好让孟浩然“伏匿床下”（《唐才子传》），这也算是急中生智了。

王维是个老实人，不敢隐瞒，他也担心孟浩然在下面憋不住，再闹出点什么动静来吓着皇帝，那可是惊驾之罪，赶紧就实话实说了，说自己把孟浩然给带进来了。没想到皇帝不仅没有批评，反而非常高兴。玄宗说：“朕闻其人而未见也，何惧而匿！”（《新唐书》）说完就让孟浩然出来了。孟浩然从床底下爬出来，赶紧拜见玄宗皇帝。

玄宗皇帝问孟浩然：“你带诗歌了吗？”多好的机会啊，皇帝主动问，这机会不多啊，这就是一次特殊的奏献机会，是一次特殊的制举考试。再有王维帮着敲敲边鼓，成功大有希望。可是，孟浩然这次来的目的是和王维聊天，他怎么也没有想到会见着皇帝，所以没有带自己的诗作。于是，他只好回答说“没带”。

皇帝又接着说：“可吟近作。”能不能背几首你最近写的诗歌呢？这个可以。诗为心声啊，都是现实生活和心理感受的表现，孟浩然最近不是没有考上吗？心里憋屈，就写了一首《归故园作》。[1] 这一首诗在孟浩然的脑子中记忆是最清晰的，于是他就给玄宗皇帝背诵了这首诗。这首诗歌充满了怨气，特别是第三、四句“不才明主弃，多病故人疏”，整个儿就是在发牢骚：因为我没有才能，所以皇帝抛弃了我，因为身体多病，所以朋友们也都疏远了我。

其实，孟浩然就是借此抒发自己的愤懑之情，可是哪里知道皇帝认真了。当他刚背到这两句的时候，皇帝就叫停了。玄宗一脸的不高兴，说：“卿不求仕，而朕未尝弃卿，奈何诬我？”（《新唐书》）这下麻烦了！孟浩然也是的，你当着皇帝的面不溜须拍马也就算了，怎么能说这样的话呢？这就叫没眼色，不会临机应变，更不会把握机会。

换作别人，只要改一个字就搞定了，大家觉得改哪个字好？把抛弃的“弃”改成器重的“器”，意思就全变了：虽然我没有什么才能，但皇帝英明，依旧非常器重我。给你机会让你展示才艺，不是器重是什么？这样一

1 北阙休上书，南山归敝庐。不才明主弃，多病故人疏。白发催年老，青阳逼岁除。永怀愁不寐，松月夜窗虚。
——《全唐诗》，北京：中华书局，1960年，第1652页。
按：又题作《岁暮归南山》《归终南山》。

来，下句疏远的“疏”不就成了“疏导”的意思了吗？依旧能够说得通，而且充满了人情味。但历史不能重来，我们也只能替孟浩然遗憾了。

三、潇洒爽约

虽然孟浩然的两句诗得罪了玄宗皇帝，但玄宗皇帝并没有忘记他。后来，“采访使韩朝宗约浩然偕至京师，欲荐诸朝”（《新唐书》）。可以肯定的是，韩朝宗这么做是得到了玄宗皇帝默许的。如果玄宗皇帝因为当时孟浩然的那两句诗对孟浩然恨之入骨，恐怕再借几个胆儿给他，韩朝宗也不敢故意找皇帝的晦气。所以说，皇帝认准了孟浩然是个人才，就要再给他一次机会。

但天不遂人愿，又出岔子了。《新唐书·孟浩然传》中说：“会故人至，剧饮欢甚，或曰：‘君与韩公有期。’浩然叱曰：‘业已饮，遑恤他！’卒不赴。朝宗怒，辞行。浩然不悔也。”这句话很潇洒，但结果我们也是可想而知的。孟浩然最终没有随同韩朝宗进京，韩朝宗愤怒地离开了，但孟浩然却一点儿也不后悔。孟浩然自然明白求仁得仁的道理。从此以后，孟浩然真的再也没有了进入官场的心思。

孟浩然的才能不可谓不高，他的机会也不可谓不多，但结果却不可谓不遗憾，我们只能替他感叹：时也，运也，命也！

不论如何，孟浩然在韩朝宗举荐的时候还潇洒了一把。有人苦苦追求，却在“野无遗贤”的慨叹声中沉沦不偶。这个人就是唐代著名的现实主义诗人，被人们尊奉为“诗圣”的杜甫。

躺枪的杜甫

杜甫是和李白并称的唐代著名诗人，他那种超越自我的伟大的人文关怀，彰显着那个时代学人的品质。

杜甫一生虽然对释、道文化都有吸取，但其生存状态及价值取向却是儒家的。他以民为本，以仁义为核心，超越对自身的关切，关心他人，关心社会，这就是他的圣人胸怀。也正是因为如此，他才会成为世界人民尊敬和学习的楷模。1961 年，斯德哥尔摩国际和平理事会上，杜甫当选为 1962 年全世界学习的和平文化名人之一。

杜甫的十三世祖是西晋名将杜预。此人文武全才，注过《春秋左氏传》，也就是说老杜家是经学传家，加上杜甫的祖上几乎代代为官，所以就形成了杜甫的价值取向和人生定位——“承儒守官”。

杜甫是有才的，他曾经在《奉赠韦左丞丈二十二韵》诗中说：“读书破万卷，下笔如有神。赋料扬雄敌，诗看子建亲。”敢和扬雄、曹植“叫板”，够自信的。又曾经在《壮游》诗中说：“往昔十四五，出游翰墨场。斯文崔魏徒，以我似班扬。七龄思即壮，开口咏凤凰。九龄书大字，有作成一囊。”还是个少年天才。有这样的家庭背景，有这样的才能视野，杜甫总是渴望放弃小我、成就大我，他总渴望能够成为官人队伍中的一员，所以他就试图通过科举考试走向成功：“自谓颇挺出，立登要路津。致君尧舜上，再使风俗淳。”（《奉赠韦左丞丈二十二韵》）但结果会如何呢？

一、两度落榜

杜甫一生为了当官，曾经两次参加科举考试，一次进献文章，但结果都是遗憾复遗憾，遗憾何其多。开元二十三年（735），二十四岁的杜甫暂时结束了吴越之游，到长安参加进士科考试，结果“忤下考功第，独辞京兆堂”（《壮游》），没有考上。如果说杜甫第一次考试落榜是因为准备不足，那么第二次落选则纯粹是“躺着也中枪”。

杜甫第二次参加科举考试，是天宝六载（747）的事情，距离上一次考试已经十多年了。这一年，朝廷明确规定“天下诸色人中，通明一艺已上，各任荐举”（《册府元龟》）。杜甫自然不会放过这个机会。但宰相李林甫有自己的想法，他担心这些参加考试的人“多卑贱愚聩，不识礼度，恐有俚言，污浊圣听”（元结《喻友》），名义上是担心这些人粗俗让皇帝难堪，实际上是担心这些人对自己有非议，因为李林甫是出了名的口蜜腹剑，说一套做一套，所以他也知道民间对他骂声不断。

但皇帝已经下了圣旨，作为宰相的李林甫得执行啊。李林甫就“悉令尚书长官考试，御史中丞监之，试如常吏”（元结《喻友》）。可是最终的结果却是“布衣之士无有第者，遂表贺人主，以为野无遗贤”（元结《喻友》）。李林甫用了合法的形式，办了不合法的勾当，杜甫就这样又落选了。落榜后，杜甫决定走另一条路子。

二、献赋求官

杜甫虽然两次考试失败，但他并没有气馁，而是“朝扣富儿门，暮随肥马尘”（《奉赠韦左丞丈二十二韵》），到处干谒，渴望有人能够帮助自己实现当官的夙愿。但多年的奔走，让杜甫尝尽了辛酸——“残杯与冷炙，到处潜悲辛”（《奉赠韦左丞丈二十二韵》），得到的是“青冥却垂翅，蹭蹬无纵鳞”（《奉赠韦左丞丈二十二韵》）。

直到天宝十载（751），玄宗行三大礼，也就是到太清宫、太庙、南郊举行祭祀活动。杜甫写了《三大礼赋》进献给玄宗，“玄宗奇之，命待制集贤院”[1]（《杜工部年谱》）。天宝十一载（752），在中书省奉命考试文章，场面火爆，据杜甫在《莫相疑行》中回忆，当时的考试情形是“集贤学士如堵墙，观我落笔中书堂”。但直到四年之后，也就是到了天宝十四载（755），他才当了一个小小的官。这与他所追求的“致君尧舜上，再使风俗淳”的宏愿，是远远不相符的。更无奈的是，这个小小的官没当几天，安史之乱就爆发了，结果杜甫被困京城。所以，杜甫也是典型的高才难第。

怀才不遇是中国历史上一个永恒的主题，我们再讲一个温庭筠的例子。

1 天宝十三载，玄宗朝献太清宫，飨庙及郊，甫奏赋三篇。帝奇之，使待制集贤院，命宰相试文章，擢河西尉，不拜，改右卫帅府胄曹参军。

——《新唐书》，北京：中华书局，1975年，第5736页。

按：据《旧唐书·玄宗纪下》，“天宝十三载”当为“天宝十载”。

困顿科场的温庭筠

温庭筠，字飞卿，知名度相对于孟浩然和杜甫来说没有那么高，但在唐代文学史上，也是一个响当当的人物。他的主要特长是写词，最喜欢写的是花前月下、洞房密室，在花间词派中名列第一，被尊称为“花间鼻祖”。我们前面曾经讲过，温庭筠非常聪明，别人在考场上写赋憋得难受，他却“凡八叉手而八韵成”[2]。其实，温庭筠的聪明在《唐才子传》中是有交代的：“少

2 才情绮丽，尤工律赋。每试押官韵，烛下未尝起草，但笼袖凭几，每一韵一吟而已。场中曰“温八吟”。又谓八叉手成八韵，名“温八叉”，多为临铺假手。

——《唐才子传校笺》（三），北京：中华书局，1990年，第435页。

敏悟，天才雄赡，能走笔万言”，下笔万言也不在话下。可就是这么一个聪明人，却“数举进士不中第”（《新唐书·温庭筠传》）。究竟是为什么呢？这个事情很复杂，我们从四个方面介绍：

一、卷入宫廷斗争

温庭筠曾经在开成四年（839）参加京兆府的选拔考试，成绩还相当不错，被作为第二名推荐到尚书省参加考试。但实际上他并没有参加开成五年（840）的考试，他自己在《感怀陈情五十韵》诗中陈述原因说“稷下期方至，漳滨病未痊”，原来是身体欠佳，有病了。身体不好可能是客观原因，其实还有一个温庭筠不愿说的原因，那就是他卷入了宫廷政治斗争。

开成二年（837）至三年（838）九月之间，温庭筠追随庄恪太子。这个庄恪太子是唐文宗的长子，德妃生的。后来德妃失宠，贤妃杨氏专宠。贤妃心里一直不踏实，她担心德妃的儿子庄恪太子将来当上皇帝对自己不利。所以出于一己之私，贤妃从开成三年九月开始，没事就给庄恪太子“上眼药”，说他的坏话。《旧唐书·庄恪太子传》中是这样说的：“贤妃杨氏，恩渥方深，惧太子他日不利于己，故日加诬谮。”

文宗皇帝架不住贤妃的枕边风，决定废除庄恪太子，后来经过朝臣们的反复劝说才算没有废。庄恪太子倒是保住了，可是他身边的人却倒霉了，被杀的被杀，被逐的被逐。温庭筠就是这么离开庄恪太子的。所以，他已经上了黑名单了。开成三年十月，庄恪太子暴卒。文宗后来虽然知道儿子是被冤枉的，是宫廷政治斗争的牺牲品，但他只能迁怒庄恪太子身边的那些人。庄恪太子尸骨未寒，温庭筠就要参加科举考试，文宗能让他顺利过关吗？所以生病是最好的理由。

二、行为不检挨打

温庭筠考场失败，还和他早年行为不检点有关系。《玉泉子》中记载，温庭筠少年时曾经客游江淮。姚勖非常看重温庭筠，觉得这个年轻人文才出众，又是宰相温彦博的后代，有前途，所以就出钱支持他读书。可是这个温庭筠有个爱好，“善鼓琴吹笛”，“有弦即弹，有孔即吹”，还喜欢写一些艳词。这就需要有一些便于创作的环境和传播途径，于是他喜欢和那些风尘女子来往，写好了再让这些风尘女子来唱。

温庭筠得到姚勖的重金资助之后，不好好学习，而是“其所得钱帛，多为狭斜所费”（《玉泉子》）。“狭斜”指风尘场所，说白了就是妓院。温庭筠把姚勖资助他的钱，多数都花在了妓女的身上。姚勖知道后气得够呛，逮着温庭筠打了一顿，又把他撵出了辖地。温庭筠当时还是很有名气的，这一挨打名气就更大了。但这个名气是负面的，这就影响了他的考试结果。关于这个情节，《玉泉子》中是这样说的：“勖大怒，笞且逐之，以故，庭筠不中第。”姚勖打温庭筠是恨铁不成钢，可是他哪里知道他这一打却起了连锁反应，得罪了温庭筠的姐姐。姐弟情深，姐姐一想起来弟弟因为被姚勖打了一顿就再也考不中进士这件事，就对姚勖恨得牙根痒痒。

姚勖是温庭筠姐夫赵颛的朋友，其实还和温庭筠是表亲关系。一天，姚勖去拜访温庭筠的姐夫，被温庭筠的姐姐知道了，温庭筠的姐姐疯了一样从后堂就冲到了前厅，拽着姚勖的衣袖就哭开了。“勖殊惊异，且持袖固不可脱，不知所为”（《玉泉子》）——把姚勖给闹懵了，男女授受不亲，你当着你老公的面拽着我的袖子哭算什么事呢？这是为什么呢？拽得还挺结实，死活挣不脱。

就在姚勖一头雾水的时候，温庭筠的姐姐哭着说：“我弟年少宴游，人之常情，奈何笞之？迄今遂无所成，安得不由汝致之！”姚勖这才明白是怎么回事。说完，温庭筠的姐姐又哭开了。姚勖好不容易才摆脱了温庭筠姐姐的纠缠。结果如何呢？“勖归愤讶，竟因此得疾而卒”（《玉泉子》），姚勖竟因为这件事坐下病了，最终一命呜呼！看来行好还得找对人。

三、轻薄无人相助

温庭筠为人轻薄，招人嫉恨。起初他和宰相令狐绹关系挺好，令狐绹也挺器重他[1]，他完全可以通过这个关系考上进士——当年李商隐考上进士就是令狐绹帮的忙。可是令狐绹为什么不帮温庭筠呢？

宣宗皇帝最喜欢唱《菩萨蛮》。宰相令狐绹就借机巴结宣宗——你喜欢啥我给你送啥。这就叫投其所好。但令狐绹又不会写《菩萨蛮》，他就让温庭筠写，这是温庭筠的强项。温庭筠写好之后交给令狐绹，令狐绹一再交代

1 出入令狐相国书馆中，待遇甚优。
——《唐才子传校笺》（三），北京：中华书局，1990年，第438页。

温庭筠保密，可是温庭筠一转身就对别人说："皇帝唱的《菩萨蛮》是我写的。"[1] 这不是给宰相办难堪吗？

还有一次，令狐绹问温庭筠"玉条脱"是怎么回事。原来宣宗写诗对不出下句了，温庭筠就对了个"玉条脱"，皇帝非常赞赏，令狐绹不明白，所以才有这么一问。温庭筠回答说出自《南华经》，其实到这里问题已经解决了。可是温庭筠又说了一句："非僻书，相公燮理之暇，亦宜览古。"(《玉泉子》)那意思是：你也太无知了吧，连这个都不知道，没事的时候多看点书，别老问那让人笑话的问题。总是不给人家留面子，你说令狐绹能帮他吗？

1 时宣宗喜歌《菩萨蛮》，绹假其新撰进之，戒令勿泄，而遽言于人。
——《唐才子传校笺》(三)，北京：中华书局，1990年，第438页。

四、考场救人误己

大中年间，温庭筠多次参加进士科考试。既然是多次参加，说明总没考上。别人没考上，是因为不会或卷子答得不好，而温庭筠是没有答到自己卷子上——"多为邻铺假手"(《唐才子传》)。到底是怎么回事呢？温庭筠在考场上总是心太软，见不得别人苦思冥想，一看到别人发愁就想当"及时雨"，把自己写好的文章揉成团扔过去，每场必救数人，可是到最后也没有写到自己卷子上。卷子上没字自然就没分了，他这是故意扰乱考场秩序，所以主考官非常讨厌他，考不上也就在情理之中了。

据《唐才子传》讲，温庭筠在大中末年又参加了一次科举考试，主考官是沈侍郎。据《登科记考》记载，大中九年(855)，沈询负责科举考试。主考官沈询知道温庭筠的毛病，喜欢在考场上当"及时雨"，"特召庭筠试于帘下，恐其潜救"(《唐才子传》)。这次温庭筠还真有所收敛，因为不能扔纸团了，所以就提前交卷了。不过等他交卷子的时候．一打听，"已占授八人矣"(《唐才子传》)，"占授"就是口授，通过耳语已经帮了八个人了。老是扰乱考场秩序，主考官能录取他吗？温庭筠的儿子温宪后来也是久战科场，看来还有遗传啊！

从这三个例子我们可以看出，考场上能否成功是需要很多因素的，即便才高八斗，也不敢保证一定能够成功。虽然如此，还是有很多人在执着地坚持着，有人为此耗费了青春，有人为此献出了生命。

第十五讲

黯然销魂的科场「英雄」

科举考试的艰难，令唐代那些苦战文场的举子们刻骨铭心。为了实现自己的人生理想，那些做着官场梦的翩翩学子，在科场上将自己变成了齿危发秃的衰暮老翁。

他们用执着，浪费着青春和热情；他们用恒心，消磨着雄心和壮志；他们用一曲曲悲歌，吟唱出人们对官场的向往；他们用一行行足迹，讲述着志业难成的现实。

即便如此，他们也不肯轻言放弃。正如温庭筠的儿子温宪在《题崇庆寺壁》中说的那样："鬓毛如雪心如死，犹作长安下第人。"下面我们就一起走近那些坚持在科举考试第一线的"英雄"。

屡败屡战的举子

在通往科举考场这座独木桥上，人们杂沓拥挤，所以岑参慨叹"何处路最难，最难在长安"（《送张秘书充刘相公通汴河判官，便赴江外觐省》）。就在这群人当中，韩愈已经来了四次，公乘亿几乎不认识妻子，顾非熊总是受人排挤。像这样的人还有很多很多，这里只选韩愈、公乘亿、顾非熊作为代表，来了解一下他们志业难成的心理。

一、韩昌黎四举及第

韩昌黎就是韩愈，因为族望是昌黎，所以称韩昌黎。我们前面曾经提到过韩愈，在我们的印象中，韩愈可是个牛人，中唐著名诗人、古文大家，位列"唐宋八大家"之首，被苏轼称为"文起八代之衰"，有"文章巨公"和"百代大宗"之名，这些都不是虚誉之词。韩愈是个少年天才，他自己曾在《与凤翔邢尚书书》中说："生七岁而读书，十三而能文。"《新唐书·韩愈传》中也说："愈自知读书，日记数千百言。比长，尽能通六经、百家学。"可就是这么一个学识渊博的人，恐怕大家怎么也想不到，他竟然也是个"复读生"。

韩愈在《与凤翔邢尚书书》中说自己“二十五而擢第于春官”。光宅年间，曾改礼部为春官，后来“春官”就成了礼部的别称。《唐诗纪事》卷三十四“韩愈”条称：“德宗贞元八年壬申，是岁公登第，年二十五。”这说明，韩愈是在唐德宗贞元八年（792）二十五岁时考中进士的。这两条文字看起来轻描淡写，其实韩愈考得一点儿也不轻松，他在《上宰相书》中坦率地说“四举于礼部乃一得”，即考了四次才被录取。

关于这个事情，韩愈还在《答崔立之书》中进行了自我爆料，他说：“年二十时，苦家贫……及来京师，见有举进士者，人多贵之，仆诚乐之，就求其术。或出礼部所试赋、诗、策等以相示，仆以为可无学而能，因诣州县求举。有司者好恶出于其心，四举而后有成，亦未即得仕。”这段文字说明，韩愈从二十岁进京城之后就没闲着，一直在忙着考试。开始的时候，当他看到礼部考试的文章，觉得很容易，认为自己即使不专门备考，也照样能够考上。看来他真不知道科场里的水到底有多深，所以眼高手低，连着失败了三次。第四次如果不是梁肃的大力推荐，估计他也不会成功。不论如何，好歹算是考上了，这么多年没有白忙活。

考上进士之后，韩愈并没有马上得到岗位，于是他又参加了吏部的博学宏词科考试。韩愈真够坦率的，他没有把这些考试看得特别高尚，直言就是为了工作岗位，他说：“闻吏部有以博学宏词选者，人尤谓之才，且得美仕。”（《答崔立之书》）考上之后就有好工作，于是，韩愈又参加了这个科目的考试。结果呢？“凡二试于吏部，一既得之，而又黜于中书。”韩愈在《上宰相书》中称“三选于吏部卒无成”，说的就是这件事。不过，这次可没有人帮他了。

以韩愈这样的大才，还老在考场上受打击，更何况别人呢？公乘亿在考场上屡受打击，几乎都傻了，见到自己的老婆都不敢确认。我们来看看究竟是怎么回事。

二、公乘亿不识发妻

公乘亿的名气远没有韩愈那么大，但命运却远比韩愈坎坷。公乘亿以词赋闻名，咸通十二年（871）考上了进士。他的考试是出了名的“持久战”，前后考了将近三十次，这就是《唐摭言》中所说的“垂三十举矣”。人这一辈子能有几个三十年啊！他竟然光在考场上就用了三十年，不过这也说明官场对当时人的吸引力到底有多大了。

在咸通十二年（871），公乘亿生了一场大病。同乡人误认为公乘亿已经因病去世了，就把这个“噩耗”告诉了公乘亿的老婆。古人讲究埋骨桑梓，叶落归根，公乘亿的老婆非常悲伤，穿着丧服到京城，要迎回公乘亿的骨骸。历尽艰辛到了长安城外，公乘亿的老婆看见一个人正在为另一个人送行，这个人看上去像自己的丈夫公乘亿。其实这个人本来就是公乘亿，两个人已经十多年没有相见了，虽然不是“十年生死两茫茫”，但这十多年里，公乘亿困顿科场苍老了很多，所以老婆看着他，像，但又不敢确认。

这个时候，公乘亿也“见一妇人，粗缞跨驴，依稀与妻类，因睨之不已”（《唐摭言》）。“缞”就是丧服。公乘亿看见眼前这个女的穿着丧服，骑着驴，模样与妻子有点儿像，于是也不住地斜着眼看，毕竟他不相信老婆会这身打扮出现在自己的眼前。眼前这个女人也不停地端详着公乘亿，为了确认眼前的人到底是不是公乘亿，公乘亿的老婆就求人向公乘亿打听。在确认自己的老公没有病死之后，公乘亿的老婆过来拉住他，两个人就哭了起来。《唐摭言》中是这样说的“令人诘之，果亿也，亿与之相持而泣”，这才是流泪眼看流泪眼、断肠人对断肠人啊！还说什么呢，高兴也好悲哀也罢，所有的话都在两行眼泪中了。路上的行人看着这两个人感觉很奇怪，不知道这两个人干吗在这儿抹眼泪，等公乘亿说明了情况之后，大家也是感叹不已。

公乘亿的老婆就是公乘亿的福星，两人相见之后，“后旬日，登第矣”，十天之后礼部南墙放榜，公乘亿考上了，这样公乘亿在科场上折腾了差不多三十年。其实在他之前，还有一位叫顾非熊的，也是折腾了三十年。

三、顾非熊蹭蹬三十

单说顾非熊，我们可能觉得有些陌生，其实他也是名人之后，他的父亲叫顾况，就是说白居易“长安米贵，居大不易”的那位。据说顾非熊的出生还有一段传奇故事：《北梦琐言》中讲，顾况曾居茅山，晚年得子，本来是人生一大幸事，但这个孩子又夭折了，于是喜剧成了悲剧。这个夭折的孩子，就是顾非熊。[1]

顾况丧子心痛，写了一首诗："老人丧爱子，日暮泣成雪。老人年七十，不得多时别。"顾况念这首诗的时候悲悲切切的，结果顾非熊在阴间听到了，心里也挺不是滋味，就把这个情况告诉了阎王和小鬼们，大家也挺同情顾况的，于是又商量让顾非熊还阳了。孩子死而复生，顾况还不得乐坏啊，所以对这个孩子格外看重。孩子长到三岁的时候，对在阴间听到父亲念诗的这些情节还记得清清楚楚，所以对诗也情有独钟。

1 唐著作郎顾况，字逋翁，好轻侮朝士，贬在江外，多与僧道交游。时居茅山，暮年有一子，即非熊前身也。一旦暴亡，况追悼哀切。

——《北梦琐言》，北京：中华书局，2002 年，第 178 页。

这虽然是小说家言，但顾非熊确实是顾况手把手教的，得到了顾况的真传。从文献中我们不难了解到，这个顾非熊还真是个人才："一览辄能成诵，工吟，扬誉远近。"(《唐才子传》) 按说有这样的家教和素养，顾非熊考个进士应该不是什么难事，怎么也在考场上浪费了三十年的青春呢？问题就出在顾非熊的品性上。

有个词叫"恃才傲物"，意思是说因为自己的才能高而看不起别人，显得很傲慢。顾非熊就是这样，这个人"性滑稽好辩，颇杂笑言。凌轹气焰子弟，既犯众怒，挤排者纷然"(《唐才子传》)。滑稽则有失庄重，好辩则容易树敌，再加上他总看不起那些为人傲慢的人，所以显得更加傲慢，就惹得大家联起手来排挤他。顾况当年就特别喜欢轻侮朝士，看来这一点顾非熊继承得还是很到位的。一个人一旦被人盯上，优点都能变成缺点，更何况顾非熊本来就不招人待见呢？所以，顾非熊在科场上反反复复考了三十年，虽屡败屡战，依旧是布衣一个。

到了会昌五年 (845)，主考官陈商又没有录取顾非熊，这个结果引起了唐武宗的注意。原来，唐武宗早就知道了顾非熊的大名，他发现录取名单上没有顾非熊的名字，就"敕有司进所试文章，追榜放令及第"(《唐才子传》)。如果不是唐武宗亲自过问，顾非熊这次又白考了。

被录取之后，顾非熊的朋友刘得仁写诗祝贺："愚为童稚时，已解念君诗。及提高科晚，须逢圣主知。"(《贺顾非熊及第其年内索文章》) 既为顾非熊感到高兴，同时又充满了羡慕之情。为什么这么说？刘得仁是公主之子，诗歌写得也不错，但“出入举场二十年，竟无所成”（《唐才子传》），也是一个非常悲催的人。

科场中的悲惨世界

其实，比上面这三位更悲催的人还有。不管怎么样，韩愈、公乘亿、顾非熊最后还都考上了，有些举子却非死即伤，成为真正的科场牺牲品，上演了一场场催人泪下的科场悲剧。

一、乐极生悲

《因话录》卷六中收录了这么一个故事：有一位叫陈存的举子，擅长古体诗歌写作，但就是命运不好。怎么不好呢？《因话录》中说：“主司每欲与第，临时皆有故，不果。”每次主考官要决定录取陈存的时候，不是有这事，就是有那事，总会因为一些原因搁置在那里，最终导致没有被录取。

终于到了元和七年（812），陈存的好朋友许孟容主持科举考试。许孟容决定无论如何要帮老朋友一把，可以说陈存登科已经是板上钉钉的事了，所以他的心情轻松了许多。第二天就要考试了，头一天晚上需要好好休息，养精蓄锐。陈存就住在一个同族亲戚家里，这个亲戚很关照陈存，又是为他准备考试的食物，又是准备早餐。等到五更时分，亲戚想着陈存该起床了，可是怎么还没起来呢？于是就到陈存睡觉的房间叫他，可是不管怎么叫，陈存就是不答应。亲戚着急了，破门而入，进房间一看，傻眼了，原来陈存“已中风，不能言也”。这真是造化弄人，乐极生悲啊！

二、死去活来

《太平广记》卷一百五十七“命数”中讲了一个李敏求的故事：李敏求先后十多次参加进士科考试，但始终榜上无名。不仅如此，“海内无家，终鲜兄弟姻属，栖栖丐食，殆无生意”，无家无业无亲人，属于“三无”人员，就靠讨饭维持生计。太和初年的一天夜里，李敏求一脸愁容地坐在夜空下，“忽觉形魂相离，其身飘飘，如云气而游，渐涉丘墟荒野之外，山川草木无异人间，但不知是何处”，就在李敏求感觉迷茫的时候，他遇见了十年前已经死去的张岸，张岸此时正是泰山府君判官柳十八郎柳澥的随从，而柳澥曾经是李敏求的朋友，这个人也已经去世了。李敏求这才知道，原来自己到了阴间。

既然自己的朋友是判官，李敏求就提出了一个不情之请："受生苦穷薄，故人当要路，不能相发挥乎？"李敏求渴望柳澥能帮自己改变命运。都什么时候了，心里还在想着当官、飞黄腾达呢！柳澥很坚持原则，没有答应，却表示可以帮他查看一下禄命，阴间的生死簿上写着"李敏求至太和二年罢举"。看完之后，李敏求又被送回阳间。为了科举成功，一个鲜活的生命经历了死去活来。不过，梦醒之后，李敏求心灰意冷，从此不再沉迷于科场。

如果说李敏求是假死的话，我们下面讲的这个故事则是真死了，而且还是客死他乡。

三、客死他乡

《太平广记》卷一百六十七"气义"条中记载：廖有方在元和十年（815）下第后到蜀地游玩，在宝鸡西的一个旅店里，忽然听到呻吟的声音。廖有方仔细聆听，呻吟之声时断时续、若有若无，很微弱。他循着声音寻找，发现在一个空房子里躺着个病人。廖有方问他什么病，哪里的人，为什么流落到此，病人强打精神回答说："辛勤数举，未偶知音。"原来也是一个多次参加考试的落第举子，廖有方不禁有些同病相怜。

病榻上的举子喘息了一会儿，再次强打精神说："唯以残骸相托。"廖有方本想找大夫救治这个可怜的举子，可是这个人"俄忽而逝"——托付完后事很快就死了。[1] 廖有方就把自己所骑的马低价卖了，买了一副薄皮棺材，就地安葬了这个举子。因为不知道对方的详细情况，姓什么叫什么都不知道，想给他留下点纪念文字都难。好在都参加过科举考试，于是还是为他写了几句诗："嗟君殁世委空囊，几度劳心翰墨场。半面为君申一恸，不知何处是家乡！"让人心情好沉重啊！

1 元和乙未岁，下第游蜀。至宝鸡西，适公馆。忽闻呻吟之声，潜听而微惙也。乃于间室之内，见一贫病儿郎。问其疾苦行止，强而对曰："辛勤数举，未偶知音。"眄睐叩头，久而复语："唯以残骸相托。"余不能言。拟求救疗，是人俄忽而逝。

——《太平广记》，北京：中华书局，1987年，第1222页。

我们刚才讲的这些人不论成也好败也好，死也好废也好，他们还都经历了考试的磨炼。有的人虽然身怀高才，却连进入考场的机会都没有，我们前面讲的李白便是如此，他是因为不符合参加考试的条件；还有一位怀才不遇没有进入考场的人物，他就是我们所熟知的“诗鬼”李贺。

无缘科场的“诗鬼”李贺

一、名人延誉

李贺是中唐时期的天才诗人，系出郑王后，原本是皇族，可是到他这一代已经享受不到太多的门荫了。李贺早慧，七岁就会写文章了，名动京师，而且还惊动了大名鼎鼎的韩愈和皇甫湜。[1]这两个人看了李贺的文章，非常惊讶，更不敢相信这样的文章竟然出自一个小娃娃之手，觉得“若是古人，吾曹或不知，是今人，岂有不识之理”(《唐才子传》)。两个人的意思很明白，要过去找李贺认识一下，顺便当面看看是不是像传的那么神。这两个人还真把李贺当回事，一块儿去拜访他，李贺这面子够大的！到了李贺家门口，李贺“总角荷衣而出”。“总角”就是古代未成年人头上扎的发髻，一边一个，看上去跟小哪吒一样，很可爱。“荷衣”就是绿色的衣服。李贺扎着俩冲天发髻，穿一身绿衣服，从家里蹦蹦跳跳地出来迎接。

1 李贺字长吉，系出郑王后。七岁能辞章，韩愈、皇甫湜始闻未信，过其家，使贺赋诗。
——《新唐书》，北京：中华书局，1975年，第5787页。

当韩愈、皇甫湜说明来意之后，李贺一点儿也不胆怯，“欣然承命，旁若无人，援笔题曰‘高轩过’，二公大惊”。耳听为虚，眼见为实，二人一看——太有才了，的确像传说中的那样神奇。二人对这个小朋友是既佩服又喜欢，带着他出去玩了，还亲自为李贺梳头发、扎辫子。从此以后，二人和李贺成了忘年交，到处替李贺做宣传，“于缙绅之间，每加延誉，由此声华藉甚”，由于二人的宣传，李贺更加出名了。这就引出了麻烦。

二、拒交元稹

人没出名的时候想出名，一旦有了小小的名声就会为名所累，不论你喜欢不喜欢，各种事各种应酬接踵而来。认识的不认识的，有关系的没关系的，总会有人拿你的名字做自己的面子。李贺也遇到了这样的情况。《剧谈录》中讲，李贺的名气传到了元稹的耳朵里。元镇是河南洛阳人，父亲死得早，在母亲的教导下刻苦学习，十五岁明经及第。他不仅经学修养好，还擅长创作诗歌，后来和白居易一起领导了“新乐府运动”。李贺也是以诗歌闻名，所以元稹一心想结识李贺，互相切磋一下诗歌创作的技艺。

一天，元稹带上礼物，拿上拜帖来到李贺家，对仆人说明来意，仆人把元稹的拜帖递给李贺，李贺一看上面写着明经元稹，表现得很不屑。李贺干脆自己连门都没有出，让仆人转告元稹说：“明经擢第，何事来看李贺？”虽然元稹也是个人才，但在当时人的眼中，明经科不如进士科重要，关于这个问题我们在前面已经讲过了。也正是因为如此，他才在李贺那里吃了闭门羹。元稹既惭愧又愤怒，惭愧的是自己不是显科登第，才会被李贺羞辱；愤怒的是李贺你个小娃娃也太狂、太不给面子了！咱们骑驴看唱本，走着瞧！

三、麻烦来了

愤怒是魔鬼，可愤怒往往也是一种动力。元稹后来参加了贞元十九年（803）吏部的书判拔萃科考试，这个科目和韩愈考了三次的博学宏词科都是吏部的科目选，考上就有好的工作岗位。元稹的考试结果如何？他在《同州刺史谢上表》中说：“年二十四，登吏部乙科，授校书郎。”“吏部乙科”就是书判拔萃科，元稹考了个第四等。到了元和元年（806），元稹又参加了才识兼茂明于体用科考试，这是朝廷选拔非常之才的制科，元稹荣登榜首。这之后，元稹的仕途顺利了很多。

随着元稹在官场上的发展，李贺也渐渐长大了。“学成文武艺，货与帝王家。”李贺的常规当官途径也是参加科举考试，他看不起明经科，所考试的科目自然是进士科了。可是麻烦来了，康骈在《剧谈录》中说：“贺祖祢讳晋，不合应进士举，亦以轻薄时辈，所排遂成轗轲。”这是古代的一种文化现象，要为先人讳、圣人讳、尊者讳，我们看《红楼梦》里林黛玉每当看到敏锐的“敏”字就用指头盖起来，因为她的母亲叫贾敏。另外，李贺还老是傲慢看不起别人，所以大家联起手来为难他，就这样到最后也没有考成。

四、韩愈辩讳

李贺因为要避讳父亲的名字不能参加科举考试这件事，在当时成为大家谈论的焦点话题。韩愈为此写了一篇《讳辩》，为李贺辩白。韩愈在文章中非常气愤地批评，这是有人在故意刁难李贺。不错，避讳是一种礼法，但这种礼法也是有原则的：原则一是二名不偏讳。如果需要避讳的名字除姓之外有两个字，无论是取名还是写文章重一个字不算不尊敬。韩愈举例说，比如孔子的母亲叫颜徵在，只要“徵在”二字不同时出现在口中或笔下就行。原则二是不讳嫌名。如果音同字不同也不用避讳，韩愈又举例说，比如大禹的“禹”与下雨的“雨”读音一样，但字不一样，所以也不算不尊敬。

根据这两条原则，韩愈向刁难的人质问：“今贺父名晋肃，贺举进士，为犯二名律乎？为犯嫌名律乎？”到底符合避讳原则的哪一条呢？明明一条都不符合。写到这里，韩愈越加气愤，觉得这就是别有用心的人在没事找事，于是又说：“父名晋，子不得举进士；若父名仁，子不得为人乎？”韩愈简直成了怒目金刚。

接下来，韩愈从避讳的目的和历史上名人案例入手，极力为李贺辩解，但最终也没能成就李贺的夙愿。唉，一时的傲慢带来了终生的遗憾，真有点不值了。不过，关于这个故事中的从中作梗之人到底是不是元稹，也有人提出了异议。韩愈在他的《讳辩》中也说“贺举进士有名，与贺争名者毁之曰：贺父名晋肃，贺不举进士为是”，在韩愈看来，这是考场上的一种恶性竞争，是当年一块儿参加考试的人做的手脚。不过这件事对李贺打击很大，从当年“男儿何不带吴钩，收取关山五十州”这样的豪气，变成了“长安有男儿，二十心已朽”——失去了斗志。

从上面这些例子可以感受到，科举这条路真的不好走，是需要才气、勇气与运气的，三者缺一不可。也有人在考试的过程中面对失败、备受煎熬时想到过放弃，但最终的坚持让他感受到了成功的喜悦。这个人会是谁呢？

第十六讲

孟郊悲催的科举人生

在科举考试这个没有硝烟的战场上，在杂沓拥挤的考生大军中，少数人成功了，无数人失败了。有些人经过不懈的努力，坚持着从失败一步步走向了成功，而这些人则构成了科场成功人士的主体。

在这些经过多次拼杀终于冲过独木桥的人群中，有一个我们熟悉的身影，他就是孟郊。孟郊曾经饱受失败的煎熬，他愤怒、彷徨，可是当他拿到“录取通知书”的那一刻，他又是那样的春风得意。

在孟郊的身上，我们可以看到一个“战斗”在考场上的“勇士”的内心世界，同时也可以感受到所标榜的人才在当时的价值。

别样的《游子吟》

孟郊是中唐著名的苦吟诗人，上中学的时候语文老师肯定告诉过我们“郊寒岛瘦”，这里的“郊”就是指孟郊，意思是说孟郊和贾岛两个人作诗喜欢用苦涩的语言写痛苦的事情。[1] 所以苏轼评价孟郊的诗，是“诗从肺腑出，出辄愁肺腑”。孟郊还是中唐时期“韩孟诗派”的代表人物，在诗坛上和韩愈并称“韩孟”。[2]

孟郊性格耿介，很少与人谈得来，但和韩愈却相处得非常融洽。这两个人先后参加了进士科考试，也算是在一个战壕里奋斗过的兄弟。据说，韩愈曾经做过一个梦，梦见自己小时候读书，读不下去的时候，有一个人就把书撕碎了强行往自己嘴里塞。等他见到孟郊的时候，大吃一惊，因为越看孟郊越像梦中往自己嘴里塞书的那个人。这大概就是佛家所说的“阿赖耶识”吧，也就是说这辈子能够认识，是因为上辈子已经有因了。

说起孟郊，恐怕我们的脑海中马上会浮现出一幅感人的画面：一位白

1 工诗，大有理致。……多伤不遇，年迈家空，思苦奇涩，读之每令人不欢。
——《唐才子传校笺》（二），北京：中华书局，1990年，第512页。

2 性孤僻寡合，韩愈一见以为忘形之契，常称其字曰东野，与之唱和于文酒之间。
——《旧唐书》，北京：中华书局，1975年，第4205页。

发苍苍的老妈妈，正在为将要出门的儿子缝衣服、补扣子，老人一针一线缝出了细密的针脚。大家肯定已经猜出来了，这就是一首诗带给我们的画面——孟郊的《游子吟》。这首诗我们很熟悉：

慈母手中线，游子身上衣。
临行密密缝，意恐迟迟归。
谁言寸草心，报得三春晖。

“父母在，不远游”，这是古人的孝道理念，可生存的压力和实现人生价值的愿望，又让他们处于忠孝不能两全的矛盾中，所以又不得不辞亲远游。儿是娘的心头肉，无论儿子走到哪里，当娘的都会放心不下，无论儿子年龄有多大，在娘的心目中总是一个孩子。当父母的总是把人间最伟大的爱无私地给了孩子，所以我们总是慨叹“可怜天下父母心”。这首诗就向我们展现了一幅慈母图，特别是“临行密密缝，意恐迟迟归”两句，把天下母亲的心都写尽了——只有针脚细密，衣服才结实耐穿；只有衣服耐穿，漂泊在外的游子才能不受寒挨冻。其实老人心中期盼着儿子能够早日回到自己的身边。老人用针线缝出来的是衣服，可是缝进衣服中的却是母亲对儿子的牵挂。

孟郊的父亲死得早，孟郊兄弟三人由母亲裴氏一手拉扯大。为了混得像样一点，孟郊离开寡母幼弟，四处奔波，所以总是与母亲聚少离多，也正是因为没有尽到孝顺的义务，所以对母亲多有愧疚之情。他多次以“游子”的身份，抒发对母亲的思念。这首《游子吟》简单易懂，曾经在香港被评为最有魅力的唐诗，其魅力就在于触动了我们的亲情和乡情，用这首诗进行亲情教育，无疑是极好的选择。

可是，难道这首诗就只是表现了母子情深吗？会不会带给我们一些别的什么信息呢？我们讲的主题是科举，这首诗和科举有什么关系呢？它反映出了孟郊什么样的科举人生呢？其实，要想真正了解孟郊这首《游子吟》的深意，真的绕不开孟郊在科举道路上的心路历程。

悲催复悲催

在读书人的心目中，一旦考上进士就等于端住了铁饭碗，将来还可能封侯拜相成为人上人。所以，举子们在考试的过程中，总免不了会做一些白日梦，用将来的飞黄腾达安慰自己近乎脆弱的心灵，并让自己坚持下去。可是，想象毕竟是虚幻的，无论如何也难以弥补现实中的遗憾。所以面对失败，大家又免不了情绪低落，慨叹命运多舛。比如赵嘏在《下第后上李中丞》中说：

落第逢人恸哭初，平生志业欲何如。
鬓毛洒尽一枝桂，泪血滴来千里书。

见人就哭着嘟囔自己怀才不遇。孟郊也是个凡人，当遭遇失败的时候，他也发过牢骚，说过狠话。

我觉得这方面最具有代表性的，就是他的那首《叹命》，光听这个题目，就觉得牢骚够大，慨叹自己命不好。这首诗是这样的：

三十年来命，唯藏一卦中。
题诗还问易，问易蒙复蒙。
本望文字达，今因文字穷。
影孤别离月，衣破道路风。
归去不自息，耕耘成楚农。

这首诗写尽了孟郊的委屈。究竟该怎么理解呢？我们逐句来说。

从措辞推测，这首诗肯定是写于孟郊考试失败之后。“三十年来命，唯藏一卦中”，作者称“三十年”并不是一个确切的年数，也不是说自己三十岁了。孟郊出生于天宝十载（751），第二次考试失败是贞元九年（793），这时已经是四十三岁了。所以，这个“三十年”肯定不是指年龄。那是指什么呢？古人非常讲究“十五而志于学”，这是跟孔夫子学的，《论语·为政》篇中孔子说：“吾十有五而志于学。”“志学”就是专心求学的意思。那么，从志学之年十五岁算起将近三十年了，因此作者才说“三十年来命”，也就是说从专心志学以来的命运。读书志学的目的是什么呢？参加科举考试。在当时，很多举子有一个习惯，就是在考试之前占卜，给自己算一卦，算命运，算前程，看能不能考上。

其实，古代的很多读书人自己就会算卦，因为他们读的“五经”“九经”等儒家经典里面，有一种叫《易经》，又称《周易》。据说是当年西伯侯姬昌被拘羑里城以伏羲八卦为基础推演出来的，民间又称为“文王六十四卦”。这个《易经》在很大程度上就是一本卜筮之书，是用来算卦的。这就引出了“题诗还问易，问易蒙复蒙”，当时流行诗赋取士，就是在考场上需要作诗，孟郊像别的举子一样，考试之前先问卦。结果怎么样呢？手气特别背，摸一卦一看，下下签；再来一卦，还是下下签。你怎么知道是下下签呢？这里的“蒙”是指蒙卦，《周易·蒙》卦《正义》说：“蒙者，微昧暗弱之名。”也就是我们说的下下签。

既然抽到的是下下签，到考场上也是失败，不去考试不行吗？不行，得排队。这就是孟郊带给我们的智慧：坚持。坚持有可能不成功，但放弃一定是失败，不管干什么事，只有自己坚持，因为没有人会替我们坚持。屡败屡战展示的不仅是勇气和毅力，更是成功的机会。范进中举的故事中，范进那么大年龄才成功，真是他有水平吗？有水平早就考上了，是主考官同情他——怎么每年都有这个人的名字啊？肯定是没考上。怎么才能让这个名字消失呢？你不能劝人家别考了。那怎么办？给他个指标不就行了！我们前面讲的顾非熊，在考场上折腾了三十年，要不是唐德宗干预，给他追加个录取指标，他还得继续折腾下去。这就是机会！一旦放弃了或者三天打鱼，两天晒网，这样的机会很可能就没有了。

孟郊连着两次参加国家级的考试，一次是贞元八年（792），一次是贞元九年（793），但两次都失败了。所以孟郊慨叹说“本望文字达，今因文字穷”。失败的感觉是很糟糕的，孟郊第一次考试失败之后，写了一首《落第》诗：

> 晓月难为光，愁人难为肠。
> 谁言春物荣，独见叶上霜。
> 雕鹗失势病，鷦鷯假翼翔。

弃置复弃置，情如刀剑伤。

因为科场的失败，月亮都没有心情发光了，虽然已经是春花烂漫的季节，但因为愁绪满怀，所以满眼都是哀愁。自己就像一只凌空高举的猛禽，但因为没有可以凭借的大风，所以也只能看着小小的鷦鷯鸟自由自在地飞翔。想到这里，孟郊越发悲情满怀，一次次的失败，让他已经充分感受到了“风刀霜剑严相逼”。

孟郊为什么说“弃置复弃置”呢？严格来说，孟郊这次失败已经是第二次了，第一次是参加地方选拔考试，孟郊的老家是湖州武康，即今天的浙江德清县。因为唐朝科考规定，举子考试要从户口所在地取得考试资格，叫作解试。孟郊当时参加湖州解试也不顺利，我们看看他在《湖州取解述情》诗中的情绪就知道了：

霅水徒清深，照影不照心。

白鹤未轻举，众鸟争浮沉。

因兹挂帆去，遂作归山吟。

霅水是湖州境内的一条河。作者说这条河虽然水很清澈，但只能照见人的影子，却照不见人的内心，所以该成功的不成功，不该成功的反而成功。作者把自己比成白鹤，把别人比成凡鸟，像白鹤一样的自己却争不过那些平庸的人。孟郊不禁有些生气了，打算归隐山林，远离这个世俗的科场。孟郊也太不淡定了，一有点儿挫折就发牢骚说不考了。

第二次到长安参加考试，再次失败，孟郊又写了一首《再下第》诗：

一夕九起嗟，梦短不到家。

两度长安陌，空将泪见花。

一夜起来九次，是发愁得睡不着。又没有考上，还不能长时间滞留京城，留在京城也没人管饭啊，于是向一起参加考试的哥们儿辞行。同在一方蓝天下，咋这么不公平呢？“影孤别离月，衣破道路风”，和自己一起来的哥们儿全留在了京城，只有自己一个人孤苦伶仃地走在回家的路上，真是凄凄惨惨戚戚啊。“江蓠伴我泣，海月投人惊。失意容貌改，畏途性命轻。”（《下第东南行》）江边的蘼芜草也仿佛知道孟郊的悲苦，陪着他一同伤心流泪，水中的月亮让他感到惊心。因为伤心，孟郊明显憔悴了很多，甚至连自杀的心都有。但自杀是需要勇气的，正史记载，孟郊不善于打理自己，经常衣若悬鹑，看上去哪里像个儒生，简直就是丐帮的九袋长老。[1]说着说着牢骚又来了，“归去不自息，耕耘成楚农”，这次回去再也不说考试的事了，我就当老农种庄稼，爱咋地咋地。乍一听，还真有点血性，不过再仔细一品味，更多的是破罐子破摔的味道。看来，孟郊的心情糟糕透了，情绪已经跌落到了最低点。

1 郊拙于生事，一贫彻骨。裘褐悬结，未尝俯首为可怜之色，然好义者更遗之。
——《唐才子传校笺》(二)，北京：中华书局，1990年，第512页。

他真能做到归隐田园种庄稼吗？如果真能做到，他就写不出《登科后》那种苦尽甘来的喜悦了。接下来我们讲第三部分，孟郊考上了，他这才要“一日看尽长安花”。

一日看尽长安花

贞元九年（793）考试失败之后，孟郊真的没有马上再进京城，直到贞元十一年（795），孟郊才决定最后一搏，到京城参加贞元十二年（796）的进士科考试。从韩愈写的《贞耀先生墓志铭》中不难看出，孟郊这一次进京也不是本意，而是听了母亲的话。贞耀先生就是孟郊，死后朋友们私谥他为贞耀先生。韩愈在这篇墓志铭中说：“年几五十，始以尊夫人之命，来集京师，从进士试。”“几”是接近的意思，孟郊动身到京城这一年是四十五岁，所以说“年几五十”。

有的时候事情就是这样，当你汲汲追求的时候，成功离你总会有一段距离；而当你不过分在意了，成功反倒来敲门了。孟郊是个孝子，这次考试就是做给母亲看的。经历了两次失败，孟郊这次终于拿到了“录取通知书”。不经历严寒，不知道春日的温暖，没尝过黄连，品不出蜜橘的甘甜，孟郊心里那叫一个舒服啊，完全可以用欣喜若狂来形容。诗者，记也。这种情况下，最适宜用诗歌来记录，于是孟郊挥笔写下了一首传唱千古的诗——《登科后》：

昔日龌龊不足夸，今朝放荡思无涯。

春风得意马蹄疾，一日看尽长安花。

用一个字来概括这首诗的意思，用一个字来形容孟郊当时的心情——爽！

能不爽吗？今昔对比，感觉很不一样啊，当年那种痛苦的日子一去不复返了，当年那种“影孤别离月，衣破道路风”“晓月难为光，愁人难为肠”“失意容貌改，畏途性命轻”的日子都见鬼去吧！现在我考上了，已经入围了，已经具有当官的资格了，已经不再是被人鄙视的穷小子了，等过了吏部关试，先弄个小官当当，然后过几年得到升迁，慢慢来，说不定将来就能封侯拜相、执掌朝政呢。孟郊这就开始浮想联翩了，这就是第二句的“思无涯”。没考中的时候一没心情想，想也是白想；二没资格想，越想越难受，不如不想。可现在不一样了，现在考上了，一切都具有了可能性，所以也就敢想了。

不过，从这首诗中我们既能看出孟郊的愉快，也能感受到孟郊的辛酸。先说愉快，就是从后两句表现出来的，孟郊骑上快马在长安城里飞奔，一天就把长安城逛了一遍。明显是一种夸张的手段，是一种浪漫主义的手法，当年的京城长安可是国际性的大都市，别说骑着快马，就是开着宝马，要想一天把长安城逛一遍也是不可能的。再说了，新科进士——天子门生都是人中龙凤，每年上千人甚至数千人考试，就录取那几十个人，在常人眼中这都是人尖子，所以全城的老百姓都过来围观，人挨人，人挤人，缓辔而行都困难，你骑着快马在长安城里飞奔，那只有一个结果，出交通事故。所以，这就是孟郊用来形容心情极度兴奋、极度愉快的艺术手法，是作者自己想象的。

再来说孟郊的辛酸。孟郊先后三次进长安参加进士科考试，可是京城长安对他来说依旧是陌生的，没有转过，没有看过，更关键的是没有心情看——“两度长安陌，空将泪见花”，两次考试的失败，眼中看到的除了哀伤还是哀伤。人们都喜欢锦上添花，作为一个榜上无名的落魄举子，谁会把关注的目光给他呢？所以他对于长安来说，也只不过是一个过客。正是因为以前长安给孟郊留下了太多的遗憾，所以他才会迫不及待地予以弥补，赶紧把长安的景象装进自己的脑海中。其实，与其说他着急着熟悉长安，不如说他急于被长安熟悉，他之所以如此迫不及待，不就是想告诉大家一个“我成功了”的信息吗？多年的压抑得到了释放，完全在情理之中。

关于最后两句，一般的解释是孟郊心情愉快，一天就把长安城参观了一遍，把这里的花解释成大自然的花朵。其实我个人觉得，这种解释固然能够表现出作者内心的愉快，但还不能体现出作者丰富的内心活动。唐代在进士放榜的时候，也是京城中喜庆的日子，那些王公贵族家里有姑娘还没有找到婆家的，这天会非常留心，要从这些新科进士中为自己的姑娘找个如意郎君。毕竟这些人中有的结过婚了，有的年龄大，有的长得太没有规律，扒拉扒拉剩不了几个钻石王老五，逮着一个算一个。这种情况到了宋朝，就成了一种社会风气，叫“榜下捉婿”。那些家庭条件优越的姑娘站在高处往下看，可是那些小家小户没有机会挑选新科进士为婿的姑娘只能是站在路边抬头看看、过过眼瘾罢了。

在这种情况下，无数京城的美女争看那些新科进士，新科进士们则看尽了京城美女，所以我把这里的“长安花”别解作京城的美女。把女孩子比成美丽的花朵是很常见的，我们不妨找个旁证，元稹的《离思》我们都不陌生：

曾经沧海难为水，除却巫山不是云。
取次花丛懒回顾，半缘修道半缘君。

元稹的夫人韦丛去世之后，元稹非常思念，即便是从美女群里经过，连头都不回，弱水三千只取一瓢饮。这里就是用“花丛”来比喻很多女色。所以，孟郊笔下的“长安花”，也不妨解释成京城的美女。

“一日看尽长安花”，既是一天看遍了京城的春色，也是一天赏尽了京城的美女，更是一天之间引起了京城美女的普遍关注。失败的时候没有人这样关注过孟郊，所以现在的这种关注无疑就是一种评价，是对成功者的欣赏与敬意。还是我们以前说的，我们经常是活在别人的评价中的，自己说自己行不行，得别人说你行才行，而且说你那个人本身得行，京城美女与邻居大婶关注的眼光自然是不一样的。这就是人活着累的地方。

考上之后也艰难

考试成功就一定能够改变生活处境吗？理论上是，可实际和理论是有差距的，是不完全相符的。孟郊考上进士之后，本来想得非常好，觉得朝廷会马上给个工作岗位。可是孟郊一直到知天命之年也就是五十岁才谋得了一个溧阳尉，这就是韩愈在《贞耀先生墓志铭》中所说的“间四年，又命来选为溧阳尉”。“间四年”就是又过了四年。孟郊那首《游子吟》就是这个时候写的，孟郊自己也在题目后注释说“迎母溧上作”。直到这个时候，孟郊才有能力把自己的母亲接到身边尽孝。如果是放在今天，这样的儿子恐怕是要被唾沫星子淹死的。

这好像与我们讲到的《游子吟》没有什么关系，其实不然，就是因为科举考试，孟郊才欠母亲太多，所以一得到工作岗位，马上就把母亲接到了身边。同样是因为科举，才会有孟郊辞亲远游让母亲缝衣服的情景。当时的交通条件不像我们今天，火车、飞机什么都有，就是绕着地球转一圈也用不了多长时间。可当时不行啊，家里有背景的能骑马坐车，条件稍差点的骑头驴。有一个无名氏就写过一首《嘲举子骑驴》诗，开头两句就说：“今年敕下尽骑驴，短轴长秋满九衢。”可以说，是驴叫醒了长安的春天。条件再差的呢？只能靠步行了。

孟郊就属于步行那个阶层的。从湖州老家到京城长安，路途漫漫，起早贪黑得走几个月。到京城考上了还行，没考上还得回家，又是几个月过去了。到家见母亲一面，缝缝衣服，补补扣子，还继续考吗？如果还继续考，又该向母亲说再见了。一年就那十二个月，八九个月的时间在路上折腾，谁受得了啊！所以母亲在缝扣子的时候渴望着儿子能够早点回家，但是最后能不能回到家里，娘俩还能不能再见面，孟郊会不会死在路上，谁知道啊。所以，这首诗表面上写的是母子情深，实则结合特殊的社会背景我们才发现，也表达了当时举子们命运的艰难，揭示了知识分子是社会弱势群体的现象。

孟郊把母亲接到身边，并没有让老人感到衣食无忧。按说，有了工作，吃喝应该是有保证的。问题就出在孟郊的身上，孟郊并不是那种在官场上左右逢源的人，他还是一任诗人秉性，不好好工作，老琢磨怎么写诗。在溧阳城附近有一个水塘，人们叫它投金濑。据说当年伍子胥逃难到此，得到一个在濑水边洗衣女子的救助，这个女子为了不泄露伍子胥的行踪，就跳濑水自杀了。后来伍子胥伐楚回师再次经过此地，想报恩又不知道姑娘的家在哪里，就把百金扔进了濑水中。大诗人李白曾经游赏此地，还写了一篇《溧阳濑水贞义女碑铭》。[1]

这个地方环境不错，“林薄蒙翳，下有积水”（《新唐书·孟郊传》），孟郊动不动就过去待一阵子，寻找作诗的灵感。这样一来，“曹务多废”，工作受到了很大的影响。县令对孟郊很有意见，就把这个情况报告给了上级，结果上级又派来一个人，帮着孟郊处理政事，等于一份工资两个人分，这就是《新唐书·孟郊传》中所说的“以假尉代之，分其半俸”。分走一半工资，生活自然直接受到了影响。

虽然后来郑余庆又帮他谋到了别的差事，但孟郊过得依旧非常贫寒，特别是他在《秋怀》诗中说“冷露滴梦破，峭风梳骨寒。席上印病文，肠中转愁盘”，冻得瑟瑟发抖却还铺着席子，连御寒的衣物都没有。六十四岁那年，郑余庆让孟郊做兴元节度使参谋，孟郊带着妻小来到阌乡，没想到一夕暴卒，当时连买棺材的钱都没有，最后朋友们凑份子才将孟郊下葬。所以孟郊这一生是落魄的一生，科举并没有为他带来人生的转折。

其实，像孟郊这样的人，在唐代的科举社会中并不在少数。比如我们非常熟悉的李商隐也是如此，崔珏在《哭李商隐》诗中说：“虚负凌云万丈才，一生襟抱未曾开。”李商隐的科举人生，又会带给我们什么样的震撼呢？

1 伍胥东奔，乞食于此。女分壶浆，灭口而死。声动列国，义形壮士。入郢鞭尸，还吴雪耻。投金濑沚，报德称美。明明千秋，如月在水。

——《李太白全集》，北京：中华书局，1977年，第1355页。

第十七讲

命运多舛的李商隐

一个人一辈子很少能够一帆风顺，总会遇到一些沟沟坎坎。特别是在科举考场上，失败比成功多。即便是考上了，也未必能够一展抱负。

李商隐是晚唐时期著名的抒情诗人，与杜牧并称“小李杜”，擅长朦胧的无题诗创作，把诗歌的艺术表现力提升到了一个新的高度。

李商隐志存高远，有匡国用世之心，不甘居古人之下，关心现实，关心国运，但他的科举经历和官场人生，却与他所负之才难以吻合。

不幸的童年

居天下之中，为天下之学。河南是中国传统文化的重要发源地之一，也是自古以来的教育重镇。深厚的文化底蕴和良好的教育传统，培养出了无数的人才。李商隐就是这些中原人才中的一位代表人物，生于河南，葬于中原。

李商隐是怀州河内人，也就是今天的河南沁阳人。我的前辈、河南省社会科学院文学研究所原所长王永宽先生，在《李商隐故里》一诗中开篇就说“丹河西岸翠森森，雍店东原觅旧村”，其中的“雍店东原”，就是沁阳山王庄镇新店村附近。李商隐并没有埋骨桑梓，而是葬于荥阳。据《荥阳县志》记载，李商隐于唐宣宗大中十二年（858）“逝于荥阳，葬于县东二十里檀山之原”，所以王永宽先生才在诗中说“异乡冷月葬诗魂”。荥阳县政府在城东十公里处的豫龙镇苜蓿洼村东南建了一座李商隐公园，里边有李商隐塑像和诗碑等，成了当地一处重要的文化景观。

一、没落贵族

李商隐的一生是坎坷的，是忧郁的，是惨淡的，是不幸的，他的不幸从童年就已经开始了。据李商隐自己在诗歌里介绍，“我系本王孙”（《哭遂州萧侍郎二十四韵》），也就是说他出生于一个没落的贵族家庭。为什么这么说呢？原来，李商隐的祖先原籍与唐朝开国皇帝高祖李渊的祖籍是一个地方，都是陇西成纪，而且他们的远祖是相同的。

关于这一点，我们还可以在文献中找到证据。李商隐在《请卢尚书撰李氏仲姊河东裴氏夫人志文状》中写道："昔我先君姑臧公以让弟受封，故子孙代继德礼，蝉联之盛，著于史牒。"这里有三个信息需要注意：姑臧公、让弟受封、著于史牒。据《新唐书 · 宰相世系表》记载，李氏姑臧大房出自凉武昭王的第八子李翻，李翻的长子叫李宝，李宝的长子叫李承，李承被封为姑臧侯。

《北史》卷一百"序传"中记载，李承被"赐爵姑臧侯。后遭父忧，居丧以孝闻，承应传先封，以自有爵，乃以本封让弟茂"。李承的父亲李宝被封为敦煌公，李承作为李宝的长子，可以在李宝百年之后继承敦煌公这个爵位，这就是"应传先封"的意思。现在，李承自己已经有了爵位，如果再继承父亲的封爵，就等于一个人占有两个爵位。李承就发扬风格，让出去一个，把自己本应继承的父亲的封爵让给了弟弟李茂，这就是"让弟受封"。

这么看来，李商隐也就是凉武昭王的后代了，推到李商隐这里是第十五代。我们前面讲过，李渊是凉武昭王的七世孙，所以李商隐说自己"系本王孙"，并非无稽之谈。但"王孙"这个冠冕堂皇的头衔，并没有改变李商隐这一支日渐没落的命运。至少从李商隐的高祖开始，直到李商隐自己，整整五代，就没有担任过什么显赫的职位。单是这样也就算了，李商隐还连连遭受打击。

二、打击连连

李商隐的父亲叫李嗣，担任过获嘉（今河南获嘉县）县令，官不大，还在李商隐三岁那年就被罢了职。为了生活，李商隐的父亲只能远走江南，充当幕僚。就在这个时候，李家还有一个不幸，就是李商隐出嫁不到一年的姐姐，因为和丈夫闹翻被迫回到了娘家，抱病怀恨而死，当时只有十九岁。李商隐的父亲一是走得仓促，二是家里穷，连女儿的丧葬都没有安排妥当，只是草草停厝在获嘉，就是把棺材停放待葬。这一停就是三十多年，直到李商隐有能力，才将姐姐下葬。

李嗣到今绍兴一带做了三年左右的幕僚，然后又辗转到了镇江，又接着做幕僚，这一干又是两三年，最后病死在镇江幕府任上。这个时候的李商隐才刚刚十岁。父亲的去世是继姐姐去世之后的又一次巨大打击。姐姐去世的时候，李商隐毕竟年纪还小，还不太明白人情世故。可是父亲去世就不一样了，李商隐已经懂事了。父亲就是家里的顶梁柱，父亲死了，就等于天塌了。

李商隐含着辛酸的眼泪，陪着母亲，拉着父亲的棺材离开了江南。李商隐并没有回到沁阳，而是到了他的第二故乡——河南荥阳。为什么到这里？因为从他的爷爷开始就在荥阳寓居了。父亲在世的时候生活尚且那么艰难，现在父亲去世了，人走茶凉，让年幼的李商隐过早地感受到了人情的冷暖和生活的艰辛。李商隐在《祭裴氏姊文》中近乎凄厉地高呼："四海无可归之地，九族无可倚之亲。"无依无靠，所以将父亲下葬之后，李商隐和母亲已经如同流浪者了——"生人穷困，闻见所无"（《祭裴氏姊文》），穷困潦倒到让人难以相信的程度。

再难也得生活下去，李商隐与寡母相依为命。怎么生活呢？穷人的孩子早当家，李商隐在《祭裴氏姊文》中说"佣书贩舂"。李商隐还干了两份工作，第一份是靠给人抄书挣点生活费，第二份就是用抄书挣的钱买进谷物，把皮舂掉之后再卖米。这里的"舂"字在一些文献里还写作"畚"，就是簸箕、筐箩，"贩畚"就是卖簸箕。总之，幼小的李商隐就是靠做小生意、打零工养家糊口，奉养自己的母亲。就这样，李商隐在艰难的岁月中一天天长大。

数次应举

一、发奋苦读

李商隐的祖上虽然是个没落的贵族，但也算是书香门第，所以家教很好。李商隐的父亲非常重视孩子们的教育，关于这一点，可以从李商隐两个姐姐的身上看到。两个姑娘都熟读诗书，特别是嫁给姓裴的那个姐姐，生前还留有文字。李商隐曾经在《上崔华州书》中说"五年读经书，七年弄笔砚”，可见他从小就开始读书学习写作了。

为父亲守丧结束之后，李商隐继续发奋读书，好学不倦，特别是对于春秋法度、圣人纲纪，手上写着，嘴里念着，从来不敢放松。他在多篇文章中提到过自己当年苦学的情景，比如《上汉南卢尚书状》中这样描写：“引锥刺股，虽谢于昔时；用瓜镇心，不惭于前辈。”我们今天累了困了还能喝红牛，还有各种先进的学习机，“哪里不会点哪里”。当时哪有这条件啊，只能头悬梁锥刺股，对自己下手狠一点。李商隐就是这样，困的时候累的时候就用一个尖锐的东西扎自己大腿一下，一疼瞌睡就没了；因为营养跟不上，读书时间长了，心热难受，怎么办呢？用个瓜放在心口镇一下，凉凉的，能够多少缓解一点。

二、屡试不第

李商隐之所以这么做，为的就是能够“占据要路津”——通过科举考试在官场上有自己的一席之地。可是，李商隐在考场上折腾了好几次，最后才拿到了“录取通知书”。我们都知道李商隐是个人才，为什么还考不上呢？他在《上崔华州书》中自己做了回答：“凡为进士者五年，始为故贾相国所憎，明年病不试，又明年复为今崔宣州所不取。”

从李商隐这几句话里我们知道，他连着五年都没有成功。不是被主考官拿下，就是因为生病没有进考场，反正与成功无缘。开始是被“贾相国所憎”，这个贾相国叫贾悚。他为什么对李商隐有这么大的成见呢？难道两个人有仇吗？原来贾悚这个人性格有缺陷，《新唐书》中说他“褊急，气陵辈行”，“褊急”就是气量狭小，性情急躁，老看不起别人。据《登科记考》记载，贾悚从大和五年（831）到大和七年，连着三年知贡举。在贾悚知贡举期间，李商隐受到了压制。“崔宣州”指的是崔郸，大和九年（835）知贡举，他也没有录取李商隐。从李商隐的表述推测，他应该是大和八年（834）因病没有考试。

贾悚不录取李商隐我们可以说是贾悚的问题，崔郸不录取李商隐又是怎么回事呢？和李商隐本人有关系。其实这也给我们提了一个醒，在工作和生活中，一个人对你有意见是别人的事，两个人对你有意见那就要反思自己了。那么李商隐的问题出在哪里呢？其实李商隐应该是清楚的，他在《上崔华州书》中也已经意识到了，包括两个方面：

第一个方面是反传统。就是李商隐在《上崔华州书》中说的“直挥笔为文，不爱攘取经史”。科举考试的文章要求引经据典，言中章句，那是有规矩的。李商隐倒好，他认为，道并不是周公、孔子的专利品，自己和周公、孔子一样，也体现着道的精神，所以做文章不必张口闭口都是子曰、诗云，应该挥笔独创，表现得很自主、很自信。他是这么想的，也是这么做的，这自然就与考试要求冲突了。这明显就是在挑战传统，况且才华越出众，就越容易在文章中表现出反传统的个性，所以显得很个别，当然就很容易落选。

第二个方面是不干谒。李商隐科举考试没有成功，和他自己端着架子有关系。具体怎么做的呢？他在《上崔华州书》中坦率地说：“居五年间，未曾衣袖文章，谒人求知，必待其恐不得识其面，恐不得读其书，然后乃出。”别人考试之前都是拿着自己的诗文到处干谒请求推荐，而李商隐稳坐钓鱼台，采取的是以守为攻、以退为进的策略。平时待在家里看书，没事的时候帮人写写信，别看这是替他人作嫁衣裳，写得多了宣传的机会就多了，知道李商隐文笔才情的人也就多了，知道的人多了，想认识他的人自然也就多了。等到人们都想看自己的文章、认识自己的时候，自己再出来。别人干谒，他反其道而行之！其实这也多少有点儿终南捷径的味道。想法是浪漫的，现实是骨感的。即使你再讲究策略，毕竟从形式上来看不够主动，主考官也就落得省事了。

三、终登捷径

李商隐到底是什么时候才考上进士的呢？到底是什么起了作用呢？这就是我们要讲的终登捷径。李商隐最终考试成功，一来和自己勤奋学习有关，另外也和他前期干谒行卷分不开。李商隐早年的时候曾经得遇贵人，这个贵人我们前面曾经提到过，叫令狐楚，就是他以一篇文章平了一场险些发生的兵变。令狐楚做天平军节度使的时候，李商隐拿着自己的文章去干谒令狐楚，受到令狐楚的赏识，“使游门下，授以文法，遇之甚厚”（《唐才子传》)，因此成了令狐楚的入室弟子。令狐楚不仅让他跟着自己的孩子一块儿读书游玩，还教他如何写文章，还曾经把他带在身边到地方上任职工作。

开成二年（837)，李商隐的机会来了。这一年高锴负责科举考试，李商隐考上了。《唐才子传》中关于这件事是这样说的："开成二年，高锴知贡举，楚善于锴，奖誉甚力，遂擢进士。"这段文字显得轻描淡写，实际上李商隐考上进士的过程，非常富有戏剧性。高锴被任命为主考官之后，一次上朝遇见了令狐绹，令狐绹是令狐楚的儿子。令狐绹对李商隐的帮助那是不遗余力。李商隐在《与陶进士书》中说："时独令狐补阙最相厚，岁岁为写出旧文章纳贡院。"这里的令狐补阙就是令狐绹，高锴知贡举的时候，令狐绹担任左补阙，左补阙的职位并不高，这里实际看的是令狐楚的面子。这两句话说明，令狐绹一直在帮李商隐。高锴碰见令狐绹就问："哥们儿，你和谁关系最好？"令狐绹说："李商隐。"我们不是说富有戏剧性吗？戏剧性表现在哪里呢？李商隐说："三道而退，亦不为托荐之辞。"(《与陶进士书》）什么意思？令狐绹把李商隐的名字说了三遍，但是始终没有说让高锴帮忙照顾录取的话。结果，这一年李商隐就考上了。连说三遍李商隐的名字，如果高锴再不明白是怎么回事，反应就太迟钝了。这说明令狐绹会玩儿，不授人把柄。

四、党争惹祸

考中进士之后不久，李商隐就遭受了一次政治打击，原因是党争惹的祸。李商隐二十六岁考中进士后第二年，又参加了吏部的博学宏词科考试。进士考试通过之后，并不能马上命官，还要参加吏部关试，但如果能考中博学宏词，就可以马上当官了。李商隐在《与陶进士书》中说："尔后两应科目者。"两应科目是说两次参加吏部的科目选，第一次是博学宏词科，第二次是书判拔萃科。结果如何呢？博学宏词科考试很悲催，书判拔萃科考试算是成功了。

不过，李商隐博学宏词科考试的悲催结果，是大有文章的。为什么这么说呢？据李商隐在《与陶进士书》中说，"前年乃为吏部上之中书"，意思是被吏部报送到中书省了，说明已经被吏部录取了。但到了中书省却出事了，“有中书长者曰：‘此人不堪！’抹去之”（《与陶进士书》）。按照惯例，吏部录用的官员报到中书省是例行公事，就剩下办手续了，中书省很少阻拦、很少为难的。可是，李商隐点儿背，却遭到了刁难。

李商隐初进官场，难道得罪中书省的某位官员了？还真没错，李商隐得罪的不是某位具体的人，而是无意中卷入了牛李党争。李商隐之所以能够考中进士，令狐楚父子起了很大的作用。令狐楚是牛党的重要人物，所以李商隐考中进士，是得惠于牛党的帮助，那么在一般人看来，李商隐自然也属于牛党无疑了。

李商隐考中进士之后，在泾原节度使王茂元的幕府中担任掌书记。王茂元是河南濮阳人，是李党的重要人物。他和李商隐不仅仅是单纯的上下级关系，《旧唐书·李商隐传》中说：“茂元爱其才，以子妻之。”李商隐娶王茂元女儿的时候是二十七岁，而王茂元的女儿才十七岁，属于老夫少妻型。

不管李商隐娶王茂元的女儿是为了爱情还是为了自己的仕途，从李商隐成为王茂元女婿的那一刻起，他就又和李党扯上了联系。就这样，李商隐介于牛、李两党之间，成了脚踩两只船。他“黑白两道”都有人，并没有给他带来方便，反而带来了麻烦，直接导致他在博学宏词科考试中落选。据文献记载，李商隐和王茂元的女儿完婚是开成三年（838），他参加博学宏词科考试也是开成三年，而且吏部已经录取了，反而到中书省被毙掉，难道是巧合吗？

如果一定要说是巧合，还真说得通，那就是负责录取他的两个人，也就是李商隐在《与陶进士书》中提到的“周、李二学士”，周是周墀，李指李回，这两个都是李党的人。周墀开成三年的时候任职方郎中，权知西铨，就是暂时负责官员的考核。李回当时正好担任博学宏词科的考试官。鉴于李商隐是王茂元的女婿，与自己有同党之谊，加上李商隐的确才华出众，于是大力奖拔，就推荐到了中书省。

但中书省却由牛党把持，虽然李商隐没有明说，但中书长者的一句

“此人不堪”，已经充分说明问题了，李党的人巴不得赶紧吸收新人增强实力呢！为什么说李商隐不堪呢？在牛党看来，你李商隐是靠着我牛党的势力考中进士的，怎么还能和李党眉来眼去呢？一般的来往也就算了，还娶了人家闺女、成了人家姑爷，这不是叛徒吗？也正是因为李商隐的这桩婚姻，“士流嗤谪商隐，以为诡薄无行，共排摈之”（《唐才子传》）。牛党的人觉得李商隐不地道，人品有问题，比如令狐楚的儿子令狐绹就“以商隐背恩，尤恶其无行”（《唐才子传》），所以处处排挤他。再加上极力推荐的人也是李党的，这就更让牛党的人感到不舒服，于是极力阻挠。

江湖飘零

也正是因为处于牛李党争的夹缝之中，才使得李商隐这一辈子飘零江湖，抱负难伸。

李商隐博学宏词科考试失败了，他只好还回到老丈人王茂元的幕府里任职。到了开成四年（839），李商隐又参加了吏部的书判拔萃科考试，“比于江淮选人，正得不忧长名放耳”（《与陶进士书》），结果考中了。都说博学宏词科和书判拔萃科能考上一个就会得到美差，可是到了李商隐这里总是有些反常，他没有得到美差，反而命如流莺。

一、命如流莺

李商隐一生在官场上的命运，就像他在《流莺》诗里写的那样：

流莺漂荡复参差，渡陌临流不自持。
巧啭岂能无本意，良辰未必有佳期。
风朝露夜阴晴里，万户千门开闭时。
曾苦伤春不忍听，凤城何处有花枝。

流莺就是飘荡流转、无所依托的黄莺，这是作者自己的写照。黄莺不停地飞翔，究竟要飞到何时飞到何地？诗人没有告诉我们，却用了“不自持”三个字，暗示出黄莺根本没有办法掌握自己的命运，比喻自己从这个幕府到那个幕府的生活经历。

黄莺以善于鸣叫著称，它的叫声是为了引起别的鸟儿或者人们的注意。

但让人郁闷的是，李商隐这只黄莺无论是刮风的早晨还是降露的夜晚，不管是晴明的天气还是阴霾的日子，不管是有人听还是没人听，都在殷切地叫着，表达着自己的愿望，渴望能够在三春良辰中有美好的期遇。但结果是可想而知的，京城长安依旧无枝可依，他还得继续在外漂泊。

李商隐都经历过哪些地方呢？接下来看看他的幕府生活。

二、辗转幕府

李商隐没有考上进士的时候，就在恩师令狐楚的幕府工作过。考中进士之后，又到了王茂元的泾原节度使幕府。因为娶了王茂元的女儿，触怒了牛党人物，所以就一直得不到像样的工作机会。没有办法，李商隐只好在李党成员郑亚的桂管观察使幕中担任支使兼掌书记，这是大中元年（847）的事情。大中二年（848）二月，郑亚被贬官。十月，李商隐离开桂管观察使幕回到京城长安，被选为盩厔尉。干了不到一年，到了大中三年（849）十月，李商隐又应卢弘正之邀，进了徐州武宁节度使幕府，担任节度判官。

大中五年（851），卢弘正去世，李商隐离开徐州。至京城，李商隐去拜访令狐绹，并写了一首《九日》诗，其中有“十年泉下无人问，九日樽前有所思”句，表达了对恩师令狐楚的怀念。令狐楚在李商隐考中进士的当年冬天就去世了，已经十多年了，李商隐说“十年”是取个整数，也是写诗对仗的需要。另外，或许是这首诗又勾起了令狐绹早年的回忆，感动了，这才把李商隐补为太学博士。七月，柳仲郢任东川节度使，辟李商隐为节度书记。这次干的时间不短，到了大中九年（855）十一月，柳仲郢入朝为官，李商隐才随柳仲郢返回长安，结束了幕府生涯。此时李商隐已经四十四岁了，距离他去世只剩三年，对于李商隐来说，已经到了人生的暮年。

三、诗成大名

李商隐的官场生活是坎坷的，但这有助于他诗歌艺术的提高。我们知道李商隐也主要是因为他的诗歌。李商隐的诗歌成就不仅令后人佩服，大诗人白居易也喜欢得不得了。当时白居易已经退休了，没事就读李商隐的诗文，感叹说："我死后，得为尔儿足矣。"白居易去世几年之后，李商隐还真生了个儿子，为了感念老前辈，就给儿子取名叫"白老"。可是这个白老太不给力了，越长越笨，温庭筠开玩笑说："以尔为侍郎后身，不亦忝乎？"意思是说，你要真是白居易托生的，也太糟践白居易了吧！[1]

从李商隐的经历我们可以感觉到，人际关系虽然很重要，但真正留给后人记忆的却是一个人实际的才能。因为只有才能，才是属于自己的，只有关系没有才能可能会风光一时，但过不了多久就消失在人们记忆的角落里了，特别是对于那些状元来说，更是如此。

1 时白乐天老退，极喜商隐文章，曰："我死后，得为尔儿足矣。"白死数年，生子，遂以"白老"名之。既长，殊鄙钝，温飞卿戏曰："以尔为侍郎后身，不亦忝乎？"后更生子，名衮师，聪俊。商隐诗云："衮师我娇儿，英秀乃无匹。"此或其后身也。
——《唐才子传校笺》（三），北京：中华书局，1990年，第279页。

第十八讲

一篇佳作定乾坤

唐代推行以文取士，重视通过一定的文体创作，考查应试者对经典的掌握。在这些应试文体中，策、诗、赋堪称三大文体，特别是策，几乎所有的科目都考。但是在具体考试的过程中，考生回答问题普遍缺乏深度，原因是考生们为了应付策论考试，主要背诵范文，却不读经典了。在这种情况下，诗、赋渐渐表现出了独特的优势，成了重要的考试文体，甚至还会出现仅凭一首诗或者一篇赋写得精彩，就被确定为状元的情况。

才高遮貌丑

首先讲讲黎逢。这个黎逢长得貌不惊人，用春晚小品《大城小事》里的话说就是，黎逢的长相很巧妙地避开了英俊、潇洒、高大、帅气这几个形容词。俗话说，人不可貌相，海水不可斗量。这句话用在黎逢的身上再恰当不过了。虽然黎逢的形象不怎么上道，但有才，妙笔生花，几句话下来就让主考官叹为观止。

一、试而后惊

黎逢在两《唐书》中没有传，他参加科举考试的事情，主要见于《唐摭言》和《唐诗纪事》中。王定保在《唐摭言》中为黎逢考进士这件事定了个题目叫“以其人不称才试而后惊”，一听这个题目就明白了，黎逢的长相远没有文采好。

王定保上来就说：“黎逢气貌山野，及第年，初场后至，便于帘前设席。”“气貌山野”就是看上去粗鲁，形容黎逢长得丑，没有气质，不像个读书人的样子。“及第年”就是考中进士那年。王定保并没有明确说是哪一年，不过不用急，《唐诗纪事》中记载，黎逢“登大历十二年进士第”。大历十二年是777年。也不知道怎么搞的，黎逢第一场考试还迟到了，因为别的座位已经都有考生了，所以主考官就把他安排在离自己不远的地方考试。

这一年的主考官叫常衮。常衮觉得奇怪：这个考生怎么这么面生？这有什么奇怪的？我们前面讲过，很多考生考试之前都要尽可能去拜访朝中官员甚至主考官的，看来黎逢特立独行，没有托人向常衮打招呼，所以留下一个生疏的印象。常衮就想，或许黎逢成竹在胸，文章写得好吧。于是，常衮对黎逢就有了浓厚的兴趣，“专令人伺之，句句来报”（《唐摭言》）。这下，黎逢想在考场上抄袭都不可能了：一来离主考官近，就在眼皮底下；二来有专人盯着。

这一场考的内容是赋，题目叫“通天台赋”。通天台是当年汉武帝为求长生不老而修建的一座高台[1]，所以这既是一篇咏物赋，又是一篇咏史赋。黎逢下笔写到“行人徘徊，登秦原而游目，见汉右之荒台”（《文苑英华》），负责盯着黎逢的人把这几句就报告给了常衮，常衮听了之后说：“亦是常言。”（《唐摭言》）也就是说文采一般，没有什么精警动人的地方。“既而将及数联，莫不惊叹，遂擢为状元”（《唐摭言》），但几联下来，没有不为黎逢的文笔惊叹的，于是就把黎逢录取为状元。

黎逢的赋到底好在哪里呢？这篇文章表现出了黎逢深厚的学养、高远的见识，下面具体来分析一下。

二、学养深厚

据历史记载，通天台建于汉武帝元封二年也就是公元前 109 年，距离黎逢写这篇文章的时候已经 886 年了，他如何知道得那么详细？更何况，黎逢见到的通天台已是一座荒台，完全没有了当年的雄伟壮丽。这就需要黎逢通过文献记载熟悉这段历史，要不就没有办法下笔。

我们举两个细节。从题目来看，“通天台”顾名思义就是高耸云天的台子。有多高呢？《三辅黄图》卷五《台榭》引《汉武故事》说：“去地百余丈，望云雨悉在其下。”黎逢在赋中是怎么写通天台之高的呢？他说“高居物外，若与天通”，又说“干元气以直上，倚长空而迥出”。（《文苑英华》）第二个细节，汉武帝建这个台子是为了长生不老，而且他曾经登上通天台，

1 乃作通天茎台，置祠具其下，将招来神仙人之属。于是甘泉更置前殿，始广诸宫室。夏，有芝生殿房内中。天子为塞河，兴通天台，若见有光云。
——《史记》，北京：中华书局，1959 年，第 1400 页。

宵衣待曙，祈盼神仙的降临。关于这个情节，黎逢是这样写的：“祈列仙之戾止，致圣寿之延洪。”（《文苑英华》）这些无疑展示了黎逢对历史的熟悉程度。

黎逢曾经写过一篇《人不学不知道赋》，单看这个题目就已能体会到黎逢苦学的用心了。黎逢在这篇文章中有这么几句话：“以《三坟》《五典》为本，以《八索》《九丘》为先，存乎博奥，究其精研，渔猎乎六籍之内，牢笼乎百氏之前。”意思是说，不仅要广泛涉猎，还要读通读懂，真正变成自己的东西。而这篇《通天台赋》，就表现出了黎逢的学术功力。

三、见识高远

通天台已经成为历史，其功过已经定性。在现存的唐代的三篇《通天台赋》中，任公叔认为这是对汉代文化的彰显，因此充满了歌颂和向往之情；杨系赋显得较为客观，他看到了皇帝留恋神仙之事必然会造成对民生的冷漠。与他们相比，黎逢完全是用发展的眼光来审视通天台的。开篇先在一幅苍凉的背景下引出这一历史建筑，接着用简短的篇幅交代了通天台的兴建原因、规模和用途，然后转入对世事沧桑变化的感叹：“郊祀之义，志而可采。鸿纷之状，望而已改。哀壮丽之都失，想威灵其如在；徒野鸟之飞来，何真人之可待。”（《文苑英华》）在作者的眼中，消逝的不仅仅是一个求仙的通天台，而是一个王朝，是一个时代。求仙是因为对个体生命短暂的不满，尽管历朝历代都有求仙的人，但“仰通苍昊，俯瞰皇州，宁不死之可致？谅其生也若浮”（《文苑英华》），人生短暂，长生的愿望是不可能实现的。这是一种客观、理性和通达的态度。

黎逢比任公叔和杨系的高明之处还在于对命题目的的把握。一个以历史建筑为题材的试赋题目，考生如果只是停留在对历史本事的追忆或题中建筑的描写上，那无疑只是最浅层次的理解，而透过题目发掘其历史价值和当代意义才是关键所在，这也是朝廷借古鉴今应有的命题用意。黎逢在讨论完对个体生命的认识之后，用了相当可观的篇幅对自己所处的时代进行了歌颂：“我国家立太平，尚清静，俨宸居以自整，绝仙台之望幸。虽丹槛栖于列宿，飞梁历于倒景，有唐虞之允恭，无汉武之游骋。化由其衷，

居慎其独，有仪可象，无思不服。自然为域中之大，获天下之福，等南山之不骞，何高台之是筑？”（《文苑英华》）

很显然，黎逢这段文字用了对比的方法，以汉朝作为参照，重点突出唐朝，特别强调当时的代宗皇帝没有筑台求仙，这是与史实相合的。据《旧唐书·代宗本纪》记载，代宗因为经历过战乱，知道老百姓生活艰难，所以崇重儒术，推行仁德政治，从而赢得史学家“古之贤君，未能及此”的盛誉。黎逢这种处理方法，表明了其以史为鉴的态度，从而迎合了命题者歌颂当朝的意图。也就是说，黎逢由汉朝通天台的高耸峭拔看到了其短暂性，君主只有推行仁德政治才是长久之策，触及了问题的根本。

所以，黎逢这篇赋，叙述中有议论，顺叙中有插叙，由浅入深，由古到今，透过现象抓住了本质，视野阔大，不论是文章的结构安排，还是史学功底、思想深度及遣词造句，都是非常优秀的。黎逢被选为状元自然在情理之中。

起死回生的李程

李程是贞元十二年（796）的状元，不过他这个状元很悬乎，差一点被主考官稀里糊涂给毙掉。如果不是有人帮忙过问，李程连考上都不可能，更别说被录取为状元了。

一、意外落榜

李程考进士这件事也见于《唐摭言》，王定保把标题定为“已落重收”，意思是说，先落榜了后来又被录取了，也就是我所说的起死回生。《唐摭言》中关于李程考进士这件事，开篇就说“贞元中，李缪公先榜落矣”。“李缪公”就是李程，“缪”是李程的谥号；“先榜”指第一榜，即第一场考试。第一场考的是杂文，也就是诗赋，李程没有通过。当时可是每场淘汰制，第一场没有通过，后边就不用考了。

考试刚结束的时候，李程一出考场就遇见了杨於陵，杨於陵正好从单位值完夜班回家。杨於陵认识李程，因为李程也是李唐皇室“襄邑恭王神符五世孙”（《新唐书·李程传》）。或许是出于关心，也可能是出于客套，杨於陵就问李程考的什么内容，感觉怎么样。这是人之常情，我们也经常会问身边刚考试完的孩子们。“程探靿中，得赋稿示之”（《唐摭言》）。“靿”就是鞋筒或袜筒。李程一弯腰，从鞋筒里把草稿掏出来，递给了杨於陵。

杨於陵接过来一看，题目是“日五色赋”，李程的破题是“德动天鉴，祥开日华”。看完之后，杨於陵说：“公今年须作状元。”（《唐摭言》）李程听了自然非常高兴，就等着公布成绩了。但出乎意料的是，“翌日，杂文无名”（《唐摭言》），李程竟然没有通过。杨於陵不仅感到意外，还很气愤：这是什么主考官？什么水平啊？那么好的文章竟然都没有通过，合着让我把李程给忽悠了。这怎么行呢？杨於陵古道热肠，决定出手相助。

二、於陵相助

杨於陵有招吗？有！“于故策子末缮写，而斥其名氏，携之以诣主文。”（《唐摭言》）杨於陵找来一本破书，在书的后面就把李程的那篇《日五色赋》给抄写上去了，那个时候的书都是抄写的，如果再用点心模仿一下字体，完全能够以假乱真。抄写的时候，杨於陵故意把李程的名字给删掉了，然后拿着去找主考官，当年的主考官叫吕渭。

杨於陵见到吕渭后，“从容诒之曰：‘侍郎今者所试赋，奈何用旧题？’”（《唐摭言》）一般情况下用旧题是很没水平的事情，是很丢人的，所以吕渭赶紧否认：不可能。杨於陵又说：“不止题目，向有人赋，次韵脚亦同。”（《唐摭言》）吕渭听完更吃惊了。杨於陵一看吕渭那表情，吃惊吧还不太相信，于是就把自己提前抄写好的文章拿了出来。吕渭仔细读了一遍，不住地夸写得好。既然如此，就知错能改吧。

三、吕渭改错

杨於陵见吕渭对这篇文章评价很高，也就不再和吕渭开玩笑了。杨於陵问：“当今场中若有此赋，侍郎何以待之？”（《唐摭言》）吕渭激动地说：“无则已，有则非状元不可也。”（《唐摭言》）杨於陵赶紧说：“苟如此，侍郎已遗贤矣，乃李程所作。”（《唐摭言》）

为了稳妥起见，吕渭叫人把李程的文章找出来，和杨於陵抄写的这一篇逐字核对，竟然一字不差，完全一样。吕渭这才相信，急忙向杨於陵表示歉意和谢意。歉意是因为自己的疏忽。那么多考生，主考官不可能每一篇文章都看那么仔细。特别是累的时候，一份卷子用不了一分钟就结束了，所以这种误判的现象并不少见。李程算是幸运的，有杨於陵帮忙，才让主考官认认真真读了一遍，发现了文章的妙处。谢意是因为杨於陵的过问，让自己少了一分遗憾。问题弄清楚了，结果也就出来了，“于是请擢为状元，前榜不复收矣”（《唐摭言》），原来的那个第一名作废了。

四、破题精警

李程这篇文章到底好在哪里呢？为什么因为这篇文章就能当上状元呢？这与李程的破题和用语有关系。《唐摭言》卷十三“惜名”条说：“李缪公贞元中试《日五色赋》及第……赋头八字，曰：‘德动天鉴，祥开日华。’”“日华”就是太阳的光华，是在皇帝仁德感召下呈现出来的祥光瑞景。这个题目当年的考试作品今天可以见到三篇，另外两篇是湛贲和崔户的。相比之下，李程不仅入句见题点出“日”字，而且恰到好处地将歌颂太阳与赞美皇帝有机结合了起来，为下面太阳与皇帝交错出现奠定了基础，这就无形中将帝德提到了至高无上的地位。

据文献记载，李程非常在乎自己这篇文章。《太平广记》卷一百八十“贡举三 · 李程”条记载，李程后来在大梁为官的时候，听说浩虚舟参加博学宏词科考试，题目也是“日五色赋”，担心浩虚舟超过自己。李程为什么有这样的担心呢？原因有二：其一，浩虚舟是作赋的高手，其文章流传到今天的总共有九篇，其中赋就占了七篇，可见他在写赋上很用心，李程不想被浩虚舟拍在沙滩上。其二，这篇赋对李程来说功莫大焉，创造了科举考场上起死回生的奇迹，不能因为浩虚舟的出现，让自己这个美谈沉淀在历史的长河中。

怎么办呢？李程真够上心的，“专驰一介取原本”（《太平广记》），也就是派人专程到京城把浩虚舟写的那篇赋原件给取来了。李程拿到文章之后，“将启缄，尚有忧色”（《太平广记》），心里越发忐忑，想知道结果，又怕自己没浩虚舟写得好。但是，箭在弦上，拿都拿来了，不看也得看了。李程硬着头皮打开了信封，取出文章，结果虚惊一场。“及睹浩破题曰：‘丽日焜煌，中含瑞光。'程喜曰：'李程在里。'"（《太平广记》）李程放心了。为什么？浩虚舟的破题只有太阳没有皇帝，没有李程赋兼容并包、一语双关的大气与圆融。

我们常说，文章开头难，一个好的开头能让人眼前一亮，为成功添加重要的砝码。不过，李程这篇文章的好还不只在开头，《新唐书·李程传》中说李程的《日五色赋》"造语警拔，士流推之"。"造语警拔"就是遣词造句不同流俗。李程这篇文章重点在于歌颂，这也是当时科场文章的共同特点。如果纯粹歌颂皇帝就会过于直露，不如通过某种事物进行对比映衬更具美感。李程就是这样处理的，他不仅破题把歌颂太阳和赞美皇帝不动声色地结合在了一起，而且接下来几句如"验瑞典之所应，知淳风之不遐。禀以阳精，体乾爻于君位；昭夫土德，表王气于皇家"（《文苑英华》），也始终将二者联系在一起：或者用太阳比喻皇帝，或者用太阳彰显皇帝的恩德。

总之，李程借歌颂太阳，不遗余力地宣扬皇家的恩德，使皇恩有所依托，显得不那么突兀，也不那么肉麻。这种处理方法，无论是主考官还是皇帝，心里都美滋滋的。李程是皇族后裔，加之吕渭又说了"无则已，有则非状元不可也"这句话，所以李程便起死回生了。

一诗定状元

李肱因为在考场上诗歌写得好，被主考官赞誉"最为迥出"，加上还是皇族后裔，最后当上了状元。事情发生在开成二年（837），也就是说，李肱和李商隐是同一年考中进士的，不过人家李肱是第一名。

一、诗歌绝佳

开成二年的主考官是高锴，考试题目是唐文宗亲自命的：诗是《霓裳羽衣曲》诗，赋是《琴瑟合奏赋》。当年所有的考生中，唯一有《霓裳羽衣曲》诗流传到今天的就是李肱，而且这首诗也是李肱现存的唯一完整的诗作。《全唐诗》中收录的李肱诗除这首外，就剩下"水光先见月，露气早知秋"两句了，题目是什么都不知道。所以，无论从科举史的角度，还是从对李肱的研究来说，这首《霓裳羽衣曲》诗都具有重要意义。

李肱这首《霓裳羽衣曲》诗受到了主考官高锴的高度评价。据《唐诗纪事》记载，高锴向皇帝上奏说：“进士李肱《霓裳羽衣曲》诗一首，最为迥出，更无其比，词韵既好，去就又全，臣前后吟咏近三五十遍，虽使何逊复生，亦不能过。”“迥出”就是突出的意思。李肱的诗到底好在哪里呢？高锴说了两个方面：一是词韵好，指遣词造句；二是去就全，就是对与《霓裳羽衣曲》相关事件的取舍恰当。

先说词韵好。为了说明这一点，我们先来看看李肱这首诗：

开元太平时，万国贺丰岁。
梨园献旧曲，玉座流新制。
凤管递参差，霞衣竞摇曳。
宴罢水殿空，辇余春草细。
蓬壶事已久，仙乐功无替。
讵肯听遗音，圣明知善继。

诗很雅致，用词考究。比如称皇帝的宝座为“玉座”，称笙为“凤管”，称轻柔艳丽的衣服为“霞衣”等，这样就使诗作避免了直白，具有了美感。这首诗所押之韵分别是岁、制、曳、细、替、继，都属于去声“霁”韵，完全符合规定。

再说去就全。关于《霓裳羽衣曲》的来源有多种说法：一种说法是唐玄宗偷记的仙乐。据柳宗元《龙城录》卷上《明皇梦游广寒宫》记载，唐玄宗于开元六年（718）八月十五日夜，在申天师法术的帮助下梦游广寒宫，看见仙人在桂树下尽情地游戏，还听见有优美的仙乐。唐玄宗懂音律，就把听到的仙乐熟记在心。梦醒之后，唐玄宗通过回想梦境中的所见所闻，制出了《霓裳羽衣曲》。另一种说法是唐玄宗登三乡驿望女几山而作《霓裳羽衣曲》。刘禹锡就有《三乡驿楼伏睹玄宗望女几山诗》，其中两句说：“三乡陌上望仙山，归作霓裳羽衣曲。”这些说法不免有些荒诞。不过这也正是李肱诗中所提到的“蓬壶事已久”。还有一种说法是《霓裳羽衣曲》为河西节度使杨敬忠所献，原名为《婆罗门曲》，经唐玄宗润色并制歌词，改成了这个名字。[1]这就是李肱诗中开头四句所说的“开元太平时，万国贺丰岁。梨园献旧曲，玉座流新制”。这样一来，这首诗就蕴含了唐玄宗的文治武功，成了盛唐文化的象征。李肱在诗中不仅穿越到了歌舞的现场，而且还肯定了这首曲子流传的价值：作乐崇德，继善教者之志。换句话说，文宗时代已经处于内外交困的局面，所以考这个题目，表面上是对开元雅乐的向往，其实蕴含的却是对盛世的追慕。

1 《霓裳羽衣曲》，说者多异。予断之曰：西凉创作，明皇润色，又为易美名。其他饰以神怪者，皆不足信也。
——《碧鸡漫志》，影印《四库全书》本，台北：台湾商务印书馆，1986 年，第 1494 册，第 511 页。

二、出身高贵

高锴推荐李肱为状元还有一个原因，那就是李肱出身高贵。高锴向文宗上奏的时候有一句话说得很明白——“兼是宗枝，臣与状头第一人，以奖其能”（《唐诗纪事》）。“宗枝”就是皇室同宗。不能不说，高锴这样做，多少有些迎合皇帝了。不过，仔细推敲，觉得高锴说的又不无道理。他说什么了呢？“其李肱诗赋，伏望陛下圣慈，特赐降奖饰，宣示百僚，以劝皇族修饰之道。”（《唐诗纪事》）高锴不仅推李肱为状元，还恳请皇帝隆重表扬。通常情况下，高门子弟都是仗着祖上的威风出人头地，占有别人辛苦一辈子也无望的岗位。现在，李肱作为皇族子弟，通过自己的努力成功了，这就是个楷模，因此应该隆重推出，目的是让别的皇族子弟和高门大族的孩子们学习仿效。

黎逢、李程是靠赋当上状元的，李肱是靠诗当上状元的，凭的主要是真本事。那么，有没有靠别的方法登上状元宝座的呢？

第十九讲 录取状元一定严肃吗

我们常说，三百六十行，行行出状元。这些状元无疑都是成功者的代名词。不过，我们这里所说的状元，是指国家级科举考试中的第一名，那是每一个考生都向往的名次。

状元是人中龙凤，在常人的心目中学问肯定是当年考生中的佼佼者。但是纵观唐代科举史，我们又会发现，那些夺得状元名头的人，所用的方法几乎是五花八门：有自己确定自己为状元的，也有因为被别人戏弄考中的。

我就是状元

按说，科举考试的录取排名是主考官和皇帝的事，因为是为朝廷选拔人才的大事，所以考试的严肃程度可想而知。可是，在贞元七年（791）的进士科考试中，竟然出现了例外：录取工作中主考官当起了甩手掌柜，把大权交给了一个考生。也就是说，当年的录取名次是一个考生排定的，而且这个考生还毫不客气地把自己定成了状元。这究竟是怎么回事呢？

一、临时受命

贞元七年，刑部侍郎杜黄裳被皇帝任命为主考官，负责当年的科举考试。而在他之前，其实已经有主考官了，叫张濛。杜黄裳本来是刑部侍郎，以前也没有操心过科举考试的事情，毕竟这和他的工作没有关系，现在突然让他负责这件事，他还真有点懵，手足无措。

不过，杜黄裳很有主见，他知道原来的考试中那些主考官经常会受到一些外界干扰，甚至有的主考官会找亲戚朋友或者家人商量，录取结果存在着不公正的嫌疑。自己本来是刑部侍郎，就是执法者，现在又担任了主考官，不能像其他人那样知法犯法，因此要公平取士，为朝廷录取那些众望所归的人才。

可是自己对这些考生又不怎么了解，怎样才能做到公平录取呢？单靠考场上的几篇文章，是不能全面把握一个人的，杜黄裳就动了心思。这个时候，他脑海中出现一个名字——尹枢。这是四川的一个考生，当时已经七十多岁了，看来也是考了一辈子。杜黄裳之所以知道这个尹枢，就是因为此人“时名籍籍”（《太平广记》），名闻京城。杜黄裳觉得尹枢肯定对当年的考生比自己了解得多，能不能向他去打听一下呢？就这样，杜黄裳决定来个微服私访。他先让人打听到了尹枢的住处，然后一个人就开始行动了。

二、微服私访

杜黄裳来到尹枢下榻的旅店，当时尹枢正在用功读书。杜黄裳和尹枢聊起天来，杜黄裳就问：今年参加考试的举子中都有哪些名士？读书人多喜欢清静，看书的时候讨厌被别人打扰，更何况是考试之前呢，每一分每一秒都有可能决定着最终的成败。尹枢觉得眼前这个人挺无聊，问这些干吗，但又不好意思不回答，于是就支支吾吾地不正面回答，应付了事。聊了半天，杜黄裳也没有得到什么有价值的信息。他明白了，这是尹枢提防着他呢，不愿意告诉他。

为了得到有效的信息，杜黄裳只好实话实说了：“某即今年主司也，受命久矣，唯得一人，某他不能尽知，敢以为请。”（《太平广记》）尹枢一听眼前这位就是今年的主考官大人，直接决定着自己的命运呢，不敢怠慢，马上换了态度，赶紧道歉并热情恭敬地说：“既辱下问，敢有所隐？”（《太平广记》）尹枢的意思是，主考官您都不耻下问了，是给我面子，是我的荣幸，我哪里还敢隐瞒啊！

就这样，尹枢就把当年参加考试的他所知道的名士一一作了交代。[1] 尹枢说，官家子弟中有个叫崔元略的学问不错，贫寒子弟中有个叫林藻的学习也很好，另外还有个令狐楚。主考官杜黄裳得到这些信息，非常高兴，心里有底了，就告别了尹枢。

1 杜黄门第一榜，尹枢为状头。先是杜公主文，志在公选，知与无预评品者。
——《唐摭言》，北京：中华书局，1985年，第56页。

三、主考来助

当时考试分为三场，第三场考试完之后，各位考生按照惯例都要拜见主考官，当时叫“庭参”。杜黄裳看大家都到齐了，就开始“训话”了：“主上误听薄劣，俾为社稷求栋梁，诸学士皆一时英俊，奈无人相救。”(《唐摭言》）什么意思呢？杜黄裳谦虚地说：我这个人也没有什么才能，皇帝也不知道听了谁的话，非让我主持科举考试，为朝廷选拔人才。我有心公平取士，但看大家的文章写得都很好，都是人才，让我有点为难了，不知道该如何录取，你们当中有没有人愿意帮我的忙啊？

虽然当时是每场淘汰制，但参加最后一场策论考试的考生还有五百多人，大家都你看我、我看你，不知道怎么办。这个时候，七十多岁的尹枢从人群中挤了出来，他毕竟已经和主考官见过一面了，所以心里不像其他人那么胆怯。尹枢对主考官说：“未谕侍郎尊旨。”(《唐摭言》)“谕”就是明白。尹枢说：我不明白您的话是什么意思，能不能再说得清楚一点。杜黄裳回答说：“未有榜帖。”(《唐摭言》)“榜帖”就是科举录取的名单。尹枢一听，原来是这么回事啊，于是就提高了声音说：那我帮您的忙吧。杜黄裳见尹枢愿意帮自己，很高兴，就把尹枢请到了屋中，让人给尹枢纸笔。

四、非我莫属

尹枢果然没有让杜黄裳失望：“枢援毫，斯须而就。每札一人，则抗声斥其姓名，自始至末，列庭闻之，咨嗟叹其公道者一口。”(《唐摭言》）尹枢拿起笔来，不大一会儿就把录取名单给写好了。而且尹枢还不暗箱操作，每写一个被录取的人名都大声地念出来，从头到尾共念了二十九个人的名字，也就是录取了二十九个人。大厅里的人都听到了录取结果，异口同声地感叹说尹枢录取得很公正，没有不服的。但是在这录取的二十九个人当中，竟然没有尹枢自己的名字，杜黄裳和各位考生觉得有些不解。

念完之后，尹枢恭恭敬敬地跪在地上，把录取名单递给了主考官杜黄裳。杜黄裳接过来，连连表示感谢，可是一看录取名单，发现了一个问题，什么问题呢？“唯空其元而已”(《唐摭言》)，第一名怎么还空着呢？原来尹枢刚才写录取名单的时候是从第二名开始的，也就是说状元还在那里悬置着呢。

杜黄裳就问，你看这个状元谁来做合适呢？尹枢非常坦然地回答说：

“状元非老夫不可。”（《唐摭言》）杜黄裳听了很惊奇——好自信的一位老先生啊！见过不客气的，还没见过这么不客气的！既然如此，那就成全了吧：“因命笔亲自札之”。杜黄裳让工作人员把笔拿来，亲自把尹枢的名字写在了状元的位置上。

就这样，尹枢状元及第，他所推荐的林藻和令狐楚也榜上有名。当然，这个故事很夸张，夸张到傅璇琮先生也怀疑这个故事的真实性。

我当状元我做主

其实还有比尹枢更夸张的，不仅自己定自己为状元，就连主考官都是考生自己定的。这个故事见于《唐摭言》《北梦琐言》《太平广记》等文献。

一、随驾兴元

光启二年（886），躲避黄巢起义军的唐僖宗从四川逃难回到京城长安，因为种种矛盾，本来应该在年初举行的进士科考试没有按时举行。到了三月，又出事了，唐僖宗被太监田令孜挟持到了兴元府，即今陕西汉中市东。晚唐的皇帝也够窝囊的，不是被地方起义军撵得没地方躲藏，就是被太监们收拾得没脾气。

在随着朝廷来到兴元的人中，有一个特殊的人物叫陆扆。说他特殊，是因为别人要么是官，要么是宦，都是有身份的，他就是一个布衣百姓。他为什么要跟着朝廷跑到兴元呢？说起来这个陆扆，也够点背的。他是陕州（今河南三门峡市陕州区）人，本来是到京城参加科举考试的，结果被黄巢起义给耽误了；本来想着皇帝回来后会补考，结果皇帝又被田令孜给挟持到了兴元。眼看着考试没有什么希望了，但回家也没有什么事，跟着朝廷说不定还有些机会，于是他就跟随朝廷来到了兴元。

别人逃难还来不及呢，陆扆却如此追随朝廷，这就让一些官员不禁对他另眼相看。在兴元的这段时间，陆扆与中书舍人郑损住在一个屋子里，很快成了朋友。[1]陆扆文才不错，能诗文，善书法，很快也受到了宰相韦昭度的赏识。

1 郑损舍人，光启中随驾在兴元。丞相陆公扆为状元。先是，扆与损同止逆旅。
——《唐摭言》，北京：中华书局，1985年，第56页。

二、推荐主考

陆扆跟着朝廷最直接的目的是考进士，可这样的日子什么时候才是个头啊？《太平广记》中说："欲身事之速了，屡告昭度。"有事没事地总给宰相韦昭度谈进行科举考试的事。韦昭度也很无奈——现在还在逃难啊，再说这考试时间早就过了，所以就对陆扆说："奈已深夏，复使何人为主司？"（《太平广记》）韦昭度的意思是，你先忍耐一下，等我们都回到长安，你再参加明年的科举考试不就行了，咱就别做那有违传统、不符合章程的事了。

可是陆扆接过韦昭度没有合适人选做主考官的话就说："可以让中书舍人郑损做主考官啊。"嘿，他倒挺干脆，直接把主考官给定了，不找别人，就找自己的室友。看来陆扆真是着急了！韦昭度见陆扆如此急切，又出生入死地追随着朝廷，一片忠心，也怪不容易的，只好成全他，向唐僖宗请示在兴元补行进士考试。到这会儿，唐僖宗也顾不得那么多了，保命要紧，所以也没想那么多就答应了。就这样，一切都在陆扆的掌握之中，郑损当了主考官。韦昭度又叮嘱郑损，对陆扆照顾点。

二、自定状元

其实也根本用不着韦昭度提醒，郑损肯定会对陆扆青睐有加。且不说两个人在一个房间有这么久的"同居"之谊，就是陆扆推荐自己做主考官这一条，郑损就得有所表示。当时能当上主考官可是一件美差，是很光荣的事情。郑损怎么照顾陆扆的呢？《太平广记》中是这样说的："榜帖皆扆自定，其年六月，状头及第。"这一年总共录取了九个人，逃难的时候参加考试的人少。在这九个人中，陆扆把自己排在了第一名——他倒是很不客气。[1]

后来，陆扆录取自己为状元这件事就成了别人的话柄。陆扆在翰林院任职的时候，有一天天气很热，大家就开玩笑说："今日好造榜矣。"（《太平广记》）那意思是嘲笑陆扆在六月促成考试并录取自己为状元，不是光明正大的事情。好在陆扆真的有才，并且后来成为朝中的重臣，要不单这一件事，就会让

1　扆致谢于损，扆乃躬诣损拜请，其榜帖皆扆自定。

——《唐摭言》，北京：中华书局，1985 年，第 56 页。

他终生抬不起头来。

不管尹枢和陆扆如何有才，他们把自己确定为状元毕竟让人感觉很怪异，也容易受人非议，特别是让人感觉主考官形同虚设。这种录取方式也有些不严肃，把为朝廷选拔人才的大选当成了儿戏。

歪打正着成状元

与尹枢和陆扆相比，李固言考上状元，也非常富有戏剧性。李固言是元和七年（812）的状元，他本来是被表兄戏弄，没想到反而成全了他。

一、忠厚遭戏

李固言是凤翔人，因为出生在乡下，所以没见过什么世面，加上天性纯良，为人忠厚老实，既不懂得人情世故，也不熟悉官场应酬那一套，所以参加进士科考试，也是连着失败了几次。刚参加进士科考试的时候，李固言投宿在京城一个姓柳的表亲家里。和李固言的忠厚木讷相比，柳家的几个表兄表弟简直就是人精，他们总开李固言的玩笑，有的时候甚至还搞点恶作剧。

有一次，几个表兄弟趁着李固言专心练习跪拜礼仪的时候戏弄他。李固言刚跪下，一个表弟眼疾手快在他头巾上粘了一个纸条，纸条上写着“此处有屋僦赁”（《北梦琐言》）。“僦赁”就是出租的意思。因为速度很快，所以李固言丝毫没有觉察出来，于是他就成了活动广告牌，走到哪里脑袋上都带着这张纸条。谁看见谁发笑，搞得李固言丈二和尚摸不着头脑。

李固言觉得常规的礼仪练得差不多了，就想去找个人行卷。找谁呢？表兄弟们很热情地推荐说：你去找许孟容吧。当时许孟容任右常侍，虽然官职不低，但朝中大臣们都不太看得起，因为这个职位起不了什么太大的作用，简直就是个摆设，所以人们称之为“貂脚”。当然了，也没有人去请他帮忙办什么事情，特别是在行卷方面。柳家这几个弟兄让李固言去找许孟容，是想出李固言的洋相，根本不是真心实意帮忙。李固言老实巴交的，哪里知道这些啊，反而觉得几个表兄弟很热情。

李固言拿着自己的诗文到了许孟容的家里，许孟容更是没有想到——

这太阳怎么打西边出来了，还有人向我行卷？这是破天荒的事情啊！许孟容也是君子，接过李固言的诗文坦率地说："某官绪极闲冷，不足发君子声采。"（《北梦琐言》）虽然这样，许孟容还是记在心里。李固言躬身下拜表示感谢，一低头，许孟容发现李固言头巾上粘着的纸条，马上明白了：这是个老实人。于是就问，谁让你来找我的？李固言回答说，是柳家我那几个表兄弟。许孟容对李固言的印象越发深刻了。

二、表兄嫉才

元和五年（810）、元和六年（811），李固言连着两年参加考试都没有成功。这个时候，当年那个被朝官们轻视的许孟容已经升任兵部侍郎。元和六年年底，朝廷让许孟容担任元和七年的主考官，李固言又参加了这一年的考试。为了稳妥起见，李固言还想去拜访人，就问同年参加考试的一个表兄，表兄觉得凭李固言的文章考上进士应该没有什么问题，可是这样不就成了自己的竞争对手了吗？怎么办呢？按照当时的规定，考试前主考官是不能接见考生的，这个表兄脑子中就有了一个馊主意：让李固言去公开拜访主考官许孟容。

李固言不知道这是表兄给他设的圈套，傻乎乎地就去找许孟容了。许孟容因为和李固言接触过一次，知道这个人老实，为了保护他同时也是自我保护，就在李固言拜访自己的时候"密令从者延之"，自己没有出面。许孟容看了李固言的文章，觉得他文采很好，考上进士应该没问题。

许孟容让随从向李固言打听到底是谁让他来找自己的，李固言一五一十和盘托出，许孟容知道后，心中有底了。《太平广记》中说："孟容许第固言于榜首，而落其教者姓名。"许孟容言而有信，这一年李固言就考上了状元。看来，为人要厚道，不要总想着用歪门邪道作弄别人，否则只会搬起石头砸自己的脚。

三、"状元征兆"

《酉阳杂俎》中记载有李固言中状元的征兆。元和六年，李固言考试失败之后，到蜀地去游玩散心。游玩途中，遇到一个老太太，老太太说："郎君明年芙蓉镜下及第。"李固言当时并没有放在心上，继续游玩。第二年，李固言果然进士及第，而且还高中状元。更神奇的是，这一年考试的杂文题目竟然是“赋得芙蓉出水诗”和“人镜赋”，果然像老太太说的那样：芙蓉镜下及第。[1]

《太平广记》引《续定命录》还说，元和六年的时候，京兆府的从事韦词就已经知道了李固言第二年要考上状元。难道他能掐会算吗？原来韦词一天午休的时候做了一个梦，梦见有人拜访他，名片上写着“李故言”。这时候，韦词恍恍惚惚听到空中有一个声音“明年及第状头”。韦词醒了，左思右想，元和元年（806）是有个叫“李顾言”的考上进士了，可是他名字里的“顾”是顾客的“顾”，不是故意的“故”啊，也很少有人用这个字取名的。难道说还另有其人？到了八月，果然有个叫李固言的过来取解，只是“固”字和梦中不一样，但也没有别人和梦中相符合了。于是，韦词就对李固言说：“阁下明年不仅能考中进士，而且还名列榜首。”第二年，果然应验。

1 相国李公固言，元和六年，下第游蜀，遇一老妪，言：“郎君明年芙蓉镜下及第，后二纪拜相，当镇蜀土。某此时不复见郎君出将之荣也。”明年，果然状头及第，诗赋题有《人镜芙蓉》之目。

——《酉阳杂俎》，北京：中华书局，1981年，第215~216页。

《记纂渊海》引《三峰集》也说，李固言还没有考中进士的时候，有一次经过一棵大柳树下，听到身后有弹指的声音，可是回头一看却没人。这棵柳树年岁可不短了，李固言听说树大了就会有灵气，于是仗着胆子问：“谁呀？”就听见一个声音回答说：“吾柳神九烈君，已用柳汁染子衣矣，果得蓝袍，当以枣糕祠我。”原来是柳树神显圣。为什么穿了蓝色衣服就要祭祀自己呢？因为唐朝刚进入仕途的人都穿蓝色的官服。柳神这句话的意思是，你考上进士就要来感谢我，因为是我用柳汁提前把你的衣服染成蓝色的。李固言和柳神达成了协议，没过多久就考中了状元。李固言不仅科举排名命中注定，官场命运也是有先兆的。

四、“宰相前定”

《太平广记》引《蒲录纪传》记载，李固言还没有考中的时候，一次经过洛阳，听说当地有一个能通神灵的算命先生，于是就去询问自己的前程。算命先生说：“纱笼中人，勿复相问。”李固言不明白纱笼中人是什么意思，可是再问，算卦先生以天机不可泄露为由不说了。到了长安，李固言又听说圣寿寺有个和尚算卦灵验，于是又去算了一卦，和尚也说李固言是纱笼中人，但就是不具体解释。

元和七年（812），李固言被许孟容录取为状元，他再次来到圣寿寺问和尚纱笼中人到底是怎么回事。这次和尚没有隐瞒，说："吾常于阴府往来，有为相者，皆以形貌用碧纱笼于庑下，故所以知。"后来李固言果然当了宰相。其实，我们刚才讲到的李固言在四川遇到的老太太也说过李固言二十四年后要当宰相的话。我们不能不说，这些故事都是荒诞不经的，或许是好事者对成功者进行的传奇演绎，因此是当不得真的。

第二十讲
状元们的八卦事

在本该严肃的科举考试中，状元应该是学问和人品双优的考生，但现实中往往有例外。有些人之所以成为状元，简直就是儿戏。这些不严肃的情况，反映出的是科举考试中的弊端。

开玩笑也能当状元

生活中，我们常用玩笑调节气氛。按说玩笑是不能当真的，当真了就不叫玩笑了。但就有人较真儿，既然承诺了，就得兑现。这件事就发生在萧昕和牛锡庶的身上。牛锡庶是贞元三年（787）的状元，这一年的主考官是萧昕，两个人就把一句玩笑话当真了。

一、偶遇尚书

牛锡庶这个人很老实，不喜欢钻营，所以当别人纷纷去拜访京城中的名人寻求帮助的时候，他却一个人闷着头看书，或者出去散心，所以连着考了好几年总是榜上无名。贞元二年（786），他再次来到京城，要参加下一年的科举考试，依旧像往年一样我行我素——你们爱拜访谁拜访谁。不过，牛锡庶也想考上，他就去找了个算命先生给自己算了一卦，算命先生说："君明年合状头及第。"（《太平广记》）牛锡庶心想：你就忽悠我吧，能考上我就心满意足了，还状元呢？馅饼是不可能砸到我头上的。

离开卦摊，牛锡庶信步来到一个宅院的外边。他看见院子里有一位老人拄着拐杖在悠闲地散步，老人虽然老态龙钟，但是看那气定神闲的样子，一定不是一个一般人。牛锡庶在门前停留这片刻，被老者发现了。老者以为牛锡庶是来拜访自己的，就招呼他进了院子。牛锡庶出于礼貌，就和这位老者聊了起来。通过交谈，他发现这位老者谈吐不凡。老者到底是谁呢？牛锡庶一问才知道是礼部尚书萧昕。牛锡庶感觉自己的机会来了。[1]

二、信许状头

当牛锡庶知道眼前的老者就是礼部尚书时，赶紧恭恭敬敬地从怀里掏出来自己的诗文递了上去。看来牛锡庶的脑瓜也挺活，偶遇变成了行卷。萧尚书曾经在二十多年前主持过科举考试，想当年宾客盈门，读书人都以向他行卷为荣。可是再看看眼前，门庭冷落，没有人登门拜访他这个老人家了。萧昕有些失落，独居无聊，也希望有个人能陪他聊聊天。今天，终于有人来向自己行卷了，萧昕自然感到欣慰，让家人好好招待，自己则拿过牛锡庶的文章认认真真看了起来，而且称赏再三。

萧昕看完牛锡庶的文章，两个人又兴高采烈地聊了起来。萧昕随口问道："外间议者，以何人当知举？"（《太平广记》）牛锡庶哪里知道啊，就随口说："尚书至公为心，必更出领一岁。"（《太平广记》）萧昕一听，觉得这个牛锡庶挺会说话的，不管他这话是否出于真心，但听得心里挺受用，于是谦虚地说："必不见命。若尔，君即状头也。"（《太平广记》）什么意思呢？萧昕说，让我主持考试是不可能的，不过如果真是让我当主考官的话，我就录取你为状元。牛锡庶也觉得这是玩笑，但还是起身表示感谢。令牛锡庶万万没有想到的是，两个人聊天的玩笑话，不久竟然成真。

三、萧昕知举

玩笑过后，两个人接着聊天。正聊着呢，家人趴在萧昕的耳边嘀咕了几句，萧昕起身安排牛锡庶回避——暂时躲在屏风后面。原来是朝廷来人了，牛锡庶因为是布衣，所以在场不合适。牛锡庶在屏风后听到有人说："二十四年再主文柄，国朝盛事，所未曾有。"（《唐摭言》）但说的是谁，牛锡庶并不知道。

送走了朝廷的使臣，萧昕又把牛锡庶从屏风后请了出来。这时牛锡庶发现，萧尚书就像枯木逢春一样，精神饱满，而且面露喜色。他知道萧昕肯定是遇到什么好事儿了，但他还是没有想到朝廷让萧昕当主考官。萧昕

1 牛锡庶性静退寡合，累举不举。贞元元年，因问日者，曰："君明年合状头及第。"锡庶但望偶中一第尔，殊不信也。时已八月，未命主司。偶至少保萧昕宅前，值昕杖策，将独游南园。锡庶遇之，遽投刺，并贽所业。

——《太平广记》，北京：中华书局，1987年，第1339页。

却掩饰不住自己的喜悦，非常坦率地对牛锡庶说：“你刚才不是说我应该再主持一次科举考试吗？借你吉言，朝廷也是这么想的，刚才朝廷来人，就是说这件事的。”

牛锡庶一听就来精神了，今天散步没有白散啊，误打误撞进了尚书的家里，开个玩笑说他会主持科举考试，竟然也会变成真事。难道说那个算命先生说我明年能够考上状元不是忽悠我？看来我是遇见黄道吉日了，咸鱼也有翻身的时候啊。忽然，牛锡庶想起来刚才萧昕的那句玩笑话——“必不见命。若尔，君即状头也。”这么大个尚书，不能说话不算话吧？想到这里，牛锡庶就站起身来躬身下拜，说：“尚书适已赐许，皇天后土，实闻斯言。”萧昕微微一笑，怎么还把皇天后土给抬出来了，“前言期矣”（《太平广记》），你放心，我说话算话的。第二年，礼部南墙放榜，牛锡庶果然高中状元。

看来开玩笑都得小心。我们不能不说萧昕言出必行能够取信于人，这是好的品德，但科举考试毕竟是为国家选拔人才，就凭一面之缘和一句玩笑，把这么严肃的事情视同儿戏，实在是不足取的。这说明科举考试中还有很多不完善的地方；同时也说明，当时科举考试的成功与否，带有很大的偶然性。

状元也能作人情

开成四年（839），礼部南墙放榜，高居榜首的人姓崔，文献中并没有留下他的名字，我们就称他崔生吧。这一年的主考官也姓崔，叫崔蠡。崔生家里比较富有，因此就有人怀疑主考官崔蠡收受贿赂，给崔生开了绿灯。实际上，这个考生还真和主考官有关系，崔蠡确定崔生为状元，并非接受了他的钱财，而是有感于崔生的慷慨义气。这是怎么回事呢？

一、慷慨仗义

早在三年前，也就是开成元年（836），崔蠡的母亲去世了，当时崔蠡的官职是司勋郎中、知制诰。按照规定，母亲去世，当儿子的就得守孝，而丁忧期间是不能工作的，没有工作自然也就没有收入了。崔蠡原来在任期间，生活就很俭朴，加上当时朝廷崇尚节俭，所以“四方寄遗，茶药而已，不纳金帛”（《芝田录》）。崔蠡是皇帝的近臣，自然免不了会有人送点礼物，但这些礼物也只是茶叶或者药材之类，遇到有人给他送金银珠宝，他是不会收的。因为清廉，崔蠡在为母亲守孝期间，才出现了“不异寒素，虽名姬爱子，服无轻细”（《芝田录》）。

为母亲下葬发丧是需要用钱的，可是马上到下葬的日期了，崔蠡还是两手空空。这天，崔蠡正在为丧葬费发愁，听到门外高一声低一声地争吵起来。原来，一个自称同宗的读书人来拜见崔蠡，被看门人给拦住了，看门人说崔大人守孝期间没有接待过任何一个外人。这个读书人就是崔生，崔生说：“某崔家宗门子弟，又知尊夫人有卜远之日，愿一见公。”（《芝田录》）

崔蠡于是让人把崔生请了进来。崔生一进门，就直率地说：“知公居缙绅间清且约，太夫人丧事所需不能无费，某以辱孙侄之行，又且赀用稍给，愿以钱三百万济公大事。”（《芝田录》）崔蠡见这个年轻人如此慷慨，很惊奇。这个年轻人不仅没有躲着自己，还主动送上门来要资助自己三百万钱，崔蠡能不为他的义气感动吗？崔蠡接受没接受崔生的好意呢？结果是“嘉纳其意，终却而不受”（《芝田录》），好意心领了，但钱一分也没有接受。

二、人情状元

崔生去拜访崔蠡，或许有他的想法，因为他前后参加了好几次科举考试，每次都是名落孙山，不仅自己不服气，别人也替他叫冤抱屈。崔生拜访崔蠡，可能有请崔蠡帮忙延誉的想法，这也只是我们的猜测而已。但是再想想，崔蠡当年在任上时为什么不去拜访呢？看来还是义字当头。不过，也正是这次交往，崔生的慷慨义气给崔蠡留下了深刻的印象，也为他日后科举考试的成功打下了人脉基础。

为母亲守孝期满后，崔蠡返回朝中，升任中书舍人，而且被任命为权知贡举，负责开成四年（839）的科举考试。崔蠡发现，当年想要资助自己的崔生也参加了考试，而且文章写得还不错，于是大笔一挥就确定他为状元。放榜之后，有人有异议，认为崔蠡为人正直，选拔人才也应该是公道的，这个崔生及第是可以的，但确定为状元却未必合适。于是就有好事者质问崔蠡，崔蠡也不隐瞒，坦言相告："崔某故是及第人，但状头是某私恩所致耳。"质问他的人就有些迷糊了，为什么呢？崔蠡就把原委说了一遍，大家这才知道是怎么回事。于是，朝廷内外对崔蠡坦荡的胸怀和扬善宣德的品格更加佩服。

朝中有人好做官

卢肇是会昌三年（843）的状元。他考上状元宰相李德裕帮了大忙，这让他很是扬眉吐气。

一、不为人识

卢肇考进士之前，很多人都没有把他放在眼里。参加解试的时候，考官虽然把他推荐上去了，但排名却是垫底的。按往常情况，卢肇考不上几乎是板上钉钉的。可是卢肇很乐观，反而认为排在他前面的那些人都是顽石，自己就是顶着顽石的巨鳌。

黄颇是卢肇同乡。黄颇不但家里富有，而且解试名次比卢肇靠前，所以临进京考试的时候，地方官就想提前和黄颇套近乎，于是非常盛情地为黄颇饯行。而卢肇家里穷，连参加的机会都没有，所以"时乐作酒酣，肇策蹇邮亭侧而过，出郭十余里，驻程俟颇为侣"（《唐摭言》），停在路边等候黄颇一起进京考试。[1] 两相对比，卢肇显得非常凄凉，没有办法，这就是现实。但是，这群极力巴结黄颇的人却看走眼了，他们哪里知道，就是这个没被他们放在眼里的寒酸卢肇，却独占鳌头了。

二、宰相拍板

按照旧例，礼部放榜的时候，需要先把录取名单给宰相看一下。会昌三年的主考官是王起，当时的宰相是李德裕，王起就问宰相有没有需要关照的人。李德裕说："安用问所欲为，如卢肇、丁稜、姚鹄，岂不可与及第耶？"李德裕的意思是说，还用问我这个吗？像卢肇、

1 《别宜春赴举》：秋天草木正萧疏，西望秦关别旧居。筵上芳樽今日酒，箧中黄卷古人书。辞乡且伴衔芦雁，入海终为戴角鱼。长短九霄飞直上，不教毛羽落空虚。

——《全唐诗》，北京：中华书局，1960 年，第 6383 页。

丁稜、姚鹄这三个人，还不应该录取吗？王起一听就明白了，回去就按照李德裕说的顺序把三个人录取了，而且还把卢肇和丁稜分别录取为第一名和第二名。所以说，卢肇能够考上状元，完全得益于宰相李德裕的那句话。可是，李德裕为什么如此关照卢肇呢？

三、患难相交

原来，李德裕曾经被贬到宜春为官，宜春是卢肇的老家。李德裕因为在朝中是牛李党争的李党领袖人物，所以很多人对他都很忌讳，再加上当时李德裕是被贬到宜春的，所以门前冷落，很少有人登门拜访。但是卢肇却没有管那么多，他多次向李德裕行卷，希望得到李德裕的指点。李德裕虽然不是进士出身，但文才出众，在科举选拔人才方面非常用心，奖拔孤寒。[1]

在人们都对李德裕避之唯恐不及的时候，卢肇却向李德裕行卷，对他表现出足够的尊敬，这让情绪低落的李德裕感到非常温暖。另外，卢肇的文才也相当棒，才思敏捷，受到李德裕的欣赏。这么一来二去，两个人就成了好朋友，甚至到了后来，卢肇去拜访李德裕的时候，李德裕让他脱去外衣和自己自由自在地交谈，那种随便的样子简直就是一家人。因此李德裕再次入朝为相时，肯定会对自己的这个老相识多多照顾。

卢肇考上进士后不久，他和李德裕的关系就传了出去，不过大家认为“卢虽受知于掌武，无妨主司之公道也”(《北梦琐言》)。“掌武”是太尉的别称，李德裕曾经是太尉，所以又称他李掌武。这句话的意思是说，卢肇虽然受到了宰相李德裕的赏识，他参加考试也得到了李德裕的关照，但这并没有妨碍主考官的录取公道。这就说明卢肇本人的才能还是能担得起状元这个头衔的。卢肇对自己的才能也很自信，前面说过他把解试排在自己前面的那些人都看成是顽石，而把自己比成巨鳌，这就是自信的表现。另外，卢肇考上状元之后，写了一首《成名后作》诗，其中两句是：“桂在蟾宫不可攀，功成业熟也何难。”意思是，都说蟾宫折桂不容易，实际上是功

1 唐相国李太尉德裕，抑退浮薄，奖拔孤寒。于时朝贵朋党，掌武破之，由是结怨。而绝于附会，门无宾客，唯进士卢肇，宜春人，有奇才，每谒见，许脱衫从容。
——《北梦琐言》，北京：中华书局，2002 年，第 41 页。

夫没有下到，功夫下到了，也不是一件难事。

错认颜标作鲁公

前面讲的不论是开玩笑，还是还人情，主考官都没有糊涂，只不过是把国家大事当成了自己的私事。可是也有这种情况：主考官一心为了国家，结果却办了一件糊涂事，从而为世人留下了笑柄。这就是下面要介绍的误放状元。

大中八年（854），礼部侍郎郑薰主持科举考试，这一年总共录取了三十个人。但在确定谁为状元这个问题上，郑薰闹出了笑话。这一年有个被录取的考生叫作颜标，郑薰“误谓颜标乃鲁公之后”（《唐摭言》）。鲁公就是颜真卿。郑薰把颜标当成了颜真卿的后代，再加上当时徐州一带不安定，有人造反，郑薰“志在激劝忠烈，即以标为状元”（《唐摭言》）。

据《新唐书 · 颜真卿传》记载，颜真卿既是大书法家、颜体的创立者，又是以名节著称的直臣、忠臣。他正直敢言，不避权贵，所以那些有问题的达官贵人，对他既怕又恨。也是因为他的耿直，他多次被排挤出京城。

颜真卿担任平原郡守的时候，安禄山发动叛乱。由于叛军来势凶猛，周围各州郡降的降，逃的逃，在这种情况下，颜真卿不仅据城顽强抵抗，还联络从兄颜杲卿以及附近十七郡，合兵二十万，使安禄山不敢急攻潼关。甚至颜真卿曾经把自己十来岁的儿子作为人质来坚定刘正臣的战斗意志。因此，在平定安史之乱中，颜真卿立下了汗马功劳，后来被封为鲁郡公。人们称颜真卿为颜鲁公就是这么来的。

建中三年（782）十二月，淮西节度使李希烈发动叛乱，自称天下都元帅、太尉、建兴王。兴元元年（784）正月称帝，国号大楚，改元武成，设置百官，以汴州为大梁府。奸相卢杞派颜真卿前往劝谕，大家都替颜真卿捏了一把汗，都知道卢杞这是要借刀杀人。但是颜真卿明知是龙潭虎穴，还是毅然前往。李希烈的部下软硬兼施，想要劝降颜真卿，让他担任李希烈的宰相，但是颜真卿始终不改其志，正言怒斥，毫无惧色，最后被李希烈缢死了，时年七十六岁。颜真卿遇害的消息传出，三军将士痛哭失声。

唐德宗亲自撰写诏文，追念颜真卿，称颜真卿“器质天资，公忠杰出。出入四朝，坚贞一志。属贼臣扰乱，委以存谕。拘胁累岁，死而不挠。稽其盛节，实谓犹生”（《旧唐书》），所以颜真卿乃朝臣们的楷模。

大中八年（854），天下依旧不是很太平，主考官郑薰想让考试起一个引导作用，他看到了颜标的名字就想起了颜真卿。此时，颜真卿已经被害七十年了，像颜真卿这样的人越来越少了，因此他要继续树立颜真卿这个榜样，就想当然地把颜标当成了颜真卿的后代。其实，当时考生们都向主考部门提交有家状，上面写有考生的出身和家世背景。这说明郑薰并没有看，也没有想起来核对一下以确认颜标的身份，明显属于工作态度问题。就这样，想当然地把颜标定成了状元。

到了新进士们谢恩的时候，郑薰很从容地问颜标的庙院——古代有名望的大族都是有家庙的。颜标坦言说：“寒畯也，未尝有庙院。”（《唐摭言》）郑薰一听马上明白了，肯定是自己弄错了，一时语塞，尴尬得无话可说。这件事很快就传了出去，有好事者就编了个顺口溜嘲笑郑薰：“主司头脑太冬烘，错认颜标作鲁公。”（《唐摭言》）“冬烘”就是糊涂的意思。看来工作之中应该慎之又慎，要不就会贻笑大方了。

无耻仗势强取状头

在唐代的状元队伍里，也有狗仗人势的，那就是开成三年（838）的裴思谦，就是那个曾经夜宿妓院的裴思谦。他全无叔叔裴垍的气节，仗着巴结无恶不作的大太监仇士良当上了状元。这个故事见于王定保的《唐摭言》。

开成元年（836），高锴第一次主持科举考试。高锴为人正直，他发现当年的一个考生裴思谦很不像话，拿着大太监仇士良的信，声称要当状元。仇士良权倾朝野，顺者昌，逆者亡，刚刚对朝中的一批重臣下过死手，把宰相王涯、副宰相舒元舆都杀害了。所以，大家对仇士良是既恨又怕。高锴胆儿很壮，说啥也不买仇士良的账，还把裴思谦轰了出去。裴思谦有恃无恐，临出门的时候又回过头来丢下一句话：“明年打脊取状头。”“打脊”

就是用鞭抽打背部，这里是发狠的话，意思是说明年无论如何我也要当状元。

第二年，因为仇士良在政治斗争中没有占到便宜，被辅政的李石暂时压制住了，所以裴思谦就没有参加考试，这一年的状元是皇族子弟李肱。到了开成三年（838），李石与仇士良的斗争升级，李石险些被暗杀，只好主动辞职，仇士良又占了上风。裴思谦的腰杆也挺起来了，他又参加了开成三年的科举考试，主考官还是高锴。

高锴告诉家人，不接受任何人的请托。快要开考的时候，裴思谦来了，穿着禁卫军的衣服，化装成军官的模样，拿着仇士良的书信。高锴愣是没有认出来，裴思谦见到高锴就说："军容有状，荐裴思谦秀才。""军容"是一种官职，叫观军容使，这里指仇士良。裴思谦的意思是说，仇军容让我给你送封信，推荐裴思谦秀才参加考试。高锴接过信一看，"书中与求巍峨"，也就是仇士良要推荐裴思谦当状元。高锴说状元已经有人选了，其他名次还可以答应。裴思谦傲慢地回答说："卑吏奉军容处分，裴秀才非状元，请侍郎不放。"这就是霸王硬上弓了。高锴想了想说："我总得见一下裴秀才吧。"裴思谦说："卑吏便是也。"

我们虽然没有见过这个裴思谦，但就从这些对话中已经不难想见裴思谦是一副什么样的嘴脸了。这次高锴没有扛住，想想那么多人都败在了仇士良的手下，自己想斗也是有心无力啊。虽然不甘心，又能怎么办？仇士良想要自己的命，也就是一句话的事，万般无奈之下，只好咬牙屈从。就这样，裴思谦"考中"了状元。

人们之所以费尽心机争当状元，无非是追名逐利。考场就是名利场，名利场上有利益纠葛就少不了会结怨。那么，科场结怨又会掀起怎样的风浪呢？

第二十一讲

都是科考惹的祸

科场就是名利场，在科场之上，没有一个考官不标榜自己选才至公、选才为公的，但事实上往往存在着人情因素和个人利益，甚至在一些时候，主考官或某些高官的好恶直接决定考生们的命运。如果是心胸豁达，双方都能走向海阔天空；可是一旦心胸狭隘，那就会怀恨在心，甚至酿成大狱。在唐代科举史上，因为考场上的利益纠葛而结怨的，文献之中并不少见。

路岩生气了

唐代的科举考试科目有常科和制科之分，常科就是明经科和进士科，制科则名目繁多。在制科科目中，有一个科目叫日试万言科，就是考生一天写一万字的大文章，要求考生思维敏捷、文才出众。这个科目的考试在唐代不经常举行，结果还因为一个考生惹怒了当朝的高官，被取消了。考生为什么会惹怒高官呢？

一、考生才能高

日试万言科主要是选拔非常之才的。人才常见，但非常之才不常见，所以这个科目并不是一个热门科目。有一年，一个叫王璘的长沙考生报名参加日试万言科考试。《唐摭言》中说，王璘"词学富赡"，辞采华美，工诗善赋，那脑袋简直就是天生的文学宝库。湖南观察使崔詹事知道了王璘的过人之处后，就把他推荐给了朝廷。

制科考试的考生一般都是地方官推荐的，考生和推荐者荣辱与共，一旦考生不像推荐者说的那样，推荐的官员就要受处分。难道崔詹事不怕王璘牵累自己？不怕，因为崔詹事已经见识过王璘的本领。崔詹事把王璘先请到观察使衙门，让他展示了一番。我们今天想想，不要说让一个人从无到有创作一篇一万字的文章，就是抄一万字，胳膊都会酸得受不了。当时可是用毛笔书写啊，就那种悬腕的书写方式，想想都累。王璘怎么办呢？

王璘没有亲自书写，而是找来十个书吏，每人都发给笔墨纸张，由王璘“往来口授”(《唐摭言》)。一个人同时应付十个人，这需要何等的才华？王璘写的第一篇文章是《黄河赋》，三千字，“数刻而成”(《唐摭言》)。接下来又写了三十首《鸟散余花落游》诗[1]，一个题目写三十首诗，换一般人早就江郎才尽了，可是王璘“援毫而就”(《唐摭言》)，很快就搞定了。

1 题出谢玄晖《游东田》诗，其中有句云：“鱼戏新荷动，鸟散余花落。”
——《文选》，北京：中华书局，1977年，第318页。

可是就在这个时候，“时忽风雨暴至，数幅为回飙所卷，泥滓沾渍，不胜舒卷”(《唐摭言》)。就在大家惊慌失措的时候，王璘说：“勿取，但将纸来。”(《唐摭言》)等纸拿过来之后，他纵笔挥洒，又是十几首诗写出来了。就这样，不到中午就写出了七千多字。崔詹事一看果然名不虚传，才半天工夫就已经完成了大部分任务，于是就不让王璘继续写了，邀请他饮酒庆贺。

二、考生期望高

王璘到了京城之后，马上就成了焦点，很多人都想结识他，其中不乏位高权重者，这些人中就包括路岩。路岩当时官拜同中书门下平章事，相当于宰相。路岩本身聪明过人，所以他也非常欣赏王璘的才华，于是派人去请王璘过来交谈。王璘想一飞冲天、一鸣惊人，于是回复路岩说：“请俟见帝。”(《唐摭言》)这就等于把路岩的面子给驳了。路岩听了王璘的回复很生气。其实人家王璘说的没错，我是皇帝要招的人才，怎么能先和你宰相拉扯上呢？可是路岩怎么想？你王璘也太不知道好歹了吧，我请你，你都把面子给我撅了，难道你不怕我为难你？

制科考生进京之后，不是马上就考试的。在考试之前，路岩组织相关人员向皇帝建议：废除日试万言科。你不是想通过这个科目接近皇上吗？这个科目被取消了，我看你还如何接近皇上！这一招的确很绝！王璘挺认死理，还就考这一个科目。你不是取消了吗？我还什么都不考了，爱咋咋地！于是他回到老家，过起了悠游自在的民间生活。

为了自己的面子，取消一个科目，拒绝一个人才，路岩的做法无疑是不足取的。王璘因一时之气而归隐田园，也非胸怀大志者所为。路岩与王璘是过于严肃了，不过有的时候因为一句玩笑话，也会在科场上结仇。

别轻易开玩笑

前面曾介绍过，王播年轻的时候在扬州木兰院寄食读书，和尚们为了躲着他总是吃完饭才敲钟，结果搞得王播老饿肚子。所以，后来王播当了高官之后重回木兰院报怨去了。从这件事可以看出，王播的心胸不够大。王播这个人喜欢记仇，谁要是得罪了他，他一定会找机会报复的。比如，他就曾把同年陈通方折腾得困苦不堪。

王播是贞元十年（794）考中进士的，当时已经是五十六岁高龄了，在他这帮子同年里算老的了。同一年考上的第四名叫陈通方，是当年最年轻的，刚刚二十五岁，和王播就是两代人。这个陈通方虽然年少名高，但为人轻薄自负。在新科进士集会庆祝的时候，陈通方用手拍着王播的后背说："王老王老，奉赠一第。"（《实宾录》）陈通方这就不厚道了，意思是说，你这么大年龄了，考上就不错了，也不会有什么大出息了。

被人当众嘲笑，很少有人能够沉得住气的。王播也不例外，当时就生气了：年龄大怎么了？姜子牙八十岁还在渭水边钓鱼呢！我怎么就一定没什么出息了呢？于是王播气呼呼地回答说："拟应三篇。"（《实宾录》）"三篇"指博学宏词科，杜佑《通典》卷十五《选举三》说："选人有格限未至而能试文三篇，谓之'宏词'。"这个科目比进士规格还高，考上之后马上就能当官，而且还是美差，所以是很多进士向往的。王播向陈通方宣布，你不是觉得我老了吗？你不是觉得我是捡了一个进士及第吗？我告诉你，我还要参加博学宏词科考试呢。陈通方也是没眼色，根本没发现王播已经生气了，反而又接过王播的话说："王老一之谓甚，其可再乎！"（《实宾录》）那意思是说，你别折腾了！

王播没再说什么，但陈通方已经被他牢牢记在心底了。也该着出事，陈通方家里有老人去世了，他只好回到家中丁忧守孝。就在考中进士的同年，王播又考上了贤良方正、能直言极谏科，从此官运亨通。

王播将怎样折腾陈通方呢？等到陈通方丁忧回朝的时候，已经是穷困潦倒了，而此时的王播却是位高权重。陈通方并不知道王播心眼小，一直对自己怀恨在心，反而认为两个人有同年之谊，于是为了生计，就向王播求助，希望王播能够拉自己一把。

王播就给陈通方安排了个江西院官。陈通方很高兴，不管官职大小，先有饭吃就行，于是高高兴兴上任去了。可是，陈通方还没有走到江西任上呢，又被改派为浙东院官了。没有办法，陈通方只好改道浙东。那时的交通可不像我们今天这么方便，坐飞机或者高铁一天就到了，当时的交通条件特环保，骑马或者骑驴，所以路上要走好多天。从江西改道浙东走了不到一半路，陈通方又接到了一个改派命令，他又被改派到南陵了。就这样改来改去，陈通方就在路上折腾了，苦不堪言啊，《实宾录》中讲"困踬日甚"，"困踬"就是颠沛窘迫的意思。

到了这一步，陈通方渐渐明白了，看来是自己当初那句戏言得罪了王播，让他记仇了，他这么折腾我，实际是在借机报复啊！陈通方对晚辈们说："吾偶戏谑，不知王生乃为深憾！"（《实宾录》）并告诫孩子们：今后不要学我，说话可要谨慎啊！后来，王播真的给了陈通方一个官职，就是待遇不怎么好，但不论如何，那也算是照顾了。因为级别悬殊，所以陈通方见不着王播的面，"追谢无地，怅望病终"（《实宾录》），最后竟然惆怅地病死了。

一句玩笑话，导致一辈子困苦不堪，陈通方要早知道是这个结果，打死也不会去开那句玩笑的。看来，为人要厚道，说话需谨慎。不过，王播也的确心胸过于狭窄了，官大心胸小，衔怨是非多。魏謩因为心胸狭窄，竟对当年自己的主考官下了死手。

典型的秋后算账

大和初年，李回担任京兆府参军，主持京兆府的选拔考试。这一年有个考生叫魏謩，是唐初名臣魏徵的五世孙。也不知道什么原因，李回没有录取魏謩。魏謩很生气，后果很严重。

一、发生争执

大和七年（833），魏謩考取了进士。一次，唐文宗在读《贞观政要》的时候，有感于魏徵当年的贤能，就下令寻访魏徵的后人，有人就把魏謩给推荐了上来。从此以后，他便官运亨通。[1]

1 謩字申之。擢进士第，同州刺史杨汝士辟为长春宫巡官。文宗读《贞观政要》，思徵贤，诏访其后，汝士荐为右拾遗。謩姿宇魁秀，帝异之。

——《新唐书》，北京：中华书局，1975年，第3882页。

到了会昌年间，李回担任刑部侍郎，正四品下，魏謩也升到了御史中丞，正五品，两个人的级别就差半格，可见魏謩仕途是非常顺利的。有一次，李回、魏謩和另外几个官员等候向皇帝汇报工作，魏謩就想起了当年的事情，于是对李回说："某顷岁府解，蒙明公不送，何幸今日同集于此？"（《唐摭言》）"顷岁"就是当年，"明公"是对李回的尊称。那意思是说，当年你虽然不录取我，我不照样当官了吗？而且你的级别也不比我高多少！李回意识到魏謩这是没事找事，于是很生气地大声回答说："经如今也不送！"（《唐摭言》）当时还有别人在场，魏謩的脸色变得非常难看，心里对李回更加痛恨了。魏謩心里暗自说：李回你给我记着，山不转水转，你千万别栽我手里，我还不信没有机会收拾你！

二、压制李回

后来，李回被贬为建州刺史，魏謩却又被提拔了，进同中书门下平章事，级别相当于宰相，于是报复李回的机会终于来了。李回每次给朝廷写的书信都要经过魏謩的手，魏謩便利用职务之便，把李回的书信全都扣押了下来。魏謩这么做明显是不顾大局，不过这样的人无论是在历史上还是现实生活中都不少见。因为得不到朝廷的回复，所以李回的信息就很封闭，加上总被魏謩压制，所以李回变得很暴躁，处理事情就少了应有的理智。冲动是魔鬼，这句话一点都不错。李回冲动了，于是惹事了，还不是一般的事。

一次，李回和一个衙官发生了矛盾，"决杖勒停"（《唐摭言》），也就是不仅对衙官处以杖刑、胖揍一顿，而且还开除了他的公职。别小看衙官这个职务，虽然级别不高，却是个肥差，他能够帮人免除徭役。免除徭役是一辈子的事，不可能上嘴唇一碰下嘴唇就搞定了，凡是想免除徭役的人得有点表示，“求隶籍者所费不下数十万”（《唐摭言》）。这也是很多人为了一个小小的职位，争得头破血流的真正原因。挨顿揍也就算了，现在还被开除了公职，这个衙官等于被李回断了财路，他能善罢甘休吗？

被开除公职的衙官辗转到了长安，想找更大的官员申冤告状。可是大家都不愿意管这件事，到了正中午的时候，此人蹲在中书省外的树荫下休息，满脸憔悴。别人不知道怎么回事，看他这么狼狈，就和他搭讪。衙官也不隐瞒，一五一十地说了自己进京要告李回。看热闹就有不嫌事大的，其中有人就给衙官支招了：“建阳相公素与中书相公有隙，子盍诣之？”（《唐摭言》）一句话点醒了衙官。

三、穷追猛打

说来也巧，这个人刚对衙官说完让他去找魏中书，魏中书就下班了。魏中书因为行政级别高，所以走到哪里都前呼后拥的。首先看到的是保护魏中书的马队，尘土飞扬。衙官随身带着状子呢，按照刚才那人支的招，跪在地上望尘而拜，磕头喊冤。魏謩的随从一看有人拦着，就问干什么，衙官回答说：“建州百姓诉冤。”（《唐摭言》）因为已经被开除公职了，所以衙官称自己为百姓。魏謩在轿子里面坐着呢，听说是建州百姓告状，马上想到和李回有关系啊，于是赶紧让停下轿子，并让随从把此人的状子递上来。

魏謩拿过状子打开一看，其中罗列李回的罪行达二十多条，其中的一条让魏謩眼前一亮，竟然是“取同姓之女入宅”（《唐摭言》），也就是说，李回娶了个李姓姑娘做老婆。魏謩心中窃喜：李回啊李回，你摊上事了，你摊上大事了！我们今天同姓结婚的多着呢，怎么李回就不行呢？这就是传统，这就是我们的古代文化，古人特别强调同族不婚、同姓不婚。为什么呢？《左传》中说：“男女同姓，其生不蕃。”这是从优生优育方面说的。《国语・晋语》中说：“娶妻避同姓，畏乱灾也。”在奴隶社会，同族内部因为争夺美色容易引起窝里反，从而削弱本部族的力量，所以禁止同姓婚配。其实，更简单的原因是避免乱伦的嫌疑，是道德层面的。不管从哪个角度说，唐朝都是禁止同姓结婚的。

李回作为建州刺史，又曾多年在京为官，这些他不可能不知道。既然知道，还要娶同姓女人宅，这不是明知故犯吗？这不是挑战法律的尊严吗？这一下子李回被魏謩拿住了把柄，“于是为魏相极力锻成大狱”（《唐摭言》）。这下李回惨了！朝廷先把他贬为邓州刺史，可是刚到九江，又被御史衙门的人给追上带回了建阳，又改贬为抚州司马，最后“终于贬所”（《唐摭言》），死在了抚州司马任上。

我们不禁感叹，魏謩虽然位高权重，但他远没有乃祖魏徵的胸襟气度。仅因当年不被录取一事怀恨李回如此，实在不是君子所为。不过，李回也不该知法犯法，为人留下把柄，从而给了魏謩咬住不放的机会。如果说魏謩和李回之间是借当年科考为由进行政治斗争的话，下面介绍的这个血淋淋的故事，可就纯粹是因怨生恨了。

科场失意酿血案

《唐才子传》中有个李山甫，诗名冠于当代，“诗文激切，耿耿有齐气，多感时怀古之作”。虽然李山甫是四川人，但他的诗文风格却有北方的豪气，不是批判时政，就是追忆历史上的清明盛世。按说，这么一个有才气、有社会责任感的人，应该是朝廷所需要的人才。但晚唐时期，政治混乱，科举考场上也是一片黑暗，结果就导致李山甫“咸通中累举进士不第”（《唐才子传》），导致他的心理发生了极大的变化。

一、私愤朝贵

如果自己才能不行，考不上还情有可原，可是现在这种情况明明就是朝廷不重视人才。李山甫感到怀才不遇，于是就对朝中的那些高官显贵怀恨在心，这就是《北梦琐言》中所说的“数举不第，尤私愤于中朝贵达”。一个王朝到了末期，经常会出现一人得道只手遮天的情况，国家大事变成了个人邀买人心的私事，国家的公共资源变成了个别人敛财的手段，国家穷困疲弊，可是那些当朝的大臣却富可敌国。所以，在这种情况下，极容易造成人才流失，地方势力尾大不掉，并对中央政权形成威胁。

二、投身方镇

考试失败之后，京城对李山甫失去了诱惑，留给他的除了伤感就是愤恨。为了生计，李山甫离开了京城，后来“流寓河朔间，依乐彦祯为魏博从事”（《唐才子传》）。李山甫到了河朔之地，正赶上乐彦祯自代韩简为魏博节度使。这个乐彦祯喜欢儒术，于是就请李山甫做了幕府从事。这是中和三年（883）的事情。没过多久，乐彦祯又向朝廷保举李山甫做了节度判官。可是李山甫因为考试失败变得放浪不羁，经常狂歌痛饮，加上乐彦祯志骄意满，所以他们做事极容易越格。另外，乐彦祯的儿子乐从训更出格，《新唐书》中说他“天资悖逆”，还从江湖上招了五百亡命之徒，无恶不作。

三、策划血案

中和四年(884)十二月，义昌节度使兼中书令王铎，自滑州到沧州上任，中间从乐彦祯管辖的地盘经过。王铎因为出身富贵，吃穿用度相当奢华，在滑州任上估计也没有少捞，所以这一路显得很高调。《北梦琐言》记载：“铎之行李甚侈，从客侍姬，有辇下升平之故态。”人们常说，出门不露财，露财必招灾。王铎倒好，新官上任，姬妾随从跟着一大堆，行李成车拉，与在京城逛庙会一样。既然经过了自己的地盘，乐彦祯只能热情招待，以尽地主之谊。

王铎的行李路上虽然没有招到贼，却让乐从训心里痒痒的。这小子生性无赖，没事就盘算着怎样把别人的财产、美妾变成自己的，现在王铎自己送上门来了，乐从训打心眼儿里“爱其车马姬妾”（《北梦琐言》）。让他就这么过去？不行，让他过去就对不起自己身为坏人的名号。乐从训决定：干一票！于是，“以问其父之幕客李山甫”（《北梦琐言》），应该怎么办？

其实这个时候的李山甫应该冷静点、理智点，阻止乐从训的荒唐想法。可是李山甫不仅没有阻止，反而也是热血沸腾，他想起了当年自己科举考试的数次失败。王铎在咸通四年（863）十一月，以中书舍人之职权知贡举，负责咸通五年（864）的科举考试。[1]也就是说，李山甫没有被录取完全有可能和王铎有关系。所以，李山甫积压多年的怨气一下子喷发出来，他不仅没有阻止乐从训，反而火上浇油，为乐从训出谋划策，当起了狗头军师。听乐从训想把王铎的财物据为已有，李山甫想了想说：等到贝州甘陵一带再说吧，不能在家门口动手，那样就说不清了。

1 咸通初，由驾部郎中知制诰，拜中书舍人。五年，转礼部侍郎，典贡士两岁，时称得人。
——《旧唐书》，北京：中华书局，1975年，第4282页。

乐从训在李山甫的协助下，制订了行动计划，提前派人埋伏在甘陵，等王铎一行刚到，“以轻骑数百，尽掠其橐装姬仆而还，铎与宾客皆遇害”（《北梦琐言》）。这可是惊天大案啊！最后怎么处理的？朝廷得到的奏报是“得贝州报，某日有杀劫一人，姓王名令公”（《北梦琐言》）。简直荒诞至极，三百多人的血案就这样轻描淡写地被揭过去了。其实皇帝不傻，知道是怎么回事，乐彦祯父子平日的所作所为世人皆知。既然知道，朝廷怎么不采取措施呢？《新唐书》中说：“朝廷微弱，不能治其冤，天下痛之。”原来如此。

四、罪有应得

在王铎三百余人被害这个案子中，李山甫罪莫大焉。劫杀王铎一行并瞒报案情，激起了魏博军的强烈不满，加上乐氏父子平日就不得人心，终于在文德元年（888）导致兵变，乐彦祯父子被牙将罗弘信斩杀。作为这个案件的主谋之一，李山甫也没有得到好果子吃，死于魏博军乱之中。以一己之私，害人三百余口，令人发指。这样的人如果进入官场，肯定也不是善类。

以上这些例子主要是因为考生科场不顺对相关个人怀恨在心，可是也有因为多次考试失败对考试制度乃至国家充满怨恨的。比如晚唐诗人罗隐，虽然文笔俊拔，却十多次都没有考上，没有办法只好到藩镇幕府找饭吃，并因此而“深怨唐室”。再比如晚唐的农民起义领袖黄巢，不仅能武，而且善文，也多次参加科举考试，但始终榜上无名，为此还写了一首《不第后赋菊》诗：

待到秋来九月八，我花开后百花杀。

冲天香阵透长安，满城尽带黄金甲。

从诗中不难感受到黄巢对李唐皇室满腔的怨气。

其实，唐代科场结怨最常见的，莫过于科场案中的当事者了。他们又会有怎样的表现呢？

第二十二讲

震惊朝廷的长庆科案

唐代科举考试名义上是公平的，为寒门士人提供了进入仕途、参加政治建设的机会，实际上由于考生的家庭背景、主考官的品质不同及各政治集团的利益纠葛等原因，经常会出现营私舞弊的现象。到了中晚唐时期，取舍不公的现象在考场上更是时有发生。

不平便激风波起，有的舞弊现象被深深地掩盖了起来，可是有的却被晒到了太阳下，闹得沸沸扬扬。在中晚唐时期的科场案中，闹得动静最大的，恐怕要数长庆元年（821）的钱徽案了。在这个案子中，皇帝亲自过问，相关的涉案人员都得到了应有的惩罚。

同僚请求关照

长庆元年，钱徽负责科举考试。钱徽是大历十才子之一钱起的儿子，爷儿俩都是进士出身。

钱起在文学创作上各体皆工，被公认为大历十才子之冠。据说，钱起于天宝十载（751）考进士的时候，还有神灵相助。进京赶考途中，晚上钱起住在旅店里听到外面有人在念诗，而且反复在念“曲终人不见，江上数峰青”。可是出来四处寻找，又见不到人。到了考场，当年的考试题目是“湘灵鼓瑟诗”，而且要求以“青”字为韵。钱起就把在旅馆里听到的两句写进了诗中。就这两句诗，让主考官不仅打着节拍反复吟咏了好几遍，而且还认为肯定得到了冥冥之外鬼神的相助，否则不会这么有境界。[1]

一、当上主考官

钱起这么厉害，儿子钱徽自然不敢落后，不但考中进士，而且成为主考官。钱徽为什么能当上主考官呢？原因有三。

1 父起，天宝十年登进士第。起能五言诗。初从乡荐，寄家江湖，尝于客舍月夜独吟，遽闻人吟于庭曰：“曲终人不见，江上数峰青。”起愕然，摄衣视之，无所见矣，以为鬼怪，而志其一十字。起就试之年，李暐所试《湘灵鼓瑟诗》题中有“青”字，起即以鬼谣十字为落句，暐深嘉之，称为绝唱。

——《旧唐书》，北京：中华书局，1975 年，第 4382~4383 页。

一是学历高。钱徽考中了贞元元年（785）的进士，同年又考中贤良方正、能直言极谏科，还是“双学位”。就从后面这个制举科目上，我们多少能够感受到钱徽的性格特征：正直。

二是品行好。据《新唐书·钱徽传》记载，当年钱徽考上进士后住在谷城。谷城令王郢喜欢结交三教九流，还老拿公款送人。王郢看着很豪爽，其实种下了祸根，后来就因为这获罪了。观察使樊泽调查发现，在所有的涉案人员中，只有钱徽没有接受过馈赠。[1]看来他还是能够抗拒诱惑的。

三是有长者之风。钱徽当上翰林学士之后，宪宗皇帝曾经单独召见过他。能受到皇帝单独召见，这在很多人看来是一种荣耀。可是钱徽认为“它学士皆高选，宜预闻机密，广参决”（《新唐书》），而不应该单独召见自己，跟有什么见不得人似的。所以，宪宗觉得钱徽有长者之风。

1 徽中进士第，居谷城。谷城令王郢善接侨士游客，以财贷馈，坐是得罪。观察使樊泽视其簿，独徽无有，乃表署掌书记。

——《新唐书》，北京：中华书局，1975年，第5271页。

既然有如此好的人品，朝廷自然会提拔重用。长庆元年（821），钱徽升任礼部侍郎，专门负责科举考试，替皇帝选拔人才。但得到这份美差的同时，他也处在了风口浪尖上。

二、同僚托情

当上主考官，马上就要面临各种骚扰，其中最重要的就是有人说情、推荐考生。钱徽也不例外，他被人盯上了，一个是段文昌，一个是李绅。特别是段文昌，还是当时的宰相，不过已经确定被调任剑南，马上就要上任了；李绅是翰林学士。段文昌也是受人之托，托他的人是杨凭。这杨凭不是一般人，那可是大历九年（774）的状元，他的弟弟杨凝是大历十三年（778）的状元，兄弟双状元，所以老杨家以文学知名，家里有考进士的传统。段文昌为什么要帮杨凭呢？是被杨凭号住脉了：拿人手短。

杨凭的儿子杨浑之想考进士，杨凭就想到了宰相段文昌，想请他帮帮忙。让人帮忙不得打点一下吗？人家都是宰相了，送什么合适呢？不能盲目地送金银财宝，得投其所好。段文昌还真有爱好，就是喜欢古书古画——喜欢搞收藏。更巧的是，杨凭家里没有别的，“多书画，钟、王、张、郑之迹，在《书断》《画品》者兼而有之”（《旧唐书》），名人字画，全是珍品，随便一件都是价值连城。

可怜天下父母心，当爹的为了让儿子能够考中进士、光耀门庭，可真是下了血本了。《旧唐书·钱徽传》中说：“尽以家藏书画献文昌，求致进士第。”杨凭一咬牙，把家里收藏的名人字画全送给段文昌了。我们可以想象，杨凭得有多心疼！他收藏这么多，说明他也不是一般的喜欢啊！这些东西可不是想要就有的，那得费多少心、多少钱才能搞到啊，而且还得有缘。所以，把自己珍藏多年的所爱送给别人，无异于从自己身上割肉。但是，为了让儿子考中进士，只有忍痛割爱了。

这些可都是平时连见都见不着的宝贝，每一幅都是珍品，一下子堆到了自己的眼前，想都不敢想！段文昌就喜欢这一口，这些宝贝马上就能属于自己，还不得高兴坏喽！但是，拿人手短，吃人嘴软，收人礼物就得替人办事。段文昌敢照单全收，就说明他觉得不是个啥大事，不就是考个进士吗？无论如何，我也当过宰相，说句话主考官再怎么着，也得给我点面子吧。

于是段文昌就找到了主考官钱徽，希望能够看在自己的面子上，对杨浑之多多关照。当面交代过之后，段文昌还担心钱徽把这件事给忘了，于是又给钱徽写了一封信，一再叮嘱别忘了录取杨浑之。也就是在考试之前，翰林学士李绅也过来找钱徽了。这个李绅我们都不陌生，就是写“锄禾日当午，汗滴禾下土。谁知盘中餐，粒粒皆辛苦”的那个诗人。李绅也有一个关系户，叫周汉宾，他把周汉宾也托给了钱徽，希望能够关照录取。段文昌和李绅觉得，既然托付过了，不会有什么问题的，毕竟同朝为官，低头不见抬头见的。

可是结果会不会是他们想象的样子呢？

意外发生了

段文昌和李绅向钱徽托付过了，心里想着没事了，肯定能考上，就等公布结果拿录取通知书了。虽然两个人的想法很丰满，可是现实很骨感，等到二月十七日公布结果，礼部南墙放榜，段文昌和李绅全傻眼了，“浑之、汉宾皆不中选”（《旧唐书》）。于是，这就出事了！

一、文昌发难

段文昌和李绅发现，自己推荐的人没有被录取，而在被录取的名单中，竟然有几个不学无术的贵族子弟，比如李宗闵的女婿苏巢、杨汝士的弟弟杨殷士，还有裴度的儿子裴譔，“故文昌、李绅大怒”（《旧唐书》）。特别是段文昌，收了人家杨凭那么重的礼，结果事情却没有给人家办成，没法交代啊！于是他决定，不在家里生闷气，要向皇帝揭发钱徽录取的人当中有不合格的，有猫儿腻。这个段文昌也真敢整事，自己受贿不反思，反而要向皇帝讨个公道。

前面说过，段文昌要到剑南上任，临上任之前，段文昌需要到皇宫里向皇帝辞行，就在辞行的时候，段文昌说：“徽所放进士郑朗等十四人，皆子弟艺薄，不当在选中。”（《旧唐书》）那意思是说，钱徽录取这些人是不公平的，请皇帝给大家一个公道。

穆宗皇帝听了段文昌的话，还不是十分相信，为了不偏听偏信冤枉了钱徽，就向翰林学士元稹和李绅打听这件事。穆宗调查的结果是什么呢？元稹和李绅两个人“对与文昌同”（《旧唐书》），和段文昌说的一模一样。能不一样吗？钱徽把李绅托付他的事给整黄了，李绅对他意见老大了，现在段文昌在前面冲锋陷阵找钱徽的事，李绅当然要从旁协助了。通过调查，穆宗确定了段文昌没有造谣生事，钱徽录取的进士里边，真有不合格的。怎么办呢？

二、重新考试

既然有问题，就需要解决问题。穆宗是元和十五年（820）正月才登的基，这才刚一年就出了这样的事，他也得有个姿态。经过慎重考虑，为了给大家一个合理的交代，穆宗在三月二十三日下了一道圣旨：“今年礼部侍郎钱徽下进士及第郑朗等一十四人，宜令中书舍人王起、主客郎中知制诰白居易等重试。”（《册府元龟》）皇帝命令中书舍人王起、主客郎中知制诰白居易对这十四个人重新考试——白居易因为名气大，老弄这样的事了。

考试就需要统一出题目，这些人之所以能够考上，一来可能是主考官故意给高分，二来可能是提前漏题了。现在是重新考试，皇帝知道王起和白居易不敢顶风作案，故意给谁高分，于是就亲自出题，只考一场杂文、两篇文章、一首诗，题目是“鸟散余花落”，出自谢朓的《游东田》诗；一篇赋，题目是“孤竹管赋”，孤竹管是祭天之乐，出自《周礼》。[1]用穆宗的话说，这些可不是“于异书之中固求深僻题目”（《旧唐书》），没有一道偏难怪题，不是在为难这十四个人，就是通过考试，看看这些人到底读了多少书。

考试结果如何呢？王起和白居易把卷子收上来一看，俩字：失望。答得太差劲了！“阅其呈试之文，都不知其本事”（《旧唐书》），没有一个人知道孤竹管出自什么地方，当然更不知道是做什么用的了。这就说明，这帮子人根本就没有好好读过《周礼》，这与朝廷推行以儒家思想治国的理念是相悖的。这是很可怕的一件事情。因为当年这十四个人的《孤竹管赋》并没有留下，所以我们不能具体分析了。交上来的诗作是什么样子？“辞律鄙浅，芜累亦多”（《旧唐书》），毫无美感可言。谢朓是很讲究炼字造句的，这帮人倒好，写出来的诗粗俗不堪，问题多多，也就是个顺口溜吧。结果有了，穆宗如何处理呢？

1 凡乐，圜钟为宫，黄钟为角，大蔟为徵，姑洗为羽，雷鼓、雷鼗，孤竹之管，云和之琴瑟，《云门》之舞，冬至日，于地上之圜奏之，若乐六变，则天神皆降，可得而礼矣。

——《周礼注疏》，北京：中华书局，1998 年，第 219 页。

三、分别对待

等到考试结果出来，穆宗也大体上有了处理思路。经过反复斟酌，穆宗做出决定：“孔温业、赵存约、窦洵直所试粗通，与及第。裴譔特赐及第。郑朗等十人并落下。”（《旧唐书》）一个决定，三个层次。

第一层次，放宽标准。孔温业、赵存约、窦洵直所写的诗文虽然不怎么好，但是马马虎虎还算是文章，就勉强录取了吧。孔温业、赵存约、窦洵直三人的《鸟散余花落》诗都留下来了，而且也是每个人唯一的一首诗，可见他们的诗作水平有多么差劲，如果不是逼着，恐怕连这一首诗也留不住。

第二层次，特赐及第。裴譔是裴度的儿子，沾了老爸的光了。裴度被称为“将相全才”，曾经力排众议坚决主张对淮西吴元济用兵并最终取得成功，从而威震河北，使造反的藩镇势力相继归附。元和十四年（819），裴度又平定淄青李师道，从而造就了元和中兴。到了穆宗时，由于处置不当，河北又出现了叛乱，裴度被任为镇州行营招讨使，统兵讨伐。可是当朝宰相只图苟安，以至裴度在军前奏请的事情，常受阻挠。而穆宗老听宰相的，因此裴度迟迟不能取胜。人家裴度这么出生入死为的啥啊，还不是为了老李家的天下吗？所以穆宗觉得挺对不住裴度的：裴度替我操劳着国事，我也得替人家操点心啊，他儿子这不参加考试了吗，虽然考得不咋地，也得照顾一下，不能因为这一件事让裴度闹情绪，于是特诏他儿子进士登科。这无疑对裴度是一个巨大的精神安慰。就这样，特赐裴譔进士及第。

第三层次，不予录取。以郑朗为首的其他十个人就全部毙掉了，看来这十个人的文章实在让人难以忍受。别人不说，就这个被钱徽录取为状元的郑朗，《全唐诗》中就没有他一首诗作。据《唐摭言》记载，郑朗命中就不该进士及第。他参加考试之前遇见一个和尚，这个和尚会相面，和尚对郑朗说：“郎君贵极人臣，然无进士及第之分。若及第，即一生厄塞。”结果没多久，钱徽就录取郑朗为状元了，大家纷纷表示祝贺，可是那个和尚却躲得远远的。没过几天，段文昌告了钱徽一状，穆宗让王起、白居易重新考试，郑朗又被刷掉了。当原来那些庆贺的人指指点点、躲之唯恐不及的时候，和尚来祝贺了。郑朗虽然没有被录取，却被柳公绰请到幕府里，后来果然如和尚所言，成为晚唐的一位名相。

穆宗为什么做出这样的决定呢？原因有二。

一是安抚贵族。对于被复试的十四个考生来说，本来应该全部毙掉，以儆效尤。但再仔细想想，如果一杆子打死，那样很容易激起贵族们的反对情绪，对朝廷的稳定也不好，因此得多少留点面子。另外，为了彰显朝廷的恩德，鼓励贵族子弟今后好好学习，也得给勉强说得过去的考生一点照顾。

二是乐天求情。还有一个很重要的原因，就是白居易请求穆宗宽大处理，为此白居易还写了一个《论重考试进士事宜状》。其中谈到，重考应该像礼部考试一样，允许考生们带韵书等相关资料，另外考试时间的长短也应该一样，只有这样，考生们才能有充足的时间润色自己的文章，才能发挥出最好的水平。可事实上呢？“昨重试之日，书策不容一字，木烛只许两条，迫促惊忙，幸皆成就。”（《白氏长庆集》）这样才导致了诗文质量不高：“诗赋之间，皆有瑕病。”（《白氏长庆集》）从一定程度上来说，这种做法对这些重考的考生也是不公平的。

鉴于这种情况，白居易认为，朝廷应该“在与夺之际，或可矜量”，以宽大为怀，录取的时候尽可能标准宽一点。这样的好处是显而易见的，“如此，则进士等知非而愧耻，其父兄等感激而戴恩。至于有司，敢不惩革？”一石三鸟，何乐而不为呢？从白居易的话里不难感觉到——他总是心太软。不过，他考虑得的确很周全，对穆宗最后的决定具有重要的参考价值。

以上说的是对考生们的处理结果，对涉案的几个官员又是怎么处理的呢？

涉案必究。元稹、李绅、李德裕都主张严肃处理。首当其冲的是主考官钱徽。等到朝廷把复试结果告诉了钱徽，钱徽“深自怀愧”（《旧唐书》），很愧疚。光愧疚肯定是不行的，不能以反思代惩罚，那样的话以后还是制止不了问题的再次发生。怎么办呢？“寻贬徽为江州刺史。”（《旧唐书》）李宗闵和杨汝士也被贬了，李宗闵被贬为剑州刺史，杨汝士被贬为开江令。朝廷刚讨论贬谪钱徽的时候，李宗闵和杨汝士建议钱徽：“以文昌、李绅私书进呈，上必开悟。”（《旧唐书》）可是钱徽说：“不然，苟无愧心，得丧一致，修身慎行，安可以私书相证耶！”说完，就让家人把段文昌和李绅写给自己的书信烧毁了。

通过这件事，朝廷也认识到，科举考试本来的目的是为国家选拔人才，可是在具体运作的过程中，总会有人拉帮结派，干扰考试和录取工作，这就违背了科举考试的本意。为了防止此类事情的再次发生，穆宗还规定：“自今后，礼部举人，宜准开元二十五年敕，及第人所试杂文并策，送中书、门下详覆。”省得再有暗箱操作。多了一个监督程序，多了一分威慑力量，就会少一些营私舞弊的可能。

长庆科案的背后

这个案子闹得很热闹，动静很大，不仅惊动了皇帝，而且进行了重考；不仅刷掉了不合格人员，而且处置了几个涉案官员。难道说段文昌、李绅、元稹、李德裕等人就是出于公心，为天下那些没有背景的穷苦考生着想吗？答案是否定的，他们实际上是借科举考试进行政治斗争。

一、新旧贵族之间的党争

首先说被刷掉的郑朗、苏巢和杨殷士。郑朗的老爸是故相郑珣瑜，政绩颇丰，在朝中颇有影响。苏巢的岳父是李宗闵，而李宗闵则是唐高祖李渊第十三子郑王李元懿的后代，属于皇室后裔，另外又是进士出身，同时在平淮西之乱中还有军功，当时任中书舍人，官职是正五品上。杨殷士的哥哥杨汝士是李宗闵的下属，当时任右补阙。再来看被录取的四个人裴譔、孔温业、赵存约、窦洵直。裴譔是裴度的儿子，裴度是创造元和中兴的功臣，军功卓著，还当过宰相，其他三个人虽然文献中没有太多资料，但能被段文昌列入子弟行列，说明出身也应该是不错的。其他七个人因为连名字都不知道，所以我们不敢妄言。但可以肯定的是，既然被段文昌等人列为攻击目标，说明这些人都是有背景的，钱徽录取他们无疑是对权贵的照顾，更多考虑的是他们的出身而不是学业。

再来看反对一方，段文昌的家世算是最显赫了，高祖段志玄是李唐王朝的开国功臣，陪葬昭陵。可是到了段文昌的父亲这一代就没落了，因此，段文昌也只能归属到新兴贵族里来。元稹的“六代祖岩为隋兵部尚书”（《新唐书》），也算是有过辉煌的家世，但后来也是家道沦落。李绅是中书令李敬玄的曾孙，虽然属于贵族，但“世宦南方，客润州”（《新唐书》），在京城中没有太大的影响。所以以段文昌为代表的一方就势力而言，明显处于劣势，他们代表的是新兴贵族的利益。他们要想稳固自己的势力，就需要提拔那些出身下层的读书人，也只有如此，才能更好地削弱和限制旧贵族的势力。

这么看来，我们就不难明白了，这场打着科举旗号的科场斗争，实质上是一场新旧贵族势力之间的政治较量。无论是经过重新考试被录取的那四个人，还是被拿掉的那十个人，以及根本就没有考上的杨浑之和周汉宾，都是斗争双方手中的棋子。他们都是在尽可能地扩大自己阵营的势力，削弱对方阵营的势力，这是可以想见的。

二、岗位竞争带来的矛盾

这件事和元稹、李德裕有什么关系呢？他们两个怎么也掺乎进来了？元稹也不是个省油的灯。前期的时候，元稹很正直，见不得权贵们仗势欺人，曾经给皇帝上书指陈利害，得罪了不少人。元稹是明经及第，又没有什么后台，所以经常被贬在外。后来元稹被调回京城之后，“大改前志，由径以徼进达”（《旧唐书》），“徼”就是求的意思。也就是说，他总想走个捷径，快点当上大官。

在官场上的人没有不想位高权重的，元稹的好朋友李宗闵也是这样想的。可是麻烦来了，不可能同时有几个好岗位等着你选，而经常出现的情况是一堆人竞选一个岗位，是狼多肉少的问题。元稹和李宗闵就面临这样的局面，谁也不想发扬风格让对方先高升，于是“二人遂有嫌隙”（《旧唐书》），出现了矛盾。看来利益真是检验友情的试金石，在利益冲突面前，虚假的友情马上会变得无所遁形。钱徽这个案子和元稹没有一点直接关系，他之所以还要火上浇油，其实是针对李宗闵发难的。

三、牛李党争的前奏

这个案子还牵涉到了李德裕，这又是怎么回事呢？李德裕是李吉甫的儿子。在元和三年（808）的时候，贤良方正、能直言极谏科考试轰动一时，原因是几个考生的文章指摘时弊。关于此事，《旧唐书》中是这样说的：“初，吉甫在相位时，牛僧孺、李宗闵应制举直言极谏科，二人对诏深诋时政之失，吉甫泣诉于上前。”批评时政，其实就是对李吉甫执政能力的质疑，因此才有“吉甫泣诉于上前”的辩白。从此以后，李吉甫和李宗闵就结下了怨仇。现在钱徽照顾的是裴度的儿子、李宗闵的女婿，还有杨汝士的弟弟，他们这团儿可是越抱越大啊，如果得逞，还不新仇旧恨一块儿清算啊？李德裕这个当儿子的能不向着老爸吗？所以他当然要向对方开炮了。李宗闵对李吉甫的旧怨还没有消呢，又和李德裕接上火了，这也是晚唐牛李党争的前奏。

其实，在唐代科举考试的过程中，不仅进士科经常风起云涌，会出现一些科场案，制科也同样令人胆战心惊。那么，与进士科案相比，制科案到底会表现出哪些不同呢?

第二十三讲

发飙的考生

科举考试分常科和制科，常科是每年都要按时考试的科目，制科则是朝廷根据特殊需要临时设置的科目，目的是选拔特殊人才。贤良方正、能直言极谏科，是制科的重要科目，在考试中，考生们经常会毫不留情地指斥时弊，不仅批评重臣权贵，而且会把批评的矛头指向皇帝。这种做法无疑起到了舆论监督的作用，同时也是考生积极参与政治建设的表现。

贞元元年（785）九月，朝廷举行贤良方正、能直言极谏科考试。主考官是鲍防和独孤愐，考场设在宣政殿，唐德宗亲自策问。无论从考场的设置上，还是皇帝的参与程度上都可以发现，制科考试的规格要比常科高了不少。贞元元年总共有十四人考上了贤良方正、能直言极谏科。在这十四人中，有一个叫穆质的考生，胆儿很壮，在考场上发飙了，针对所提的问题慷慨陈词，对当时存在的政治弊端，毫不客气地进行了批评。

穆质为什么发飙

一、与科目要求有关

贤良方正、能直言极谏科，是从汉代察举特科中发展来的，始于汉文帝二年（前178）。顾名思义，这个科目是用来选拔才干出众、品行端方的正直官员的。由于这个科目一向鼓励考生大胆指陈时弊，是命令，是导向，也就是穆员在《鲍防碑》中所说的“诏征贤良，求其谠言，时员仲兄不敢违诏”——穆质是穆员的二哥。这个科目是以朝廷最高命令的形式“求其谠言”的。什么是“谠言”？就是正直之言。既然朝廷要考生们直言，求着考生们直言，再不说就是“违诏”了，所以穆质只好实话实说。

二、与考试形式有关

贤良方正、能直言极谏科不像进士科那样注重诗赋取士，在规定的题目和韵脚下限制了考生的发挥空间，只能是温柔敦厚、歌功颂德。这个科目考试的内容主要是策论，相当于今天公务员考试中的申论题，目的是

“详延直臣，博求失政”，考查考生们发现问题、解决问题的能力和理论水平，从而寻求解决问题的方法，这也是考生们建言献策、参与朝廷政治建设的途径。当时的策问题目是陆贽出的，或问为君之方，或问求贤之道，或问阴阳吉凶。既然问，说明现实中存在问题，也就是说，这些问题是具有现实针对性的，那么考生们在回答的时候，也就不至于“空对空”了。针对现实问题的直言，无疑就容易措辞激烈。

三、与穆质品性有关

穆质本来就性格刚直，《旧唐书 · 穆宁传》中说“穆质强直”，所谓“强直”，就是刚强正直。这次考试完之后，当穆质的卷子交到德宗手里时，德宗什么表现？柳宗元在《祭穆质给事文》中说“天子动容，敬我直词”。关于穆质的“强直”，我们可以举个例子。《异闻集》中说，考试完之后，穆质去拜访鲜于弁，鲜于弁隆重接待。正吃着喝着呢，仆人报告说鲜于弁的老师来了，鲜于弁赶紧撤席迎接。穆质还没吃饱，饭菜就被端走了，本来就憋了一肚子气。再一看来的人是个道士，还是个瞎子，更生气了。对此，《异闻集》中是这样说的：“不为礼，安坐如故。”连站都没站起来——你不是对我失礼吗，我还现世报了。看来，“直”就是穆质的性格特征。

也正是因为这三个原因，穆质在回答问题的时候就不客气了。

穆质是怎么发飙的

一、批评皇帝事必躬亲

陆贽以皇帝的口吻向考生们提出，三皇五帝垂拱无为，却把天下治理得井井有条——“不理而人化，不劳而事成”。我自从继任帝位以来，不敢有一丝怠慢，勤勤恳恳，兢兢业业，向古圣先贤好好学习，可结果完全不是自己所期待的那个样子——“浮靡不革，理化不行，暴乱不惩，奸犯不息”(《陆贽集》)。问题不仅没有解决，甚至变得更加糟糕。这究竟是为什么呢？

穆质紧扣问题：你从三皇五帝问起，我也从三皇五帝回答。他回答说：“臣闻三皇以道化，五帝以德化，故曰‘修己以安百姓，垂衣而化天下’。”(《文苑英华》）也就是说，三皇五帝通过内修达到了外治，“修己以安百姓”，身教胜过言传，也是古人所说的“其身正，不令而行”。与其说三皇五帝是管理天下的君主，不如说是天下百姓学习的道德楷模。这是在上位者最高明的管理智慧。

可是在现实生活中，往往就不是这样了。虽然不乏向往古圣先贤的人，但他们在具体做法上可就相差甚远了。穆质指出：“臣窃闻陛下，忧劳大道，勤绩庶务，无大无小，必躬必亲，靡不关心，靡不经手。”（《文苑英华》）这乍一听是个好品质，当一把手身先士卒嘛，可实际上根本不是那么回事。因为你作为皇帝干得越多，越意味着对大臣缺乏信任，是君臣不和谐的表现。“人生处代，如白驹过隙耳，何忽自苦如此？”（《文苑英华》）一个人的生命是短暂的，一个人的精力是有限的，纵然你浑身都是铁，又能打几颗钉？为什么非要所有的问题都自己扛呢？别动不动就把所有的事情都归咎于自己，认为是自己的过错导致了社会的动乱。社会是一个整体，每个部门有每个部门的职责，你总是这样，那还要宰相干什么？还要那么多主管部门干什么？

穆质的说法无疑是对的，皇帝应该做你分内的事，别把所有的权力都抓在自己手中，要学会放权，要敢于放权，发挥各职能部门的作用，从而使工作效率最大化。一个好的领导，不在于你给东家送了米、给西家送了面，而在于你如何运用自己的智慧，协调各方面的力量，从根本上消灭这些问题。在回答这个问题的时候，穆质还处于“热身”阶段，给唐德宗留了面子，《旧唐书》中说：“德宗不委政宰相，人间细务，多自临决。”这说明穆质所说的话并非放空炮，而是有针对性的，简直就是指着唐德宗的鼻子说的，他自然能够听得出来。

二、指斥求贤有违本意

德宗问的第二个问题是求贤之道。[1] 其实这个问题和第一个问题是紧密相关的，德宗之所以什么事都亲

1 朕祗膺累圣之业，猥居兆人之上；虔恭刻励，如恐坠失；忧济庶务，夕惕晨兴。永惟前王之典谟，是宪是则。师大禹以崇俭，法高宗以求贤。兴夏启之征，作周文之伐。旌孝悌，举直言，养高年，敦本业，平均徭赋，黜陟幽明。励精孜孜，勤亦至矣。然而浮靡不革，理化不行；暴乱不惩，奸犯不息；五教犹郁，七臣未臻。乡党废尚齿之仪，黎无安土之志。赋入日减而私室愈贫，廉察日增而吏道愈滥。

——《文苑英华》，北京：中华书局，1966年，第2479页。

自干，在他看来就是因为没有可以信用的贤才，正是因为没有可信用的人才，所以才要像历史上的那些明君一样求贤。可是结果依旧问题多多，这到底是“朕不明欤？势不可欤？何古今之事同而得失之效异也？”（《文苑英华》）

穆质针对这个问题，首先把古代的明君分为皇、帝、王三类，不同类别的君主对待贤能之人也有不同的方法，皇以贤者为师，帝以贤者为友，王以贤者为臣。“陛下欲为皇，则行事师之礼；欲为帝，则行取友之礼；欲为王，则行取大臣之礼”（《文苑英华》），关键看你自己怎么定位了。穆质紧接着列举历史上那些明君贤臣的例子：武丁梦见傅说的时候，傅说正在野外砌墙呢，是个泥瓦匠，可是武丁没有因为傅说身份卑微疏远他；周文王梦见姜子牙的时候，姜子牙正在渭水边钓鱼呢，可是周文王亲载以归；刘备为了请出诸葛亮，礼贤下士，三顾茅庐，这才有了隆中一对天下三分的宏伟蓝图。这些故事陛下你不是不知道，可你是怎么做的呢？

“臣窃见国家取贤之道，其礼部、吏部失之远矣。”（《文苑英华》）穆质把批评的矛头指向了当时的科举考试，“失之远矣”就是穆质的观点。科举是唐代重要的政治制度，他怎么如此评价呢？穆质说，在科举考试的种种科目中，制举是最尊贵的，因为录取者是临时设科诏考的非常之才。但是“以臣言之，不得无弊”（《文苑英华》），也有弊端。弊端是什么？大致有三。

第一是少礼贤之道。穆质认为，与至道之君相比，当时的朝廷缺乏对人才足够的尊重，用他的原话说就是：“且陛下弓旌不出，玄纁深藏。无聘问之先，有投刺自媒者；无软轮之礼，有蹑屩而来者。”（《文苑英华》）“弓旌”本指弓和旌旗，因为古人用弓招士，用旌招大夫，所以这里引申为征聘之礼；“玄纁”指帝王用作聘请贤士的礼品；“刺”即名帖；“软轮”指很舒适的马车。这几句的意思是说，陛下您一舍不得投资，二没有摆出招贤的姿态，虽然大家拿着名帖自动上门，但您并没有礼贤下士、亲自去请；虽然依旧有人穿着草鞋来了，但您并没有像古人那样安车蒲轮去征召他们。所以与古人相比，当朝少了礼贤之道。

第二是多防贤之心。考试本来是选拔贤能之士的，但是考试本身又阻挡了贤能之士的晋身，因为条条框框的设置，不仅限制了人们才能的发挥，而且有时还是对贤能的侮辱。穆质的原话是这样的："广张节文，妄设条格，禁御约束，邻诸盗贼，防贤之意，甚于防奸。"（《文苑英华》）"节文"指制度，"条格"指规定。这些措施在成为考试评判标准的同时，也像提防奸人一样限制了人们才能的施展。因此，这些措施在选贤的同时，也阻碍了更多贤能之士的发展。这就导致了第三个弊端的出现。

第三是致贤士远去。因为前两个原因，朝廷既少礼贤之道，又多防贤之心，所以直接导致了对贤能之士自尊的伤害，他们也只能远离朝廷。这就是穆质所说的："臣恐皇王佐略，不可由此而致也。今之所得者，乃臣辈者耳，强名曰贤，贤者固如是耶？"（《文苑英华》）那些真正的贤能之士，用这些方法是吸引不来的，能够吸引来选拔出的都是像我这样的人，非要把我这样的人称为贤能。贤能就这个样子吗？别开玩笑了！

最后，穆质总结说："此乃国家最弊之务，伏惟陛下加思，重而慎之。"（《文苑英华》）为什么说是最大的弊端？官僚队伍建设直接关系国家的存在和发展。所选拔出来的官员，不仅是帝王意志的执行者，而且是帝王制定"政治路线"的智囊团。所以官僚队伍素质的高低，直接决定着国家的命运。而现在连朝廷最重视的选拔特殊人才的制科都存在这么多问题，难道还不是国家最大的弊端吗？对这个问题的回答，已经比第一个问题惊心很多了。

三、指出天灾实是人祸

纵观中国历史，表面上是天灾实际上是人祸的事情可以说不胜枚举。德宗也问了一个关于天灾的问题："自顷阴阳舛候，祲沴频兴，仍岁旱蝗，稼穑不稔。上天作孽，必有由然，屡为凶灾，其咎安在？"（《文苑英华》）"舛"是违背、错乱；"祲沴"指邪恶之气；"稔"指庄稼成熟。上天之所以如此，肯定是有原因的，可是这个原因到底是什么呢？

问题抛出来了，穆质如何回答呢？

穆质的回答没有绕弯，很直接，他说："臣闻旱蝗者，稽诸《洪范》，为言不乂之罚也。言之不乂，令之不信也。"（《文苑英华》）什么是"不义”？就是不能治事，说话不算话，不能取信于天下。这一下子就把天灾归到人祸上去了，也就是说，刨到根上是你皇帝的问题，所以穆质委婉地追问了一句：“无乃陛下诏令不信乎？”（《文苑英华》）如果说这番回答还有些笼统的话，下面的回答就具体化了。

穆质在下面的回答中把天灾和战乱联到了一起，认为是战乱导致了天灾。他说：“抑又闻军旅之后，必有凶年。其握兵者不本乎仁义，贪于残戮，人用愁苦，怨气积下，以伤阴阳之和也。”（《文苑英华》）所以上天感应，才会降下惩罚。

乍一听，穆质有点忽悠人了。其实不然，接下来，他为了证明自己的这个观点，就引用了现实中的大量实例：“国家兵先于河北，旱蝗适之；次及河南，旱亦随后；次关中，关中又蝗。”（《文苑英华》）你看，兵灾战祸到哪里，天灾就如影随形跟到哪里。换句话说，天灾就是战祸的次生品。怎么去消除这些灾难呢？那些宰臣不是劝皇帝省吃俭用，就是寄希望于巫术，我们就是学习汉代的方法，免除三公的职务，把桑弘羊给烹杀了也是没有用的，因为这并没有从根本上解决问题。

那么应该怎么办呢？学习古人，推行仁德政治。东汉章帝建初时期，扶风平陵人鲁恭任中牟县令。开始的时候这里问题多多，就连亭长借人家的牛都不愿归还，鲁恭认为之所以会如此，就是因为缺少教化。于是，鲁恭远刑法，近仁义，以德化民，遇有争讼尽量说服，深受百姓的爱戴，[1] 以至于出现德及蝗虫的奇事。《后汉书·鲁恭传》记载：“建初七年，郡国螟伤稼，犬牙缘界，不入中牟。”这就是德化的典范。

鲁恭只是一个县令，远没有陛下您尊贵，他都能通过自己的仁德让灾难远去，您就不行吗？为了鼓励唐德宗，穆质指出，其实皇上也曾经做得不错。比如说，去年八月二日，陛下您因为天下大旱采取了一系列措施：不住正殿，节俭饮食，对犯罪的人减缓刑法，

1 恭专以德化为理，不任刑罚。讼人许伯等争田，累守令不能决，恭为平理曲直，皆退而自责，辍耕相让。亭长纵人借牛而不肯还之，牛主讼于恭。恭召亭长，敕令归牛者再三，犹不从。恭叹曰：“是教化不行也。”欲解印绶去。掾吏涕泣共留之，亭长乃惭悔，还牛，诣狱受罪，恭贳不问。于是吏人信服。
——《后汉书》，北京：中华书局，1965年，第874页。

掩埋那些死于灾荒的人。结果没有多长时间，“甘雨荐降，氛灾自销”（《文苑英华》），这说明陛下至诚感天，所以上天才会帮您。之所以以前会出现天灾，无非是您当皇帝的没有做好罢了。说到这里，穆质的态度其实已经很明朗了：要想减少天灾，皇帝应该带头推行仁政，颁布的命令就像八月二日所推行的措施一样，说到做到。

穆质对这三个问题的回答，都是很尖锐的，他就不怕皇帝生气？说不怕是假的，那可是封建时代，皇帝一生气，弄不好是要掉脑袋的。那穆质为什么还敢说？他是有策略的。

穆质的策略

一、以圣人为典范

在回答前两个问题的时候，穆质把三皇五帝的做法时刻挂在嘴边，然后拿德宗的做法和三皇五帝进行对比。不仅比出了德宗和三皇五帝的差距，而且也给德宗指明了进一步学习的目标。穆质给德宗指出了为什么有差距，是帮德宗把脉呢，是帮他努力成为圣人，所以德宗没有办法生气。

二、以经史为根据

在回答问题的时候，穆质没有说“我认为”怎么样，而是引经据典，直接用到的经典就有《诗经》《尚书》《孝经》《后汉书》等。也就是说，他的回答有理有据，是引用了经典中的智慧。就是错，错不在己，是经典错了。而古人比较迷信经典，经典中的话是没有错的，错了也就不是经典了。

三、为皇帝戴高帽

要想不让人生气，你就得讲究言谈艺术，学会夸人，穆质就深谙此道。进行贤良方正、能直言极谏科考试，是朝廷的意志，也就是说让考生们实话实说是考试的要求。如果说话绕来绕去，那就是对朝廷的不忠，就枉费了皇帝进行这个科目考试的良苦用心。所以，穆质在卷子将要答完的时候说：“言不直，谏不极，是微臣不忠之罪，辜陛下虚听之德也。”（《文苑英华》）穆质那意思是说，我不能对不起皇帝您啊。

为了不至于皇帝秋后算账，穆质又来了一招：“至如忌讳挟诛，诽谤附律，脯醢淫戮，鼎镬滥刑，此乃昏主暴君亡国之具，亦陛下之所明知，故臣不复有虞于圣朝耳。是敢竭虑极愚，指陈其切。”（《文苑英华》）那意思是说，皇上您和历史上的暴君不一样，您是明君，所以您不能找我秋后算账哦！这就是弹个脑崩给个甜枣吃吃，德宗再有气也不能发作了——都被夸成明君了，不能破坏了自己在大臣心目中的形象啊！

穆质是过了瘾了，考试的结果怎样呢？穆质被录取了吗？

穆质的卷子交上来之后，主考官鲍防、独孤愐在录取问题上出现了分歧。独孤愐认为，穆质措辞激烈，指责朝廷和当政者，不能录取。可是鲍防认为“使上闻所未闻，不亦善乎？”（《新唐书》）让皇帝听一听平时听不到的大实话，不也挺好吗？可见当时的大臣在给皇帝奏事的时候，经常是报喜不报忧，从而掩蔽了皇帝的视听，使皇帝不能做出正确的判断。在鲍防的坚持下，穆质最终还是被录取了。德宗见了穆质的卷子也很高兴，“帝见策嘉揖”，看来对穆质的回答是很赞许的。

这是一个很理想的结果，考生被录取了，主考官也没有因为考生措辞激烈受到牵累。可是元和三年（808）的贤良方正、能直言极谏科考试就出事了，而且是出了大事。这究竟是怎么回事呢？

第二十四讲

向宦官开炮

在贤良方正、能直言极谏科考试中，考生们经常会毫无顾忌地指陈时政弊端。虽然科目要求考生如此，但在错综复杂的官场之中，那些口无遮拦的回答，又往往会触及一些人的利益，于是制科考场上风云四起。

皇甫湜捅“马蜂窝”

元和三年（808），朝廷开科取士，除正常的进士科、明经科之外，还有四个制科，分别是贤良方正、能直言极谏科，博通坟典、达于教化科，军谋弘远、材任将帅科，详明政术、可以理人科。后三个科目招人少，从科目名称上也能感觉到不会有“怒目金刚”。可是第一个贤良方正、能直言极谏科考试中，又出现了穆质式的人物。因为几个考生回答问题“条对甚直，无所畏避”（《唐会要》），一石激起千层浪，惹怒了权贵，搞得朝廷鼎沸，引起宪宗纠结，掀起了一段公案。

到底是谁这么大胆呢？三个人：牛僧孺、皇甫湜、李宗闵。[1]这三个人我们都不陌生，牛僧孺是晚唐“牛李党争”中牛党的领袖；前面讲皇甫湜和韩愈一起去拜访过李贺；在讲长庆科案的时候也提到过李宗闵，因为钱徽录取了他的女婿苏巢，最后牵连着他也被贬官了。其中，牛僧孺、李宗闵都是贞元二十一年（805）的进士，皇甫湜是元和元年（806）的进士。据《唐摭言》记载，牛僧孺在考进士这一年，还去拜访过皇甫湜，当时皇甫湜还没有进士及第，可见皇甫湜的名气是很大的。我们这里以皇甫湜为核心来讲述。

贤良方正、能直言极谏科考试，朝廷一般会问为君之方、治国之道。就皇甫湜的卷子来看，言辞激烈，上来他就捅了两个“马蜂窝”。

1 其年四月，以起居舍人、翰林学士王涯为都官员外，吏部员外郎韦贯之为果州刺史。先是，策贤良，诏杨於陵、郑敬、李益与贯之同考官。是年，牛僧孺、皇甫湜、李宗闵条对甚直，无所畏避，考官考三策，皆在第。

——《唐会要》，上海：上海古籍出版社，2006年，第1649页。

一、批评百官

宪宗问：怎样才能做到求贤咨谏，使自己成为尧舜那样的贤君，永有天下？皇甫湜联系历史，指出那些历史上的明君都是怎么做的，然后和宪宗皇帝进行对比。历史上的明君是怎么做的呢？亲贤臣，远小人，广开言路，以至于出现“百工庶人，莫不谏而谤焉”（《文苑英华》）。“百工”指百官，“庶人”指老百姓。从上到下都去给君主提意见和建议，这是一种开放的政治环境，更是一种自信的政治态度。同时也说明，朝廷有能用之人，大家都愿意为朝廷出谋划策。

可是宪宗朝呢？“今宰相之进见亦有数，侍从之臣皆失其职，百执事奉朝请而退。”（《文苑英华》）其中的“百执事”也指百官，“奉朝请”指退职的大臣定期参加朝会。总之一句话，宪宗朝的在任官员也好，退休官员也罢，普遍表现出不作为。

当时的宰相是李吉甫，这下他责任大了。作为百官之首的宰相，职责是辅助皇帝处理国家大事，甚至可以说，宰相就是皇帝意志的第一执行者，肩负着国家兴亡的重任。可是，在皇甫湜看来，首先宰相就不作为，很少给皇帝提建议，这样就不利于皇帝“明目达聪”，了解国家的真实情况和现实状况。宰相是百官的表率，宰相不作为，百官自然也就学着在其位不谋其政了，这才有了“侍从之臣皆失其职”的局面。换句话说，朝廷里面很多弊端和由此所形成的弊政，宰相都有摆脱不了的干系。如此对宰相口诛笔伐，李吉甫自然是不高兴的。宰相生气了，肯定就会有人倒霉。关于这一点，我们后面再讲，接下来说皇甫湜捅的第二个“马蜂窝”。

二、指斥宦官

唐代中晚期，宦官的势力很大，甚至出现过直接决定朝政的情况。皇甫湜在答卷中针对这个问题进行了严厉的指责，他说：“夫亵狎亏残之微，褊险之徒，皂隶之职，岂可使之掌王命，握兵柄，内膺腹心之寄，外当耳目之任乎？此贞夫义士所以寒心销志，泣愤而不能已者。”从这段文字中，我们不难理会，这是针对宦官说的，再确切一点说，主要是针对肃宗时代的李辅国说的。为什么这么说呢？主要有三个原因。

一是与出身相合。据《新唐书》记载，这个李辅国本名叫李静忠，后来改名叫李辅国。李静忠从小就净身做了太监，因此皇甫湜说“亏残之微”。“亏残”就是身体不全。起初李静忠在宫里的地位并不高，负责喂马，这就是《新唐书》中所说的“以阉奴为闲厩小儿”。“闲厩”就是皇家养牲口的地方。李静忠虽长得不咋地，但是“略通书记”，认识几个字，会算账。到了四十岁的时候，高力士才提拔他管了点事，可以说出身低微，所以皇甫湜称“皂隶之职”。“皂隶”就是贱役，指古代衙门中地位低下的工作人员。

二是与权力相合。李辅国很有心计，因为会喂马，被人推荐给了皇太子李亨，也就是后来的肃宗皇帝。安史之乱中，陈玄礼等人密谋诛杀杨国忠，李辅国就参与了，又劝太子离开玄宗到朔方去抵抗叛军；一到灵武，李辅国又带头劝太子登基。[1]就这样，李辅国越来越得肃宗皇帝的欢心，慢慢大权在握。到后来，宰相想见皇帝，都得先经过李辅国批准。因为功劳，肃宗封李辅国为兵部尚书，《新唐书》中说“辅国以功迁兵部尚书”，也就是皇甫湜所说的“岂可使之掌王命，握兵柄，内膺腹心之寄，外当耳目之任”这几句话的根据。

1 陈玄礼等诛杨国忠，辅国豫谋，又劝太子分中军驱朔方，收河、陇兵，图兴复。太子至灵武，愈亲近，劝遂即位系天下心。擢家令，判元帅府行军司马。

——《新唐书》，北京：中华书局，1975年，第5879页。

三是与史实相合。有了军权，宦官们就更加专横跋扈，从而引起皇帝和正义官员们的强烈不满。比如说李辅国当上兵部尚书之后，还想当宰相，肃宗不答应，李辅国就让当时的宰相李岘和一些大臣连表推荐自己。当肃宗知道这件事后，马上派萧华偷偷告诉李岘不能推荐。看来皇帝对宦官们的作为也是很不满意的。肃宗的皇后张良娣，也非常不满意李辅国的所作所为，后来竟死在了李辅国的手里。宦官的恶行，激起了很多官员的不满。

永贞元年（805），唐顺宗李诵即位，他的东宫旧臣王叔文、王伾升任翰林学士，韦执谊被任命为宰相。他们与柳宗元、刘禹锡等人结成政治上的革新派，共谋打击宦官势力，历史上称这次活动为“永贞革新运动”。这就是皇甫湜所说的“此贞夫义士所以寒心销志，泣愤而不能已者”。但是改革的时间很短，历时仅一百四十六天，即遭到以俱文珍为首的宦官集团及与之相勾结的节度使的强烈反对。最后俱文珍等人发动政变，幽禁顺宗，拥立太子李纯为皇帝。李纯就是唐宪宗，也就是皇甫湜考试时在位的皇帝。

虽然皇甫湜是从李辅国说起的，但也讲到了刚刚发生的永贞革新运动，特别是俱文珍等人发动政变囚禁顺宗这件事，宦官们做得太过火了。所以皇甫湜的这篇文章，自然就成了有的放矢。宦官们为了自保，于是到皇帝面前哭诉，鼻涕一把泪一把地诉说委屈，请求宪宗皇帝为他们做主。宪宗皇帝就是被这些宦官推上帝位的，他知道这些宦官的能力。得罪不起啊，只好采取措施。皇甫湜的这篇文章，还得罪了宰相李吉甫，当然了，不只他一个人，还有牛僧孺和李宗闵。《旧唐书·裴垍传》中说：“三年，诏举贤良，时有皇甫湜对策，其言激切，牛僧孺、李宗闵亦苦诋时政。”所以，宰相李吉甫也要有动作了。其实，导致皇帝和宰相采取措施的还有一个原因，就是那些没有考上的人跟着起哄。

宪宗和宰相李吉甫采取的措施是什么呢？贬官。

这一年的考策官是杨於陵、郑敬、李益、韦贯之，在录取皇甫湜等人的问题上，四个人均没有异议。结果是杨於陵被贬为广州节度使；韦贯之先被贬为果州刺史，后来又被贬为巴州刺史，贬一次还不过瘾，再贬一次。郑敬和李益也受到了拖累，李翱在《杨於陵墓志铭》中说“郑敬、李益皆抵于患”。这次受到牵连的还有几个人，其中主要的有王涯和裴垍。

王涯和裴垍两人是皇帝指定的复评试卷的官员，当时还有白居易等。在复评试卷的时候，复评的官员没有对原来的录取结果提出异议，因此“维持原判”。这就等于复评官员认为皇甫湜等三人卷子中针对宰相和宦官们的“匕首投枪”是对的，自然也惹怒了宰相和宦官，于是就被“一勺烩”了。另外，王涯和皇甫湜还是亲戚，王涯是皇甫湜的舅舅。按说有这么一层关系，在考试中王涯是应该回避的，可当任命他为复评官员的时候，王涯并没有说明，更没有回避，这就是《唐会要》中所说的“又言涯居翰林，其甥皇甫湜中选，考核之际不先上言，故同坐焉”。结果王涯先被贬为都官员外郎，又被贬为虢州司马。裴垍原来是翰林学士，被降为户部侍郎。

对于这样一个处理结果，有人不愿意了。谁呢？白居易。为此他专门写了一篇《论制科人状》的文章，其实这篇文章就是写给唐宪宗看的。白居易为什么不愿意呢？

一是落第者闹事。白居易说，这件事大家都很明白，就是因为主考官和复评官恩奖牛僧孺等三人及第，所以那些没有考上的人“怨谤加诬，惑乱中外”(《白居易文集》)。这是没事找事，发泄情绪。说白了，现在的处理结果，正中了那些落第者的圈套。

二是被贬者忠直。这些被贬的官员公忠正直，朝廷内外大家都是知道的，像这样的人应该委以重任。别小看这几个人，这几个人在朝还是在野，将会影响到朝政的品质，这就是白居易所说的“欲卜时事之否臧，在数人之进退也”(《白居易文集》)。他是在告诉宪宗，这个决定是错误的。

三是不取鉴成法。白居易指出，当年德宗皇帝在处理穆质对策问题上所采取的方法应该学习：穆质也是怒目金刚，对很多事情严厉批判，特别是对待天灾人祸的问题上，对在权位而有恩宠者毫不客气。德宗不仅没有贬斥，反而又将其从第四等提到了第三等；对考官也没有为难，这是为后世子孙做的榜样。皇上您前面有楷模，有现成的案例，为什么不学习呢？

四是自己也当贬。这次复评官员不只王涯和裴垍两人，还有我白居易和其他三人。录取牛僧孺等三人是我们的共同意见，因此即便是有问题，也应该是我们六个人共同承担，怎么能够“六人同事，惟罪两人”，让他们两个人替我们四人扛雷呢？

虽然宪宗最终没有采纳白居易的建议，但白居易这种不平则鸣、仗义执言的举动，表现出了当时正直文人的优秀品质，也是中晚唐科场上的一道亮色。虽然几个官员被贬了，但毕竟三位考生被录取了。但到了大和二年（828），考生就没有这么幸运了。

老虎屁股摸不得

随着宦官势力的坐大，反对阉党的声音也越来越高，而这个浪潮再次表现在了贤良方正、能直言极谏科考试中。唐文宗大和二年（828），有个叫刘蕡的考生写了一篇洋洋洒洒上万言的策论，在策论中把批判的矛头直接对准了宦官，结果引起了一场不小的风波。

刘蕡为什么敢如此“放肆”，去摸老虎的屁股呢？

先来讲内因：耿介嫉恶。刘蕡是一个性格耿直的人，嫉恶如仇，再加上专精《左氏春秋》，所以就养成了好谈王霸大略、议论时务的性格特点。司马迁在《太史公自序》中说：“夫《春秋》，上明三王之道，下辨人事之纪，别嫌疑，明是非，定犹豫，善善恶恶，贤贤贱不肖，存亡国，继绝世，补敝起废，王道之大者也。”也就是说，《春秋》之中所具有的精神，已经成了刘蕡的内在性格。所以，他在对策中开篇就说自己“有犯颜敢谏之心”（《旧唐书·刘蕡传》），只是一直没有机会罢了，甚至想着和老百姓在路上或者和商人在集贸市场上议论国家大事，目的就是让皇帝听到，哪怕是被安上妖言惑众之罪，自己也不后悔。现在好了，朝廷举行贤良方正、能直言极谏科考试，终于有机会了，因此才要“昧死以对”（《旧唐书·刘蕡传》）。

再来讲外因：宦官扰乱朝政。刘蕡性格再耿直，但冲宦官开炮，也得有点理由。如果宦官都是温顺的绵羊，不干为非作歹的事，你想发火还找不到借口。可中晚唐以来的宦官哪是绵羊啊，那是豺狼。《旧唐书·刘蕡传》中说：“自元和末，阍寺权盛，握兵宫闱，横制天下，天子废立，由其可否，干挠庶政。”宦官们势力大到没有不敢干的事，俱文珍几个人把顺宗给废了，唐敬宗死在宦官手里。宦官本来是皇帝的家奴，他们倒好，家奴当了主人的家了。刘蕡没有考上进士的时候，就对这种现象愤怒异常，现在有了这么一个发言的机会，他能不珍惜吗？于是在别人都“止循常务”的时候，他便有了“切论黄门太横，将危宗社”（《旧唐书·刘蕡传》）的惊人之举。

在刘蕡看来，宦官的危害有哪些呢？

一是宫闱将变。作为帝王，本来应该“居正位而近正人”，百官各司其职。可是，现在皇帝亲近几个宦官，甚至把大权交给他们，这样就导致了宦官“外专陛下之命，内窃陛下之权，威慑朝廷，势倾海内”（《旧唐书·刘蕡传》）的局面，名义上是宦官在执行皇帝的命令，实际上皇帝成了宦官们的傀儡。与正常的朝廷局面相比，这种现象无疑是不合理的，因此说宫闱将变。

二是天下将倾。刘蕡又引用《左传》称，君主是国家的主宰，他的命令就是上天的意志。本来掌握着生杀予夺大权的君主，如果失去了这一切，那么他也就不是君主了；那些不奉君主的命令而自由行事者，自然也就不行为臣之道了。[1]唐代历史上的顺宗皇帝与俱文珍、敬宗皇帝与刘克明，不都是“君不君，臣不臣”（《旧唐书·刘蕡传》）的关系吗？因此说，天下将倾。

三是海内将乱。当今天下，藩镇割据，朝廷受到严重威胁，那些不尽人臣之礼的、动不动就胁迫皇帝的，却自称是为了帮助君主；那些发动兵乱的，却自称是为了道义：这完全是颠倒黑白。这样一来，“则政刑不由乎天子，攻伐必自于诸侯”（《旧唐书·刘蕡传》）。皇帝的权威没了，诸侯的淫威盛了，他们想干什么就干什么，因此说海内将乱。

这些话虽令人惊心动魄，但并不是刘蕡在危言耸听，吓唬唐文宗的。因为这些问题在文宗时代都已经表现出来了，“此四者，国家已然之兆”（《旧唐书·刘蕡传》），因此是唐文宗应该考虑的首要问题。刘蕡进一步指出问题的严重性：皇上如果不把这些问题放在心上，最后的结果将会是“颠覆大器，宗庙之耻，万古为恨”（《旧唐书·刘蕡传》）。

问题指出来了，问题的严重性也说明白了。怎么解决问题呢？刘蕡给支招了没有呢？发现问题是眼光，提出解决问题的方法是能力，刘蕡当然不会忘记展示自己的能力。刘蕡指出，关键在用人理念上。他主张“罢左右之奸佞，进股肱之大臣”（《旧唐书·刘蕡传》），也就是委用贤士，亲近正人，别没事老让那几个宦官哄着玩。

刘蕡的卷子有什么反响呢？反响老大了。

一是主考叹服。当时的考策官有三位，分别是左散骑常侍冯宿、太常

1 且天之所授者在君，君之所授者在命。操其命而失之者，是不君也；侵其命而专之者，是不臣也。

——《旧唐书》，北京：中华书局，1975年，第5069页。

少卿贾悚、库部郎中庞严，三人看了刘蕡的卷子，“叹服嗟悒，以为汉之晁、董无以过之”（《旧唐书 · 刘蕡传》）。

二是士林感动。大多文人心中虽然都有一股正义，但许多人又因为种种原因不敢轻易开口。由于刘蕡言论激切，说出了别的文人想说而不敢说的话，所以大家为刘蕡的胆识而感动。

三是正人垂泣。《旧唐书 · 刘蕡传》中说：“守道正人，传读其文，至有相对垂泣者。”

这么有眼光，这么有胆识，这么有能力的人，应该高分录取吧？错！虽然三位考策官非常叹服，但是当时宦官专横跋扈，敬宗皇帝都能被谋害，更何况几个考策官呢？大家畏于宦官的淫威，最终也没有敢录取刘蕡。这个结果引起了当年登第者李郃的强烈不满，他为刘蕡打抱不平说：“刘蕡不第，我辈登科，实厚颜矣。”（《旧唐书 · 刘蕡传》）于是他提出来，把朝廷给自己的官位让给刘蕡。他的建议虽然未被采纳，但舍己为人的美德却为人称道。

其实，从我们所讲的这三个贤良方正、能直言极谏科案例来看，随着时代的发展，政治环境的确越来越恶劣，但是唐朝前期相对来说还是比较开放的。

一个王朝的正常运转，既需要文官，也离不开武将。唐代科举考试中有选拔武官的科目吗？武官的选拔又是什么样子的呢？

第二十五讲

尴尬的武举

自古以来就讲究文治武功不能偏废，武以安邦，文以治国，文治和武功是保证国家正常运转的两种政治手段，二者相辅相成，在不同时期和不同政治环境下，各自起着至关重要的作用。用武创业，以文守成，也是历代帝王摸索出来的治国模式。

既然如此，一个国家要想健康、正常地运转，就需要在文官和武将的选拔方面都给予重视。但事实是不是如此呢？在唐代科举考试中，相对于文官选拔的考试而言，武举又如何呢？

武举什么时候开始

任何一个王朝、任何一个时代都需要武将开疆拓土。在唐朝之前，那些武将或者是因为在战争中立下赫赫军功由士兵变成了将军，或者是因为家里有练武的传统，后辈又继续走了祖上的路子。总之，很少有像唐朝时期进士科、明经科那样，坐在考场里通过考试当上将军的。

唐朝因为沿袭了隋朝的科举制度，选拔人才主要是通过科举考试进行的，所以武将也经常需要走像进士一样的道路，通过考试进入仕途。这就是武举，武举是为选拔武官专门设置的科目。

那么，武举开始于什么时候呢？《隋唐演义》的瓦岗英雄王伯当就是隋朝的武状元，因为看不惯隋朝的腐败，才沦落当了草寇；还有杨广为了消灭天下反王，在扬州设擂夺印，这不都与武举考试有关吗？但这是评书，不是历史，是当不得真的。

我们还是要通过历史文献，进行一次精神穿越，回到那个时代去，从历史资料中找寻值得信服的证据。从 618 年李唐王朝建国，一直到武则天长安二年（702），中间没有见到关于朝廷选拔武官的资料。到了长安二年，朝廷有了明文规定，要求地方官像推荐明经、进士科考生那样，推荐练习武艺之人给朝廷。

这个命令是武则天的一道圣旨《搜访贤良诏》，这么一看就知道了，不是专门为了选拔武官颁布的，选拔武官只是搜访贤良的一部分内容。武则天在这道圣旨中说："或英谋冠代，雄略过人，总韩、白以先驱，掩孙、吴而得俊；或力能拔距，勇绝蒙轮，冒白刃其如归，扫苍璧而不顾。"（《文苑英华·搜访贤良诏》）这样的人才，地方官要积极推荐。这段话什么意思呢？"英谋"指谋略英明，"雄略"指非凡的谋略，"韩"指汉初三杰之一的大将军韩信，"白"指战国时期秦国的名将白起，"孙"指春秋时期大军事家孙武，"吴"指战国时期大军事家吴起。讲的是需要具有军事家头脑的统帅型人物。

如果说前一句是讲脑力劳动者的话，后一句就是指体力劳动者了。"力能拔距"指力量大；"勇绝蒙轮"指勇敢，"蒙轮"指冲锋陷阵；"白刃"就是锋利的刀剑，"冒白刃其如归"就是不怕死；"苍璧"是指用来祭祀天地的玉器，这句是说即便得罪了上天也不在乎。这就是武则天对武官的要求，要么当统帅，要么去冲锋陷阵。所以司马光指出："二年春正月乙酉，初设武举。"（《资治通鉴·则天顺圣皇后下》）既然是初设，说明以前是没有的。不过在这里需要指出的是，虽然有了选拔武官的要求，但并没有像进士、明经科那样，科目名称非常明确。

武举考什么

知道了武举开始的时间，另外一个问题就又出来了：武举考什么呢？《唐六典》中说得非常明确："其试用有七。"[1] 也就是说考七个方面。

第一项是射长垛，就是用弓箭射击远距离的箭靶，为定点射击。靶上有环，从正中间的环依次向外称为第一环、第二环、第三环。规定射到第一环为上等，射到第二环为次等，射到第三环为末等。

第二项是骑射，就是运动射击，是骑在马上边跑边射。规定全射中为上等，射中一部分为次等，一个都射不中为末等。

1 其试用有七：一曰射长垛，二曰骑射，三曰马枪，四曰步射，五曰材貌，六曰言语，七曰举重，皆试其高第者以奏闻。

——《唐六典》，北京：中华书局，1992年，第160页。

第三项是马枪，就是骑在马上使枪。这可不是胡扎乱刺啊，是有要求的：用木头做成假人，假人的脑袋上放有方形的木板，四个假人简单摆成一个阵势，考生骑着马冲进去，然后运枪，可以拨，可以砸，可以挑，可以磕，但条件是只能打掉假人头上的木板，若假人倒了就要扣分。能打掉三个或四个就是上等，两个为中等，一个为下等。这讲究的是稳、准、狠。以前听单田芳先生的评书，说擅使枪的将军与人打斗，就给对方说，我要在你左边大腿根皮糙肉厚的地方开个眼儿，保证深不过一寸，不伤筋不动骨。对方被气得头晕眼花，觉得他说大话，结果人家真说到做到，被扎的人回去一量，果然深不过一寸。这说明枪法高超。

第四项是步射，射草人，也是运动射击。骑着马射，自己还能省点事，可是自己跑着射击，那可就不是一般的素质了，自己的心跳和喘气都会影响射击的精准度，所以这个要求就高了。不仅要射中，还要讲究技巧，仅仅是射中也就是个中等成绩，因为那有可能是蒙的，有技巧但没射中也不行，既有技巧又能射中才能得高分。

第五项是材貌，也就是外形条件。作为武将，就得身材伟岸，一看雄赳赳气昂昂的，就具有威慑作用。要求身高以六尺为标准，六尺为中等，六尺以下为下等。唐朝时一尺约等于现在的九寸三分，这么算来，当时要想中武举，身高首先得有 1.86 米。

第六项是言语。官场上对言谈的能力要求是非常严格的。一不能乱说，嘴上没个把门的，胡扯八道，那肯定不行，一不小心把军事机密给说出来怎么办；二不能“三脚踹不出个屁来”，那样你的军事思想就没有办法表达了，更没有办法执行。因此，既要表达清楚，又要做到说话讲究分寸。

第七项是举重，也叫翘关。这是考查体力或者臂力的。什么是关呢？门关，也就是我们说的门栓、门插。古代城门的门栓都很重，攻城的时候，万一不小心被堵在了城里边，没有力气取下门栓，只能是被消灭。所以具备翘关之力，关键时刻能保住性命。武举考场上也仿做了一个门栓，长一丈六尺，直径三寸半，要求参加考试的人连举十下，不合格的就被淘汰。

武举考试不像文试那样搜肠刮肚、拍脑袋，而是显得龙腾虎跃。比如韦肇《驾幸春明楼试武艺绝伦赋》有这样几句描写：“左旋右抽，擢两肩于敏手；奋髯增气，示众目以余威。”(《文苑英华》) 不仅身手敏捷，神乎其技，而且气势压人。也有技艺处于伯仲之间、一时分不出高低输赢者，那怎么办呢？“不能定是非于己分，而又争利害于君前”(《文苑英华》)，不是分不出输赢吗？那就找皇帝说理去，让皇帝给评判一下，于是在皇帝面前面红耳赤地争辩起来，场面热烈，跃然纸上。

这就是武举考试的内容，还是有相当难度的。既然知道了考试内容，那么武举的考试情况在唐代是怎样的呢？

尴尬的境遇

为什么用尴尬这个词语来评价呢？通过查阅资料可知，武举在当时并未受到足够的重视。与进士科、明经科相比，武举的境遇确实尴尬。

一是没有设置常科。进士和明经科都是常科，都要按时进行考试，但武举不是。即便是招考，也经常是以制举的形式进行。比如开元九年（721），有智合孙吴、可以运筹决胜科；[1] 开元二十一年（733），又有智谋将帅科。表面上是把武举人当成了特殊人才，实则是平时没有储备人才，所以才需要临时招考。

1 思谋臣以制敌，折冲于樽俎；索名将以守边，降伏其戎寇。行何法也，德致斯人哉！

——《登科记考》，北京：中华书局，1984年，第225页。

二是录取人数很少。武举考试不像进士科和明经科那样深受欢迎，报考人数不太景气，所以经常是录取为数不多的几个人，甚至还会出现有命令却不见考生的情况。比如武则天开设武举的当年，文献中就没有显示出考试情况和录取情况。再比如开元十四年（726），举行才堪将帅科考试，“时中书令燕公以兵权事重，尤难其选，乃于数千人中，得一二贤俊”(《唐代墓志汇编 · 唐故宣州溧阳县令赠秘书丞上柱国开府君墓志并序》)。其实，即便是把整个唐代通过武举考试录取的人加在一起，恐怕最多也就四十人左右。

为什么会出现这样的局面呢？主要有三个方面的原因。

一、武将不受重视

武将在人们的心目中往往是“一介武夫”的印象，一听就带有不屑、贬低的意思，给人一种四肢发达、头脑简单的感觉。在实际的官僚体制中，武将与文官相比，也是明显不受重视，不设置常科考试不已经说明这个问题了吗？武举考试经常是在紧急需要的情况下才进行。比如《旧唐书·中宗本纪》记载，神龙三年（707）正月：“以默啜寇边，制募猛士武艺超绝者，各令自举。”默啜是突厥的首领，因为突厥侵犯才招考武艺绝伦的人才，大有临时抱佛脚的味道。再比如天宝十五载（756）八月，安史之乱时，玄宗跑到了四川，肃宗在灵武即位后，马上下令，如果有武艺绝伦的人才，地方官要马上推荐上来。这就跟我们身边的一些人一样，平时和你没有任何联系，一有事就想起你来了，嘴上甜似蜜，热情得让人受不了。其实，这种情况下就是帮忙，你心里也会很不舒服，因为心里总有一种被利用的感觉。唐朝清平的时期很长，所以习武之人大多没有了用武之地，自然在很多人眼里也成了无用之人，不受重视是可以想见的。

如果我们仔细考察一下唐代武举的制科考试就会发现，武举中也是倾向动脑而不是动手的，也就是说选的多数是具有统帅才能的人，而不是拿着刀枪冲锋陷阵的敢死队员。开元十四年才堪将帅科考试，第一名叫开成简，当时天下传为美谈。为什么传为美谈？首先，第一名值得羡慕，所以是美谈。第二，开成简当年考上的时候已经六十六岁了。这么大年龄中武举，有可能是通过下场拼杀夺到的吗？俗话说，拳怕少壮，你老开头武艺再好，恐怕也架不住年轻人折腾啊。所以这明显靠的是智谋，也就是军事才能，而不是武艺。不过，这老开头也够可惜的，白当了个第一，“官未授而卒”（《唐代墓志汇编·唐故宣州溧阳县令赠秘书丞上柱国开府君墓志并序》），还没来得及给他封官呢，就死了，这只能说他有才无命了。

二、仕途发展不顺

与文官相比，武将的仕途发展明显不顺，我们在文献中可以找到很多文官当宰相的案例，但遍查两《唐书》，又能找出来几个武将做宰相的呢？退一步来说，即使做不到宰相，官运亨通总可以吧。现在人们一提起来唐代的名人，恐怕除李白、杜甫、白居易、韩愈、柳宗元等这些文人之外，很少能提到哪个武将。为什么？因为这些武将也确实太“无名”了。可能有人会提反对意见了，说郭子仪不就很牛吗。对，郭子仪的确很牛，但他也是因为在安史之乱中所立的军功才牛起来的。再说了，武举出身的，还能找出来第二个像郭子仪那样的人吗？

开元十五年（727），管元惠考上了武足安边科，后来又考上了武可戢兵科，但一直都没有更好的工作机会。“一举武可安边，再举武可戢兵，累践甲科，仍安下位。”（《全唐文补遗·唐故中大夫福州刺史管府君神道碑并序》）应该说这是一种普遍现象，甚至在很大程度上是由没有仗打以展示他们的军事才能造成的。也正是因为武将不受重视和官运艰难，所以有人就改行了。比如马植。马植本来是行伍出身，可是他却没有继续走父辈的路子，而是改行当了文官，而且在元和十三年（818）华州选拔考试中，还被令狐楚慧眼识英才推荐成了第一名。

三、直接参加战斗

还有一种特殊情况，就是在战争时期，那些身怀武艺的人直接投入了战斗。这些人参加武举考试，是为了实现自己的人生价值；直接投入战斗，是为了实现更大的自我价值。特别是我们看杜甫的“三吏”“三别”，老太太都被抓走了，小孩子都被赶到了战场上，可见当时兵源是严重不足的。练武之人通常都满腔热血，路见不平尚且要拔刀相助，更何况国难当头。他们还会等着朝廷组织考试，然后拿着录取通知书去杀敌吗？即便是朝廷不去组织考试，这些人也已经到战场上挥洒自己的火热青春去了。在这个时候等着参加考试的人，反而是要警惕他的人品了。

其实还有一点，就是中晚唐时期藩镇势力坐大，朝廷有些控制不住，而且当时敢和朝廷对着干的，几乎都是手握重兵的武将，所以朝廷有意压制。这就导致了现实中的尴尬局面。不过，再尴尬，也总会有几个成功者。

成功的武举者

虽然唐朝的武将显得有些失落，但毕竟也产生过几个成功的例证。比如再造唐室的郭子仪是武举异等，被安史叛军称为“来嚼铁”的来瑱参加的是智谋果决、才堪统众科，被王忠嗣称为“万人敌”的李晟也是武举及第。在这三个人中，由于现在关于郭子仪的戏剧和影视作品很多，所以人们对郭子仪是相当熟悉的。这个人在安史之乱中功勋卓著，可以说是李唐皇室的恩人。通过考察发现，与其他武举出身的人相比，这三个人的成功，显示了出奇的相似性，主要表现在四个方面。

一、与家庭影响有关

一个人所从事的职业，经常和家庭影响密切相关，家里读书人多，孩子就容易好好学习；家里人老是打麻将，孩子估计也早早就知道什么是白板、红中了。既然这么说，大家估计已经猜到了，这三个人既然都考了武举，说明他们家里人都曾经有过行伍或练习武艺的经历。还真是这样，先说郭子仪。郭子仪的父亲叫郭敬之，曾经考中武举科目之一的“韬钤科”。来瑱的父亲呢？《旧唐书·来瑱传》中记载：“父曜，起于卒伍。”乃是军人出身，后来还因为军功做过右领军大将军，威震西部边疆。李晟的家世据《旧唐书·李晟传》记载，从爷爷开始就生活在陇右，而且还是裨将。裨将就是副将。看来李晟祖上的功夫也是不错的。也就是说，这三个人走武举的路子，应该是受了家庭环境的影响。

二、与个人素养有关

家庭环境是一个人成功的外部条件，也就是我们常说的外因，外因决定不了内因。内因是什么呢？是个人的志向和综合素养。参加武举，不仅要有出众的武艺，还要头脑清醒有谋略。在这两个方面中，三人表现得怎样呢？正史记载，郭子仪自幼喜读兵书，勤练武功，枪法精湛，曾经立志要做一名将军；[1]来瑱从小就有报效国家的大志，所以不仅勤练骑射，而且经常沉浸在书册之中；李晟性格雄烈，擅长骑马射箭。总之，三个人都在武艺上有自己的专长。另外，郭子仪和李晟二人身材魁伟，《旧唐书》中记载，郭子仪身高六尺多，李晟的身高也有六尺，约合今天的1.86米以上，符合武举考试项目第五

1 子仪长六尺余，体貌秀杰，始以武举高等补左卫长史，累历诸军使。
——《旧唐书》，北京：中华书局，1975年，第3449页。

项材貌的要求。

三、与前期经历有关

郭子仪与李晟都有过早年从军的经历，也就是还没有参加武举考试，就已经有了军营生活的经历。参加武举考试之前，郭子仪在山西当兵。像他这样的人，本来就不是池中物，所以在军中也不可能安分守己，结果犯了错误，惹怒了主将。主将为了立威，为了严明军纪，杀鸡给猴看，就要把郭子仪杀掉。就在押赴刑场的途中，郭子仪遇到了李白。李白一看这个年轻人器宇轩昂，面临杀头的危险，还跟个没事人一样，就打听这人是谁。别人告诉他，此人叫郭子仪。李白一听，赶紧找到主将，说：郭子仪是个人物，能够临危不惧，将来肯定是个栋梁之材啊！不能杀，杀了可惜了。同时，李白还情愿出钱为郭子仪担保。这样，主将"就坡下驴"，赦免了郭子仪。后来，李白在安史之乱中因为跟随永王而得罪了唐肃宗，本该死罪，还是郭子仪仗义救了他一命，算是把这个人情还了。

《旧唐书 · 李晟传》记载，李晟"年十八从军"，跟随河西节度使王忠嗣。有一回，吐蕃进犯，吐蕃军中的一名骁将给唐军造成了严重的伤害，王忠嗣就问谁箭法好，能射死这员骁将，李晟自告奋勇，"引弓，一发而毙"。王忠嗣高兴地用手拍着李晟的后背说，这就是我们的"万人敌"啊！

四、与时代背景有关

三个人的成功还有一个很大的原因，那就是时势造英雄。安史之乱成就了郭子仪。郭子仪当时任朔方节度使，肃宗就是在朔方节度使驻地灵武被郭子仪等人拥立为皇帝的。就这一条，郭子仪就能成为肃宗身边的红人。郭子仪的朔方军，也是朝廷对抗安史叛军的主力。[1] 后来，郭子仪联合李光弼在河北大败史思明。再后来，郭子仪又在回鹘军的帮助下收复了长安和洛阳，从而成了再造唐室的功臣。

来瑱的成功，也和安史之乱有关。来瑱考上智谋果决、才堪统众科之后，被任命为颍川太守。当时正

1 十四载，安禄山反。十一月，以子仪为卫尉卿，兼灵武郡太守，充朔方节度使，诏子仪以本军东讨。遂举兵出单于府，收静边军，斩贼将周万顷，传首阙下。禄山遣大同军使高秀岩寇河曲，子仪击败之，进收云中、马邑，开东陉，以功加御史大夫。

——《旧唐书》，北京：中华书局，1975 年，第 3449 页。

值安禄山叛乱期间，安史叛军进攻颍川之前，来瑱已经做好了战备。等叛军到来，来瑱亲自率领官军与之作战。《旧唐书 · 来瑱传》记载："贼继至城下，瑱亲射之，无不应弦而毙。"叛军久攻不下，就派降将毕思琛前来招降，此人当年是来瑱父亲的部将。来瑱不仅不投降，反而率兵杀出城来，斩杀敌人无数。就这样，安史叛军给来瑱送了个外号叫"来嚼铁"，意思是说，来瑱硬得像铁一样难啃。后来两京收复，来瑱被封为颍国公。

李晟也是个经历了大场面的人。当年战场上一箭射死吐蕃大将，威震三军。此后又率军打败叠州叛羌、宕州连狂羌及党项羌等。大历初年，吐蕃军围攻灵州，凤翔节度使李抱玉派李晟率兵五千攻击。最终"屠定秦堡，焚其积聚，虏堡帅慕容谷钟而还"（《旧唐书 · 李晟传》），使得吐蕃军首尾不能相顾，只好放弃了对灵州的围攻。

这就是早期的武举情况。从文化特征上来说，武官考试没有文官考试那样的文化多元性特征。

第二十六讲

开放的文化政策

唐代科举考试，就科目而言，名目繁多。这些科目不仅代表着国家所需要人才的种类和层次，而且表现出了政治的开放性和包容性。综观唐代科举考试我们不难发现，考试中并不是只考一种思想，或者儒家或者道家，而是儒道互补、以史为鉴。这也是一种开放性和包容性特征，表现出了学综经史、兼顾道家思想的多元性文化特征。这种多元性文化特征的具体表现如何？作用如何？下面就来了解一下。

儒学思想是根本

我们都知道，儒家思想是我国自汉代以来所形成的社会主流思想，特别是自西汉董仲舒提出“罢黜百家，独尊儒术”以来，儒家思想就成了后世统治者王道政治的理论基础，甚至形成了经学思维模式——一切以圣人为典范，以儒经为准则。到了唐代，选拔官员的科举考试更是对儒家经典情有独钟。

唐代为什么会对儒家经典如此青睐呢？因为这些经典中，蕴含着古圣先贤治国理政的智慧和为人处世的经验，也就是归崇敬在《辟雍议》中所说的“五经六籍，古先哲王致理之式也”（《全唐文》）。说到底，重视儒家经典，是为了巩固李唐王朝的统治。科举考试对儒家经典的推崇具体表现在哪些方面呢？

一是专门设置科目。明经科考试的内容，就是考查考生对儒家经典的熟悉程度。

二是设置儒经试题。有些科目并不是专门考试儒家经典的，但是在具体的考试中，经常会以儒家经典为考试题目。比如进士科，贞元十六年（800）白居易参加考试试赋的题目是“性习相近远赋”[1]，一看题目就知道出自《论语》。

1 试《性习相近远赋》，以“君子之所慎焉”为韵。
——《登科记考》，北京：中华书局，1984 年，第 531 页。

三是命题比重侧重。以我所了解的试赋为例，唐代科考的进士科试赋共七十五题，其中有五个不知道题目。在其余的七十次已知题目的考试中，明确出自儒经的就达二十九题之多，其他出自历史、道家经典、现实生活的考题，从数量上来说都没有以儒经为题的多。

四是答题言必中经。在专门的儒经考试科目和专门以儒经为题的考试中，考生必须紧紧围绕儒经作答。就是在并非以儒经为题的其他科目考试中，考生也往往是句句离不开儒家经典，比如穆质在对策中就先后用到了《诗经》《尚书》《孝经》。

通过考试儒家经典，会产生什么重大意义呢？

一是有利于形成尚儒的文化氛围。上官仪是唐初的名臣，深得唐太宗李世民和唐高宗李治的喜爱。唐太宗和上官仪还是文友，唐太宗每次写好文章后，都让上官仪帮着修改。上官仪曾经写过一组名为《八咏应制》的诗，其中一首是这样的："瑶笙燕始归，金堂露初晞。风随少女至，虹共美人归。""瑶笙"指精美的乐器，这里指优美的音乐；"燕始归"指小燕子刚刚回去的季节，初秋时节；"金堂"指听音乐的地点；"露初晞"指具体的时间，露水刚刚被晒干的时候。前两句的意思是说，初秋一天的早上，上官仪和皇帝坐在装饰华美的厅堂上欣赏优美的音乐。对不对呢？关键看后面两句。

要想理解"风随少女至，虹共美人归"这两句诗，离不开"文王八卦方位图"。在"文王八卦方位图"中，有八个方位、八个卦象，乾为天、为父，坤为地、为母，其中乾、坤两卦相当于父、母。父母结合生了六个孩子，三男三女，巽卦、离卦、兑卦是女孩子。其中巽卦在东南方，是长女，离卦在正南方，是中女，兑卦在正西方，代表少女。西方为金，在四季里代表秋季，风向上代表西风。我们上中学的时候学过一个数学概念，叫等量代换。兑卦代表少女，兑卦代表西风，抽掉中间的等量兑卦，答案出来了，少女代表西风。古人给西风起了一个很有诗意的名字，叫"少女风"。也就是说"风随少女至"并不是风跟着少女一块儿来了，而是刮西风了。既然风和少女是一回事，虹和美人也是一回事了，所以彩虹又叫"美人虹”。

根据我们的生活常识，彩虹出现的时候，一般是雨过天晴的一刹那。再来看这首诗什么意思。在初秋的一天，上官仪和皇帝坐在装饰华美的厅堂欣赏着优美的音乐，外边下着淅淅沥沥的小雨。雨过天晴，天空中出现一道彩虹，树梢间还微微地刮着西风。你看，就是写一首诗，还没有忘记用“文王八卦方位图”，这不就是儒家文化的深刻影响吗？

二是有利于养成忠直的人文品格。韩愈是典型的儒家学者，把儒家精神作为指导自己工作和生活的准则。他提倡“文以载道”，而这种道，就是儒家思想。儒家所提倡的价值观，已经默化为韩愈的品性。唐宪宗非常迷信佛教，这样就麻烦了，上有所好下必甚之。皇帝都对佛教那么钟情，你可以想见当时的社会情形，那还不疯狂了？国内佛寺大兴，佛事大盛，出家为僧简直就成了时尚。这就出现了一系列的社会问题，严重影响了社会财富的创造，加上一些崇信佛教的人以自残作为代价，遂引起一些有识之士的关注，其中包括韩愈。

元和十四年（819），唐宪宗又搞了一次规模超前的佛事活动。[1] 他干吗呢？派人到凤翔法门寺去迎佛骨，据说是释迦牟尼佛的一块骨头。为了迎接这块佛骨，凡是佛骨经过的地方，不仅要修建寺庙，各阶层的人还要捐钱捐物。这就是《旧唐书·韩愈传》中所记载的“王公士庶，奔走舍施，唯恐在后。百姓有废业破产、烧顶灼臂而求供养者”，简直疯狂到了极点。

韩愈见从上到下都是如此愚昧，不仅劳民伤财，而且严重影响了社会的安定，经过一番激烈的思想斗争，遂奋笔疾书，写下了传诵千古的《论佛骨表》。韩愈在文章中说，尧、舜、禹之时没有人信佛，那些君主活的年龄都挺长的。可是自从汉明帝时佛教传入中国后，历代皇帝就再也没有几个长寿的了，就连汉明帝在位也不过十八年。信佛求福的结果是什么？不是短命就是被人所杀。宪宗皇帝您供奉的那块佛骨，不就是一块脏兮兮的枯骨吗？现在京城上下如此痴狂，

1 凤翔法门寺有护国真身塔，塔内有释迦文佛指骨一节，其书本传法，三十年一开，开则岁丰人泰。十四年正月，上令中使杜英奇押宫人三十人，持香花，赴临皋驿迎佛骨。自光顺门入大内，留禁中三日，乃送诸寺。

——《旧唐书》，北京：中华书局，1975年，第4198页。

大臣们明明知道荒唐却闭口不说，御史们更是装聋作哑，这简直是“伤风败俗，传笑四方”啊！既然如此，应该怎么办呢？韩愈说了，应该把那块佛骨“付之有司，投诸水火，永绝根本”（《旧唐书·韩愈传》）。如果佛骨真的有灵，不管什么样的灾难，都让它冲我来吧。

这篇文章写得义正辞严，痛快淋漓。可是宪宗皇帝看了，龙颜大怒：韩愈你找死啊，敢和我对着干？活得不耐烦了！当时就要把韩愈斩首，亏着裴度等人力谏，韩愈才免于一死，不过还是被贬到潮州去了。韩愈被押送出京不久，家眷也被赶出了长安，年仅十二岁的小女儿染恶疾惨死在驿道旁。难道韩愈就不知道他这么做会给自己带来什么样的麻烦吗？怎能不知道啊，韩愈心里清醒得很。但他想的不是自己的安危，而是国家的命运，如果死一个韩愈能让皇帝迷途知返，那也值了。所以韩愈用自己的行为诠释了什么叫“在其位必谋其政”，什么叫“直言敢谏”。这就是忠直的儒家文化品格。这是一种担当，更是一份责任。

因此可以说，儒经作为官方学术，成了指导国家进行政治建设和教化民众的工具。

从历史中找寻经验

前朝的成败得失对后世的治乱起着垂范和警醒的作用，因此以史为鉴是历代帝王都明白的道理。唐初帝王为使江山永固，也积极地从历史中寻找经验和智慧。不仅设立专门的史科，而且要求弘文馆和崇文馆的学生必考历史，考试的范围不限于前代诸史，还要考当代史。

历史著作多是长篇大论，怎么出题呢？赵匡在《举人条例》中作了回答：“但请问政理成败所因，及其人物损益关于当代者，其余一切不问。”考史的目的就是从历史中寻求治国的经验教训，因此就针对这些问题设计题目，和现实没有关系的，对现实没有启发意义的，不在上面浪费时间。

作为专门考史的科目，学史、考史都在情理之中，而在侧重文采的试赋考试中，也出现了考史的情况，就是以历史事件和典故作为试赋的命题对象，有时通过官韵做进一步注解。而作为考生，不仅需要围绕主考官给定的题目对历史事件进行解释、阐发，而且要做到句句以历史为依据。

比如开元二十二年（734）的博学宏词科试赋的题目“公孙弘开东阁赋”，这个题目出自《汉书》。[1]公孙弘是西汉武帝时期的名臣，《史记》《汉书》都有传。因其在为汉武帝延揽人才方面做出了突出贡献，成为后世仰慕的贤相。以“公孙弘开东阁赋”为题进行考试，表现出了朝廷对人才的尊重与渴望。

1 弘自见为举首，起徒步，数年至宰相封侯，于是起客馆，开东阁以延贤人。
——《汉书》，北京：中华书局，1962年，第2621页。

公孙弘不仅见识广博，而且节俭律己。这一年参加考试的李琚在文章中说：“宴私则布衣韦带，自公惟脱粟菜羹。服之而德以廉耻，食之而心以和平。”（《文苑英华》）这就是“公孙布被”和“食一肉脱粟”的故事。正史中记载，公孙弘作为高官，领着高工资，却盖着粗布被子，每顿饭不吃两样以上的肉菜，被汲黯认为矫情，沽名钓誉。于是就向汉武帝打小报告，说了这件事。当汉武帝向公孙弘进行核实时，公孙弘不仅没有否认，而且引用管仲和晏子的故事进行解释：管仲在齐国为相的时候，生活奢侈，和国君差不了多少；晏子却是艰苦朴素。但两位都是贤相，在任时国家都很富强。这说明自己吃得好坏、穿得好坏，和国家兴盛与否没有必然的关系，同时也是向汉武帝表明，自己是在向晏子学习，是想通过这样的行动，打破贵贱的差别，实行勤俭治国的方略。

在回答这个问题的时候，公孙弘还表现出了谦恭礼让的优秀品质。在此之前，因为别的事情，汲黯当着皇帝的面说公孙弘“不忠”。在封建时代，这个标签是很吓人的。可是公孙弘没有小肚鸡肠、挟怨报复，而是说的确像汲黯说的那样，我有沽名钓誉之嫌。虽然汲黯在告我的黑状，可正是如此也表现了他对陛下您的忠诚。这是什么样的胸怀？别人骂他，他却夸别人好。就这一招，彻底把汉武帝征服了，汉武帝认为公孙弘胸襟宽广，有担当，于是没过多久，就封他为丞相，还赐爵平津侯。其实这件事也给了我们一些启示，工作之中需要宽容大度，因为宽容是一种智慧，宽容是一种美德，宽容往往会带给我们意想不到的结果。公孙弘因为宽容，赢来了封侯拜相的结果，所以杨谏在赋中说“脱粟布被，虽逢汲黯之嗤；下荐上闻，竟通汉皇之美”（《文苑英华》）。

当上丞相之后，公孙弘见汉武帝为了建立不世功业，经常从民间选拔人才，于是开东阁以延贤人。因此在后世人看来，公孙弘是重视人才的典范，一般人是很难做到像他那样的。据《汉书》记载，公孙弘之后，他建的接待贤人的东阁就荒废了，甚至一度被当作了马棚。[1] 但是，公孙弘却以自己的行为，诠释了尊重人才、重视人才的意义。

1 自蔡至庆，丞相府客馆丘虚而已，至贺、屈氂时坏以为马厩车库奴婢室矣。
——《汉书》，北京：中华书局，1962 年，第 2623 页。

主考官这么出题，也表明了玄宗朝对人才的渴望，体现了唐玄宗在官僚队伍建设方面用心颇勤。因此，这个题目或者这一类题目的历史借鉴意义非常明显，是借史事讨论人才问题，讨论官僚队伍建设问题。对于朝廷来说，渴望出现像公孙弘一样的贤相以网罗天下贤才；对于应试者而言，则渴望执政者开辟更多的入仕途径。

从总体来看，以历史为考试内容，固然存在着很大的歌功颂德的成分，但以历史为鉴戒的主观取向还是非常明显的。或者说，朝廷借历史典故探讨兴衰治乱的同时，无形中通过历史进行了伦理纲常教化，不仅强调了个人修养与官僚队伍建设的意义，而且宣扬了君主权力的神圣性、权威性。所以，以历史为考试内容和以儒经为考试内容，在根本上是一致的，只不过是从儒经的流于空言，转向了相对具有直观鉴戒作用的经典案例，强化了历史的教育功能。

道家文化充满智慧

道家和道教是两个概念。道家也像儒家一样，是一个思想流派；而道教则是一种有信仰的组织，由东汉的张道陵根据传统的民间信仰而创立，到南北朝时盛行起来。所以，道教比道家晚了很多。

其实，对于统治者而言，道家思想存在的意义，是其所蕴含的行之有效的帝王统治术。在司马迁看来，道家思想是吸收其他学术思想而形成的兼收并蓄的治国理论体系。班固在《汉书·艺文志》中也说：“道家者流，盖出于史官，历记成败存亡祸福古今之道，然后知秉要执本，清虚以自守，卑弱以自持，此君人南面之术也。”可见，班固也把道家思想作为治理国家的王道之术了。李唐王朝的统治者，更是极其重视道家对自己王朝的意义。

首先表现在尊老子为远祖。我们都知道，老子李耳是道家学派的创始人。李唐王朝的统治者为了稳固自己的统治，不仅尊老子为远祖，而且封老子为玄元皇帝。[1]

其次由皇帝出面，亲自注释《老子》。老子当年出函谷关的时候，留下了五千言著作，这就是我们熟知的《道德经》。唐玄宗作为一国之君，亲自为《老子》作注。不仅如此，唐玄宗还以最高命令的形式，要求全国人民家藏一本，经常翻看学习。是不是因为自己注的，追求销量啊？不是，玄宗还有大动作呢，就是把《老子》引入科举考试，从原来出题的《尚书》《论语》中少出几道题，用《老子》来补充。

1 朕之远系，出自老君，灵佑所资，贻庆长久，宜依旧上尊号为玄元皇帝。

——《唐大诏令集》，北京：商务印书馆，1959 年，第 6 页。

再次是设置专门科目。如果说唐玄宗开始使道家经典成为学习和考试内容力度还不够的话，那么开元二十九年（741）正月设置“四子科”，则是很大的突破。“四子”是指的《老子》《庄子》《列子》《文子》。同时，唐玄宗又规定，只要在“四子”方面有专长，他就要亲自考试。这规格够高的，唐玄宗为什么会有这么大动作呢？因为在他看来，这些道家经典“可以理国，可以保身”（《唐大诏令集》），因此“敦崇其教”的目的，也正在于“左右人也”。

唐初有个叫傅奕的人，也算是李世民身边的红人。傅奕临死的时候，把儿子们叫到跟前，语重心长地说：“老庄玄一之篇，周孔六经之说，是为名教，汝宜习之。”（《旧唐书 · 傅奕传》）在傅奕看来，道家学问和儒家学问是一样的，都是正统思想，因此教导儿子们都要好好学习。

唐代科举考试，经常从道家经典中出题。比如开元五年（717）的《止水赋》和贞元十四年（798）的《鉴止水赋》，两个题目都出自《庄子 · 德充符》：“人莫鉴于流水而鉴于止水，唯止能止众止。”讲的就是人们要学习水的品性。水有什么品性值得学呢？

一是善利万物。我们所生活的这个世界，一刻也离不开水。据说最初的生命体，就是从水中产生的。水滋润着万物，从而赢得了万物的依赖，可是水从来没有向我们索取过什么。这就是刘清《止水赋》中所说的“既能止而利物，所以归之者众”(《文苑英华》)。

二是随物赋形。水因为流质特征，所以显得很没有个性，总是随着外界的改变而变化着自己的形态，容器是方的水就是方的，容器是圆的水就是圆的，这是一种顺应自然的适应能力。这个世界不会为我们而存在，当我们改变不了外界的时候，就只能改变自己以适应外界。

三是谦虚处下。我们非常熟悉“水向低处流”这句话，水能居下，但并非无限制地退让，而是顺其自然，行其所当行，止其所不得不止。也正是因为这种甘于处下的品性，才能积少成多，从潺潺的小溪汇成波涛汹涌的大海，最终实现了质的改变。

当然了，水还有很多品性，我们就不再一一列举了。水对于人而言，不仅在于饮用以维持生命，而且还蕴含着值得人们学习借鉴的智慧。这就是以“水”为考试题的目的。考生们意识到了吗？王冷然在赋中说：“为国者取象于止水，使其政公平；为身者亦同于止水，使其心至明。”明着是让写水，实际上是从中品味人生修养与治国为政的大道理。也就是说，学习水的品性，不仅利于个人修身，还利于君主治国理政。这就是道家的智慧。

其实不管考什么，目的都是选拔人才，都是为了国家的长治久安。但科举考试真的就是这个时代的必然选择吗？科举考试到底是功大于过还是过大于功呢？

第二十七讲

唐人如何说科举

科举是唐代重要的选官制度，通过公开的考试进行人才选拔，择优录取，这是对传统选官模式的补充乃至颠覆，给一般的读书人提供了进入官场实现人生价值的机会。通过科举考试，朝廷确实选拔出了无数德才兼备的官员。

但是作为一个新生事物，在具体发展的过程中，又表现出了这样或那样的问题：因为权贵的干预，考试中出现了不公平；因为成功的诱惑，考场上出现了五花八门的舞弊手段。时隔千余年，我们今天看科举，自然会多了一些客观，但当时的人是怎么看待科举的呢？

看待一种制度应该进行必要的历史还原，因为它的产生，首先是为它所属的时代服务的。所以，要讨论唐代科举的功过，还是要了解一下当时人的态度。

令人痴狂的科举

科举对于唐朝人的意义是毋庸置疑的。对于朝廷而言，科举是选拔朝廷所需官员的主要方法；对于考生而言，科举是他们进入官场的基本途径。因此，朝廷除非迫不得已，一般不会停止科举考试。于是，考生们为了进入官场奋力笔战，有的人甚至皓首穷经，老死文场。沈既济在他的《词科论》中针对科举说过这样的话：“父教其子，兄教其弟，无所易业，大者登台阁，小者任郡县，资身奉家，各得其足。”（《全唐文》）这话说得一点都不假，在唐朝还真出现不少科举专业户。

一、天下状元第一家

我们在前面讲到中状元的方式五花八门，而状元毕竟不是那么好考的。但是唐朝的时候，在苏州出现了一个奇迹，不到四十年间，一个家族竟然出现了五个状元，成为一时的盛事，因此赢得了“天下状元第一家”的美誉，这就是苏州的归氏家族。先说这五个状元的名字吧，他们分别是归仁绍、归仁泽、归黯、归佾、归系。

归仁绍和归仁泽是兄弟，他们的父亲叫归融，也是进士及第。老归家从归融的爷爷归崇敬开始，就非常重视家教，所以家里人才辈出。归融有五个儿子，分别是归仁晦、归仁翰、归仁宪、归仁绍和归仁泽。五个儿子出俩状元，太牛了！其实还有一件牛事呢，就是归融这五个儿子都挺争气的，全都考中了进士。老大归仁晦开成三年（838）及第，老二归仁翰大中十一年（857）及第，老三归仁宪大中年间及第，老四归仁绍和老五归仁泽不仅进士及第，而且还高中状元。归仁绍中的是咸通十年（869）的状元，归仁泽中的是咸通十五年（874）的状元。这真可谓五子登科，兄弟状元。

归仁泽的儿子叫归黯。归黯很聪明，喜欢读书，又有状元父亲的教育，那成绩肯定差不了。归黯参加了景福元年（892）的科举考试，挺争气，状元及第。《登科记》中记载："归仁泽，乾符元年状元及第。子黯，大顺三年状元及第。"乾符元年也就是咸通十五年，是咸通十五年十一月改元乾符的；景福元年也就是大顺三年，是大顺三年正月改元景福的。这是父子状元。据王定保《唐摭言》中说，归黯接到喜报的时候，正好是他结婚的好日子，正要拜天地呢，朝廷的喜报到了。这才是"洞房花烛夜，金榜题名时"呢。但很遗憾，这个归黯命不好，拿到状元通知书一个月，即无疾而终。

据徐松《登科记考》中讲，光化四年（901）的状元叫归佾，也有写作归修的，因为"修"字的异体和"佾"很像，所以形近而误。《玉芝堂谈荟》说，归佾是苏州人。到了天祐二年（905），归佾的弟弟归系又考上了状元，再次出现兄弟状元的罕事。归佾和归系是谁呢？李嘉球先生在《苏州科举那些趣事》中认为，归佾和归系均为归黯之子。

刚才讲，归黯不是考上状元那年结的婚吗？不是考上状元一个月后就死了吗？那也就是说，归黯结婚一个月后就死了，怎么可能会有俩儿子呢？而且他去世那年是景福元年也就是 892 年，归佾状元及第是光化四年也就是 901 年，难道归佾是神童，不到十岁就考中了状元？如果归佾、归系真是归黯的儿子的话，只能说明归黯状元及第那年结婚是再娶。据《苏州科举那些趣事》中讲，归黯有个弟弟叫归蔼，景福二年（893）进士及第，当时三十七岁。这么算来，归黯考上状元的时候最小三十七岁，当然了，如果和归蔼是双胞胎，那就是三十六岁了；如果活到归佾状元及第的光化四年，应该是四十五岁或四十六岁。二十多岁结婚生子，到光化四年参加考试不是没有可能。

关于这个问题我们就不再纠缠了，据说苏州曾有归宣公祠，里面供奉着五位状元，这至少说明五位状元是一家子的。不管归黯和归佾、归系是不是父子关系，至少归仁泽和归黯是父子关系这没错。所以，我们可以得出结论了，也就是沈既济在他的《词科论》中说的“父教其子，兄教其弟”，当时的人们对科举表现出了极大的热情。

二、“常胜将军”张文成

张文成叫张鷟，字文成，小说家。曾经写过一部小说叫《游仙窟》，用今天的话说就是一部以婚外恋为主题的作品。为什么叫张鷟呢？鷟是一种鸟，叫“鸑鷟”。张鷟小时候做梦梦见了这种鸟，羽毛五彩斑斓，醒来后就把梦讲给爷爷听，爷爷说梦见这种鸟象征着将来长大后以文章出名。于是，爷爷就给小孙子取名叫张鷟。[1]

这个张鷟还真对得起自己的梦，后来果然以文章名扬天下。有些人为了考个出身，折腾几十年，张鷟倒好，“凡应八举，皆登甲科”（《旧唐书》）。虽然《顺宗实录》中说张鷟不是考了八次，而是“博学工文词，七登文学科”。其实也不少了，这让在考场上折腾几十年的人，情何以堪啊！

据徐松《登科记考》，张鷟考中进士的时候是上元二年（675），时年张鷟才十五六岁。当时考的是策论，张鷟的策文写得很漂亮，主考官骞味道称赞说：“如此生，天下无双矣。”据《朝野佥载》中说，当年张鷟去考试的时候，晚上住到旅馆里，梦见自己被祥云覆盖，所以到考场上答题如有神助。

1　祖鷟，字文成，早惠绝伦。为儿时，梦紫文大鸟，五色成文，止其廷。大父曰：“吾闻五色赤文，凤也；紫文，鸑鷟也。若壮，殆以文章瑞朝廷乎？”遂命以名。
——《新唐书》，北京：中华书局，1975 年，第 4979 页。

两年之后，到了仪凤二年（677），朝廷下令举行下笔成章科。这是一个制科，不仅白身可以考，已经考中进士的人也可以考。一听这名字，三天憋出俩字来的考生就别凑热闹了，没有两把刷子是不敢进考场的。张鷟不怕，人家没别的，还就不缺文采。结果到那儿，成绩又是名列前茅。

到了神龙二年（706），朝廷下诏选拔才膺管乐科和才高位下科方面的人才。“管乐”就是管仲与乐毅的并称，管仲是春秋时齐国的名相，乐毅是战国时燕国的名将，就是选拔有管仲和乐毅那样才能的人；“才高位下”就是学问见解与自己的身份地位不相称。这两个科目虽然是同一年考，可是并非同一天考。张鷟也真够贪心的，考一个还嫌不过瘾，两个科目全报了。最后全登上第，不仅考上了，而且名列前茅。

景云二年（711），张鷟又参加了贤良方正科考试。据《登科记》记载，这一年总共考上二十人，张鷟排名第三。据《旧唐书》记载，张鷟还考过一个词标文苑科，只是文献中没有说考于哪一年。根据能见到的文献，我只能确定张鷟这六次考试。张鷟之所以能成为科场上的“常胜将军”，应该和他的才能以及丰富的考试经验有关。

行为就是态度，老归家全族总动员，这就说明他们对科举是推崇的；张鷟什么科目都要参与，说明科举在他的心目中是神圣的。《唐摭言》卷八“放老”条有一个有趣的故事：光化四年，杜德祥知贡举，录取的二十六人中有五个老头，年龄最小的五十多岁，最大的七十多岁，人称“五老榜”。其中有个叫刘象的，“三十举无成”，前后考了三十次都没有考上。为什么还要坚持？他如果对科举持否定态度，肯定早就不干了。像刘象这样的人在唐代还有千千万万，这就说明科举在他们的眼中是值得肯定的，应该肯定的。

那么，唐人对科举就没有不一样的声音吗？

唐人的科举论争

唐人对科举的讨论主要集中在进士科上，而对进士科的讨论又主要集中在考试的形式和内容上。科举考试的目的，是选拔朝廷所需要的人才，但是考试中因为要通过一定的文体特别是诗、赋进行考试，所以从形式上往往流于考查文学创作水平。因此针对这个问题，唐人也出现了反对的声音。

一、玄宗的不满

开元二十五年（737），唐玄宗颁布《条制考试明经进士诏》，其中说："今之明经、进士，则古之孝廉、秀才，近日以来，殊乖本意，进士以声韵为学，多昧古今。"（《册府元龟》）明经科、进士科是从汉代的孝廉科和秀才科演变来的，及第者是朝廷所需要的专门人才。当时由地方官通过考察，对品行优秀、能力突出的人进行推荐，也就是说强调的是德。可是现在倒好，变味了，完全不是那么回事，就考那些注重声韵的文学创作，选拔上来的人呢，多不明白事理。在玄宗看来，进士科考试已经有了重才轻德的倾向。

二、刘峣的批评

肃宗时的刘峣写了一篇《取士先德行而后才艺疏》，对进士科考试文学所表现出来的弊病作了严厉的批判："国家以礼部为孝秀之门，考文章于甲乙，故天下响应，驰驱于才艺，不务于德行。"接下来刘峣说，因为忽略了德行的培养，结果就出现了一些人凭着几篇文章进入官场，不久就触犯刑律，锒铛入狱。因此，在刘峣看来，进士科考文章，简直就是舍本逐末。于是，刘峣向唐肃宗建议，科举考试应该"以德行为先，才艺为末"。

三、杨绾的声音

宝应二年（763），身为礼部侍郎的杨绾向朝廷进《条奏选举疏》，批评进士科因为强调才艺，结果导致了"六经则未尝开卷，三史则皆同挂壁"。那些蕴含着圣贤心血的儒经和记录前代成败得失的史书被遗忘了，那些浮文是不足以行先王之道的。杨绾这次奏疏得到了给事中李栖筠等人的一致认同，李栖筠等认为："考文者以声病为是非，唯择浮艳，岂能知移风易俗化天下之事乎？"（《旧唐书》）一味强调文采浮艳，这些考取者哪里知道如何行先王之道啊？

四、赵匡的主张

赵匡在他的《举选议》中指出了以诗、赋为代表的文艺在科举选士中的负面影响："不惟无益于用，实亦妨其正习；不惟挠其淳和，实又长其佻薄。"在赵匡看来，考试文艺可谓百无一用，罪莫大焉！

实质而言，这些议论并不是要否定科举考试本身，而是对考试内容的不满。那么，应该怎么办呢？沈既济在《选举杂议》中主张"凡贡举人，本求才德，不选文词"(《全唐文》)。其实，关于才德和文艺关系的讨论，早在初唐时期就有了。比如，"初唐四杰"之一的王勃曾写过一篇《上吏部裴侍郎启》，"启"是书信的一种。这里的裴侍郎是裴行俭。

王勃在这封信中说："伏见铨擢之次，每以诗、赋为先。诚恐君侯器人于翰墨之间，求才于简牍之际，果未足以采取英秀、斟酌高贤者也。"(《全唐文》)"铨擢"指考察、选拔人才。王勃对文艺与器识之间关系的认识，和王师旦是一脉相承的。在他看来，代表文艺特征的诗、赋，与朝廷选拔贤能的本意是两个问题，通过诗、赋这种手段，未必一定能达到令人满意的求才目的。

在这一点上，裴行俭与王勃的看法也是一致的。刘肃《大唐新语》卷七《知微》篇有裴行俭的话："士之致远，先器识而后文艺也。"事实上，这一评论正是针对王勃发的。为什么这么说？王勃六岁就会写文章，水平之高令人赞叹，特别是他的《滕王阁序》直到今天还传诵不衰。其中的两句"落霞与孤鹜齐飞，秋水共长天一色"，漂亮！可是王勃这人办事有点不着调，举个例子吧。《唐才子传》中记载："尝匿死罪官奴，恐事泄，辄杀之。"他不仅犯有窝藏罪，而且还犯了故意杀人罪，这样的无德之人，文采再好有什么用？

既然从初唐人们就意识到应该注重官员的德行建设，那么朝廷最后采取的措施是什么呢？依旧以考试文章才艺为先。难道朝廷不理解这些人的良苦用心吗？为什么还是坚持老一套呢？大和八年（834）十月礼部的奏疏中给出了理由："进士举人，自国初以来，试诗、赋、帖经、时务策五道，中间或暂改更，旋即仍旧。盖以成法可守，所取得人故也。"究其原因有二。

一是成法可守。诗赋考试相对于对才德器识的考查更好把握。诗赋有各种文体规定，符合了就给分，不符合就扣分，简单，易于操作。考查才德可就不好办了，才德的标准是什么？孝廉科、秀才科都能造假——举秀才不知书，察孝廉父别居。如第一讲中介绍的那个靠分家来帮助俩弟弟成名的许武，不就是名副其实的沽名钓誉吗？而且进士科开始的时候并不考试文章，考试的是策论，这相对于诗赋来说更利于考察应试者的行政能力。可是时间久了，应试者摸着了窍门，不再去细心揣摩、耐心钻研经典，而是去背诵范文了。就是为了避免考生们答题肤浅，刘思立才建议考试杂文两篇的。加试杂文也是因为有声律便于把握，另外没有现成的范文可供背诵。[1]

二是所取得人。朝廷通过这种考试方法录取到了所需要的人才，韩愈、柳宗元、刘禹锡、白居易，哪一个不是进士科出身？这些人不仅文采出众，而且政绩突出。韩愈为了谏迎佛骨得罪了皇帝，即便被贬到了潮州，依旧忠心不改，吟唱着“欲为圣明除弊事，肯将衰朽惜残年”，这是一种政治良心。刘禹锡、柳宗元并称“刘柳”，都参加了永贞革新运动，也表现出了积极的政治态度。白居易早期政治热情高涨，时刻关注民生疾苦，对那些有问题的权贵进行口诛笔伐。再比如那个自己录取自己为状元的陆扆，后来成了朝中的重臣；那个傻乎乎的李固言不仅考上了进士，而且后来还做到了宰相。这些人都是通过考试文章被选拔出来的，这说明考试文章也是能够选出人才的。

有没有人认为进士科就是不行，应该取消进士科呢？答案是肯定的。

宝应二年（763），杨绾就提到用传统的察举代替进士科，只是当唐代宗向翰林学士们征求意见的时候，学士们的回答是“举进士久矣，废之恐失其业”（《新唐书》）。这些翰林学士基本都是进士出身，所以自然要维护进士科了。进士科推行那么久了，一旦取消了，读书人都去干什么呢？确实，翰林学士们的说法不无道理，这样的改革几乎是破坏性的，很容易引起政治动荡。

“牛李党争”中的李党领袖李德裕，也曾经对进士科很有意见。这就是

1　永隆二年，考功员外郎刘思立建言，明经多抄义条，进士惟诵旧策，皆亡实才，而有司以人数充第。乃诏自今明经试帖粗十得六以上，进士试杂文二篇，通文律者然后试策。

——《新唐书》，北京：中华书局，1975年，第1163页。

《新唐书·选举志》中所说的“朝廷显官，须公卿子弟为之。何者？少习其业，目熟朝廷事，台阁之仪，不教而自成。寒士纵有出人之才，固不能闲习也”。李德裕不是进士出身，所以他站在自己的立场上，认为朝廷的重要岗位就应该由公卿子弟来干。为什么呢？很简单，这些人从小就耳濡目染，不用专门学习就已经熟悉了朝廷里的办事规则和相关礼仪。那些通过科举考试选拔上来的人，即使再优秀，在这方面也比不上公卿子弟。

既然如此，当时进士科被取消了没有呢？答案是否定的。不能取消的理由是什么？沈既济在他的《词科论》中给出了答案：“进士为士林华选，四方观听，希其风采。每岁得第之人，不浃辰而周闻天下。故忠贤俊彦，韬才毓行者，咸出于是。”（《全唐文》）在这种情况下取消进士科，不是没事找事、冒天下之大不韪、与天下人作对吗？

其实，争来争去，进士科也没有取消，考试内容、考试形式也没有发生本质性的变化，这说明科举在当时还是非常有生命力的。虽然考试中出现了各种各样的问题，但并不影响科举根本上的先进性和公平性。仔细阅读文献我们就会发现，人们讨论考试内容的时候，经常会在到底是考文艺还是考经史上打转转。在我看来，这根本就不是个问题，因为考文艺同样可以表现出经史的功底，考经史同时也可以表现出文艺方面的才能。

我们还以韩愈为例，韩愈被称为“文起八代之衰”，位列“唐宋八大家”之首，文章写得绝对顶呱呱。同时他又提倡“文以载道”，这里的“道”就是儒家思想，这就说明二者是相辅相成的。再者来说，唐代科举考试无论是从科目上还是考试内容上，都是具有开放性和包容性特征的。进士科侧重文艺，但还有那么多专门的制科啊。即便是一再强调考查文律的诗、赋二体，也不是一味地写一些无关政理的文字，出题和撰写不也是学综经史、兼顾道家思想、从经典中寻找智慧吗？

总体来说，科举是唐代重要的政治制度，在人才选拔方面做出了突出的贡献。但是我们不得不说，诸法皆权法，完善是正法。任何一种制度都不是十全十美的，其发展的过程就是它完善的过程。科举制度之所以能在唐代长盛不衰，说明它是有其自身魅力的。

主要参考书目

1.〔唐〕孔颖达:《周易注疏》，北京：中华书局，1998 年。

2.〔唐〕孔颖达:《尚书注疏》，北京：中华书局，1998 年。

3.〔唐〕孔颖达:《毛诗注疏》，北京：中华书局，1998 年。

4.〔唐〕贾公彦:《周礼注疏》，北京：中华书局，1998 年。

5.〔唐〕贾公彦:《仪礼注疏》，北京：中华书局，1998 年。

6.〔唐〕孔颖达:《礼记注疏》，北京：中华书局，1998 年。

7.〔唐〕孔颖达:《春秋左传注疏》，北京：中华书局，1998 年。

8.〔宋〕邢昺:《论语注疏》，北京：中华书局，1998 年。

9.〔宋〕孙奭:《孟子注疏》，北京：中华书局，1998 年。

10.〔宋〕司马光:《资治通鉴》，北京：中华书局，1956 年。

11.〔宋〕宋敏求:《唐大诏令集》，北京：商务印书馆，1959 年。

12.〔汉〕司马迁:《史记》，北京：中华书局，1959 年。

13.〔晋〕陈寿:《三国志》，北京：中华书局，1959 年。

14.〔汉〕班固:《汉书》，北京：中华书局，1962 年。

15.〔南朝宋〕范晔:《后汉书》，北京：中华书局，1965 年。

16.〔南朝梁〕萧子显:《南齐书》，北京：中华书局，1972 年。

17.〔唐〕姚思廉:《陈书》，北京：中华书局，1972 年。

18.〔唐〕李百药:《北齐书》，北京：中华书局，1972 年。

19.〔唐〕姚思廉:《梁书》，北京：中华书局，1973 年。

20.〔唐〕魏徵等:《隋书》，北京：中华书局，1973 年。

21.〔北齐〕魏收:《魏书》，北京：中华书局，1974 年。

22.〔唐〕李延寿:《北史》，北京：中华书局，1974 年。

23.〔南朝梁〕沈约:《宋书》，北京：中华书局，1974 年。

24.〔唐〕房玄龄等:《晋书》，北京：中华书局，1974 年。

25.〔宋〕欧阳修、宋祁等:《新唐书》，北京：中华书局，1975 年。

26.〔五代〕刘昫等:《旧唐书》，北京：中华书局，1975 年。
27.〔唐〕李延寿:《南史》，北京：中华书局，1975 年。
28.〔宋〕王溥:《唐会要》，“丛书集成初编”本，北京：中华书局，1985 年。
29.〔元〕马端临:《文献通考》，北京：中华书局，1986 年。
30.〔元〕辛文房著、傅璇琮校笺:《唐才子传校笺（一）》，北京：中华书局，1987 年。
31.〔唐〕杜佑:《通典》，北京：中华书局，1988 年。
32.〔元〕辛文房著、傅璇琮校笺:《唐才子传校笺（二）》，北京：中华书局，1989 年。
33.〔元〕辛文房著、傅璇琮校笺:《唐才子传校笺（三）》，北京：中华书局，1990 年。
34.〔唐〕李林甫等:《唐六典》，北京：中华书局，1992 年。
35.〔唐〕吴兢著、谢保成集校:《贞观政要集校》，北京：中华书局，2003 年。
36.〔唐〕李肇:《唐国史补》，北京：古典文学出版社，1957 年。
37.〔宋〕王谠:《唐语林》，北京：古典文学出版社，1957 年。
38.〔宋〕李昉:《太平御览》，北京：中华书局，1960 年。
39.〔宋〕王钦若等:《册府元龟》，北京：中华书局，1960 年。
40.〔宋〕吴曾:《能改斋漫录》，北京：中华书局上海编辑所，1960 年。
41.〔宋〕李昉等:《太平广记》，北京：中华书局，1961 年。
42.〔清〕王夫之:《读通鉴论》，北京：中华书局，1975 年。
43.〔唐〕刘馀:《隋唐嘉话》，北京：中华书局，1979 年。
44.〔唐〕段成式:《酉阳杂俎》，北京：中华书局，1981 年。
45.〔五代〕王定保:《唐摭言》，“丛书集成初编”本，北京：中华书局，1985 年。
46.〔唐〕封演:《封氏闻见记》，“丛书集成初编”本，北京：中华书局，1985 年。
47.〔唐〕冯贽:《云仙杂记》，“丛书集成初编”本，北京：中华书局，1985 年。
48.〔唐〕刘肃:《大唐新语》，“丛书集成初编”本，北京：中华书局，1985 年。
49.〔宋〕洪迈:《容斋续笔》，北京：中华书局，2005 年。
50.〔明〕胡震亨:《唐音癸签》，北京：古典文学出版社，1957 年。
51.〔清〕彭定求等:《全唐诗》，北京：中华书局，1960 年。
52.〔宋〕李昉等:《文苑英华》，北京：中华书局，1966 年。
53.〔唐〕柳宗元:《柳宗元集》，北京：中华书局，1979 年。
54.〔唐〕杜甫著、〔清〕仇兆鳌注:《杜诗详注》，北京：中华书局，1979 年。
55.〔清〕董诰等:《全唐文》，北京：中华书局，1983 年。
56.〔清〕徐松:《登科记考》，北京：中华书局，1984 年。

57. 马其昶：《韩昌黎文集校注》，上海：上海古籍出版社，1987 年。
58. 刘学锴、余恕诚：《李商隐文编年校注》，北京：中华书局，2002 年。
59. 孟二冬：《〈登科记考〉补正》，北京：北京燕山出版社，2003 年。
60. 谢思炜：《白居易诗集校注》，北京：中华书局，2006 年。
61. 王仲镛：《唐诗纪事校笺》，北京：中华书局，2007 年。
62. 吴在庆：《杜牧集系年校注》，北京：中华书局，2008 年。
63. 吴宗国：《唐代科举制度研究》，沈阳：辽宁大学出版社，1992 年。
64. 尚定：《走向盛唐》，北京：中国社会科学出版社，1994 年。
65. 陈茂同：《中国历代选官制度》，上海：华东师范大学出版社，1994 年。
66. 陈飞：《唐诗与科举》，桂林：漓江出版社，1996 年。
67. 阎步克：《察举制度变迁史稿》，沈阳：辽宁大学出版社，1997 年。
68. 陈寅恪：《唐代政治史述论稿》，上海：上海古籍出版社，1997 年。
69. 林白、朱梅苏：《中国科举史话》，南昌：江西人民出版社，2000 年。
70. 任爽：《唐朝典章制度》，长春：吉林文史出版社，2001 年。
71. 王勋成：《唐代铨选与文学》，北京：中华书局，2001 年。
72. 陈飞：《唐代试策考述》，北京：中华书局，2002 年。
73. 王炳照、徐勇：《中国科举制度研究》，石家庄：河北人民出版社，2002 年。
74. 任立达、薛希洪：《中国古代官吏考选制度史》，青岛：青岛出版社，2003 年。
75. 傅璇琮：《唐代科举与文学》，西安：陕西人民出版社，2003 年。
76. 刘海峰：《中国科举史》，上海：东方出版中心，2004 年。
77. 王兆鹏：《唐代科举考试诗赋用韵研究》，济南：齐鲁书社，2004 年。
78. 许友根：《唐代状元研究》，长春：吉林人民出版社，2004 年。
79. 汪小洋、孔庆茂：《科举文体研究》，天津：天津古籍出版社，2005 年。
80. 郑晓霞：《唐代科举诗研究》，上海：复旦大学出版社，2006 年。
81. 杨波：《唐代科举与进士生活》，北京：中华书局，2007 年。
82. 王日根：《中国科举考试与社会影响》，长沙：岳麓书社，2007 年。
83. 彭红卫：《唐代律赋考》，北京：社会科学文献出版社，2009 年。
84. 罗积勇、张鹏飞：《唐代试律试策校注》，武汉：武汉大学出版社，2009 年。
85. 李舜臣、欧阳江琳：《历代制举史料汇编》，武汉：武汉大学出版社，2009 年。
86. 金滢坤：《中晚唐五代科举与社会变迁》，北京：人民出版社，2009 年。
87. 边家珍：《经学传统与中国古代学术文化形态》，北京：人民出版社，2010 年。

88. 刘琴丽：《唐代举子科考生活研究》，北京：社会科学文献出版社，2010 年。
89. 李兵：《千年科举》，长沙：岳麓书社，2010 年。
90. 薛亚军：《唐代试律研究》，北京：中国戏剧出版社，2010 年。
91. 刘海峰：《中国科举文化》，沈阳：辽宁教育出版社，2010 年。
92. 王佺：《唐代干谒与文学》，北京：中华书局，2011 年。
93. 宋元强：《状元史话》，北京：社会科学文献出版社，2011 年。
94. 李嘉球：《苏州：科举那些趣事》，苏州：古吴轩出版社，2011 年。
95. 李世愉：《中国科举生活漫话》，沈阳：万卷出版公司，2012 年。
96. 陈秀宏：《唐宋科举制度研究》，北京：北京师范大学出版社，2012 年。

后 记

2012年9月，我应邀到中央电视台《百家讲坛》录制节目。经过和编导商量，决定录制科举方面的内容，题名“隋唐科场风云”。这是我自读研究生以来就接触的领域，相对熟悉，其中有许多富有趣味性和智慧性的故事，想来观众会喜欢。

经过和编导多次交流，确定了每一集的内容。就这样边写边改边录，经过九个月的时间，终于在2013年7月16日完成了录制。节目播出之前，与中华书局取得联系，得以将讲稿出版。但是出版社的编辑老师建议把题目改为“考场风云”，因为大家对“科场”比较陌生，但是“考场”却是每个人都要经历的，再者来说暑假期间播出迎合了学生的口味。当时考虑对专家的尊重，就答应了。

时隔数年，这本书对于我来说只是曾经的一个经历了。但是今年春节前，大象出版社的领导再次和我谈起了这本书，他们有再版的打算。为此，编辑管昕女士亲自登门商讨，真诚令人感动，遂与中华书局联系并征得他们同意。大象出版社雷厉风行，很快将本书列入出版计划，并建议更名为“隋唐科场风云”，同时还提出两点建设性意见：第一，修改每讲题目和单元小标题，融入对内容的新认识并修改文不对题的情况；第二，以旁注的形式增补新文献，满足讲究文献出处读者的阅读需求，使本书具有新的附加值。

大象出版社计划于今年7月在第29届全国图书交易博览会上推出此书，时间紧，任务急。这里既有对我的厚望与激励，也有对编辑应急能力的考验。只有同心同德，才能如期出版，所以作者与编辑又成了“战友”。感谢大象出版社的赏识和编校人员为本书付出的努力！

虽然重出有所改动，但对隋唐科举史来说，依旧是挂一漏万。请读者朋友不吝指正，我好进一步修改完善！

王士祥

2019.5